Politisch aufklärende Predigten

zur Demokratie und ihren Gegnern, zu einer nachhaltigen und sozialen Wirtschaft und zur Gewalt unter uns

Viele dieser politisch aufklärenden Predigten fassen die Grundgedanken von erhellenden Büchern auf wie
„Bürgerkriege",
„Donut-Ökonomie",
„Code des Kapitals",
„Das Licht, das erlosch",
„Wir können auch anders",
„Raus aus der ewigen Dauerkrise"

Michael Pflaum

Politisch aufklärende Predigten

zur Demokratie und ihren Gegnern, zu einer nachhaltigen und sozialen Wirtschaft und zur Gewalt unter uns

Bibliographische Information der Deutschen Nationalbibliothek
Die Deutsche Nationalbibliothek verzeichnet diese Publikation
in der deutschen Nationalbibliographie; detaillierte
bibliographische Daten sind im Internet über http://dnb.d-nb.de
abrufbar

korrigierte 2. Auflage
© 2024 Michael Pflaum
Verlag:
BoD • Books on Demand GmbH, In de Tarpen 42,
22848 Norderstedt
Druck: Libri Plureos GmbH, Friedensallee 273,
22763 Hamburg
ISBN: 978-3-7583-0774-4

Inhalt

5

6

Vorwort

Heute ist die Feststellung der Philosophen Deleuze und Guattari leider mindestens genauso aktuell wie zu ihrer Zeit: „So bleibt die grundlegende Frage der politischen Philosophie immer noch jene, die Spinoza zu stellen wusste: warum kämpfen die Menschen für ihre Knechtschaft, als ginge es um ihr Heil?"[1] Warum jubeln Menschen Trump, Putin, Erdogan oder Orban zu?

Deswegen ist politische Aufklärung heute not-wendig. Nur wer die Knechtschaft durchschaut, wird nicht mehr für diese Knechtschaft kämpfen, als wäre sie ihr Heil.

Aber muss diese politische Aufklärung auch durch Predigten geschehen? Warum nicht! Steht man mit politischer Aufklärung doch in bester Tradition mit den Propheten des AT oder auch mit Jesus selbst. Soziale Ungerechtigkeiten, falsche Propheten und unheilvolle Konsequenzen durch bestimmte politische Entscheidungen sprachen die Propheten offen an. Und Jesus entlarvte die Pharisäer, die Lasten anderen auferlegen, sich aber gerne selber ins Rampenlicht stellen und bejubeln lassen. Er wollte keine Unterdrückung unter seinen Jüngern, wie sie die Könige und Herrscher praktizierten.

Deswegen können wir auch zu den unterschiedlichsten aktuellen Themen wie Bürgerkriege oder Mobbing passende Texte in der Bibel finden.

Aber sollen Predigten nicht von der Gnade Gottes sprechen?

Wo finden wir in diesen Themen Gottes Gnade und sein Wirken?

Wir finden Gottes Wirken in uns, wenn wir – geführt vom Heiligen Geist – die Geister unterscheiden und Verwirrung und Unterdrückung aufdecken, wenn wir trotz all dieser Probleme nicht verzagen. Christus hat keine Hände außer unsere Hände, um das Gute zu tun. Und gerade, wenn wir das akzeptieren, führt uns der Heilige Geist, schenkt uns Einsicht, Mut, Weisheit, Stärke, Erkenntnis und passenden Rat.

Es gibt heute exzellente Menschen, die vom Heiligen Geist inspiriert, die Herausforderungen unserer Zeit erforschen, analysieren, anpacken, neue Lösungen suchen und präsentieren, neue Strategien ausprobieren und umsetzen. Besonders auf drei Quellen beziehe ich mich in meinen „Politisch aufklärende Predigten". Einmal sind das erhellende Bücher von Voraus-denkerInnen, ProphetInnen unserer Zeit:

„Bürgerkriege" von Barbara Walter,

„Die Donut-Ökonomie" von Kate Raworth,

„Code des Kapitals" von Katharina Pistor,

„Das Licht, das erlosch" von Krastev und Holmes

„Wir können auch anders" von Maja Göpel

„Raus aus der ewigen Dauerkrise" von Maren Urner

„Es ist okay, wütend auf den Kapitalismus zu sein" von Bernie Sanders

„Mitte/Rechts. Die internationale Krise des Konservatismus" von Thomas Biebricher

(Die Thesen der beiden letzten Bücher werden in folgenden Predigten angesprochen: Warum kämpfen Menschen für ihre Knechtschaft?, Politische Dialektik zwischen leeren Versprechen und nachträglichen Wenden)

Die zweite Quelle sind die exzellenten Recherchen und Sendungen des Bayrischen Rundfunks, insbesondere das „Nachtstudio" oder „radioWissen". Beispiele für deren Themen, die ich hier behandle: Femizide, Mobbing, Putins Feindbild usw.

Die dritte Quelle sind Printmedien, insbesondere die wertvolle Wochenzeitung DIE ZEIT.

Viele Predigten in diesem Band beziehen sich auf die Lesungen eines Sonntags in den Lesejahren, manche gehen von biblischen Texten aus, die nur in der Wochentags-Leseordnung vorkommen. Und manche Predigten beziehen sich auf Texte, die ich aus der Versenkung heraushole, weil sie in keiner Leseordnung auftauchen. Es lohnt sich somit, die übliche Sonntagslesung wegzulegen und stattdessen diese unbekannteren Texte zu nehmen, wenn man die entsprechende Predigt im Gottesdienst hält.

Einige der abgedruckten Predigten habe ich in Gottesdiensten gehalten, andere werde ich noch halten. Die vier Predigten über das Thema „Bürgerkriege" ergeben z. B. zusammen einen Vortrag, den ich in der katholischen Erwachsenenbildung gehalten habe. Manche der abgedruckten Predigten habe ich besonders für dieses Buch geschrieben. Normalerweise predige ich ca. 10 min, d. h. ungefähr 1000 Wörter. Doch viele der hier angesprochenen Themen sind so komplex, dass 10 min nicht ausreichen. Aber jedeR kann die jeweilige Predigt nochmals nach eigenem Ermessen kürzen.

Die Predigtform zwingt einen, ein Thema kompakt, verbunden mit einem biblischen Text, verständlich und anschaulich darzulegen. Deswegen hoffe ich, dass manche LeserInnen dieses Buches durch die Lektüre Gewinn haben, gerade wenn sie nie die behandelten Bücher in ihrer Gänze lesen würden. So haben sie das Wichtigste durch diese Predigten mitbekommen und wurden zum Nachdenken angeregt. Das ist das eigentliche Ziel dieses Buches.

Ein zweiter Band „Politisch aufklärende Predigten" ist in Planung und soll dann besonders die Bewahrung der Schöpfung als Thema haben.

Zwei Impulse für die passende Haltung

Sinnvollere und weniger sinnvollere Haltungen in einer komplexen Krise

Was ist der Unterschied zwischen einem Legobaukasten und einem Garten? Die Arbeit im Garten hört niemals auf! Und deswegen hat man auch mehr vom Garten als von einem Legobaukasten. Mit dem Legobaukasten kann ich zum Beispiel eine Eisenbahn aufbauen. Aber irgendwann habe ich sie fertig aufgebaut und sie steht vollendet da. Ich kann natürlich die Eisenbahn wieder in Einzelteile zerlegen und in neuer Form aufbauen. Aber dann bin ich auch irgendwann wieder fertig. Im Garten bin ich nie fertig. Schon am nächsten Tag kann ich vielleicht wieder ein gewachsenes Unkraut finden. Oder ich sehe, dass ich den Weinstock stutzen muss. Oder die Brombeeren sind reif und müssen gepflückt werden.

Diese Gegenüberstellung erinnert mich an den Satz des Philosophen Gilles Deleuze: „Es mag also zutreffen, dass Gott die Welt mit seinen Rechnungen erschafft, aber diese Rechnungen gehen niemals auf, und diese Unstimmigkeit im Ergebnis, bildet die Bedingung der Welt. Die Welt „entsteht", während Gott rechnet; es gäbe keine Welt, wenn die Rechnung aufginge."[2]

Im Garten geht die Rechnung nie auf! Und ist nicht das ganze Leben eine Baustelle? Was passiert, wenn ich meine Probleme und Herausforderungen mit der Haltung anpacke, dass sie irgendwann so fertig gelöst sein müssen, wie den Bau einer Eisenbahn aus Legosteinen? Es kann sein, dass die wirklich herausfordernden Probleme so nicht gelöst werden können. Dann kann mich diese Haltung, dieser Denkrahmen, dass ich das Problem fertig lösen muss, frustrieren und entmutigen! Wenn ich dagegen das herausfordernde Problem eher ansehe wie Gartenarbeit, mit der ich zwar nie fertig werde, bei der es immer eine Ungleichung geben wird, die aber trotzdem sinnerfüllend ist, dann habe ich wohl eine sinnvollere Haltung gefunden!

Eine Krise kann auch in der Gartenarbeit auftreten: ein Sturm kann zum Beispiel einem Baum umreißen. Aber auch diese Krise und Herausforderung werde ich besser meistern, wenn ich nicht meine, ich müsse das Problem nun schnell lösen und damit fertig werden.

Noch ein weiterer Haltungswechsel kann uns in einer Krise helfen. Pfarrer Norbert Jung erzählte im Heinrichsblatt: „Aus einer südamerikanischen Gemeinde wird folgendes Gespräch erzählt: „Warum suchte sich Jesus ausgerechnet Fischer aus, als er seine Jünger berief?" – „Wer sich zu Land bewegt, baut eine Straße und befestigt sie. Dann wird er immer wieder diesen einen Weg benutzen. Ein Fischer aber sucht die Fische dort, wo sie sind. Deshalb sucht er jeden Tag einen neuen Weg. Ihm kommt es darauf an, die Fische ausfindig zu machen. Es könnte ja sein, dass der Weg von gestern nicht dorthin führt, wo die Fische heute sind."

Diese Fischer können uns ein Vorbild sein, neue Wege in einer Krise zu wagen. Manche Krisen entstehen ja dadurch, dass man zu lange immer denselben Weg beschritten hat. Dann wird es höchste Zeit, mal etwas Neues auszuprobieren. Fischer sind flexibel, sie suchen immer neue Wege auf dem Wasser. Und sie sind pragmatisch: es geht darum, Fische zu fangen, und nicht darum, alte Wege und Strategien zu erhalten, weil sie sich früher mal bewährt haben.

Krisen fordern heraus. Sie können auch Wertvolles zerstören. Einige Krisen sind unvermeidlich. Andere hätte man mit etwas mehr Vorausblick vermeiden können. Aber bei allen Krisen gilt: die Haltung des Gärtners und des Fischers ist günstiger für jegliche Krise!

Die drei Gaben des Hl Geistes Ohnmacht, Unwissenheit, Verwirrung

Ich weiß es nicht! Ich bin verwirrt! Ich bin hilflos! – das klingt alles nicht optimistisch, wenn das jemand sagt. Viele Menschen in der Coronakrise sind verwirrt, wissen nicht, wie sie die Krise einordnen sollen und fühlen sich hilflos. Wir alle wollen nicht verwirrt, hilflos und unwissend sein!

Und doch bezeichnen zwei führende Coaches Matthias Vargas von Kibed und seine Frau Insa Sparrer diese drei als kraftvolle Helfer und kostbare Ressourcen.

Nichtwissen, Hilflosigkeit und Verwirrung als Helfer? Wie ist das möglich?

Die Apostel und Maria Magdalena waren auch verwirrt, als sie vor dem leeren Grab standen. Sie konnten sich keinen Reim auf das machen, was sie sahen. Hilflos fragt Maria Magdalena den vermeintlichen Gärtner, wo der Leichnam ihres Herrn ist.

Das Nichtwissen, die Hilflosigkeit und Verwirrung waren wichtige Voraussetzungen, damit die Jünger den Auferstandenen erfahren konnten. Wenn sie sich auf eine Verschwörungstheorie versteift hätten, dass eine böse Macht den Leichnam Jesu Christi geklaut habe, wäre ihre Geist und Herz nicht offen gewesen, den Auferstandenen wirklich zu erkennen und ihm zu begegnen.

Bekannt sind die sieben Gaben des Heiligen Geistes: Weisheit, Einsicht, Rat, Stärke, Erkenntnis, Frömmigkeit, Gottesfurcht. Das erste Mal sind sie bei Jesaja im 11. Kapitel aufgelistet.

Wenn ich den sieben offiziellen Gaben des Heiligen Geistes die drei Helfer daneben stelle, wird mir klar: Nichtwissen, Hilflosigkeit und Verwirrung sind grundlegender.

Nur wer mal zugibt, dass er es nicht weiß…

Nur wer mal sich seine eigene Hilflosigkeit eingesteht…

Nur wer mal seine Verwirrung zulässt…

… kann dazu lernen, neue Horizonte erreichen, querdenken, kreatives schaffen, ungewöhnlich neue Lösungen finden.

So sind Nichtwissen, Hilflosigkeit und Verwirrung also nichtbekannte Gaben des Heiligen Geistes. Wir werden nur weiser, wachsen in Stärke und Einsicht, können nur gut Rat geben, wenn wir auch Nichtwissen, Hilflosigkeit und Verwirrung zulassen.

Und warum ist das so?

Das Nichtwissen als Freund hilft uns beim Verzicht auf Interpretationen und Deutungen. Das Nichtwissen, wenn wir es zulassen, zwingt uns, neu, ohne Vormeinung, frisch hinzuschauen! Aus dem Nichtwissen kommen auch die Fragen, die weiter führen. Wir legen unsere alten Lösungsmuster zur Seite. Hören wirklich dem anderen zu, ohne gleich zu wissen, was richtig ist und wo er falsch liegt…

Die Hilflosigkeit zeugt uns ihre Freundschaftsdienste, indem sie uns erinnert, dass wir nicht alles machen und kontrollieren können. Die Erfahrung von Hilflosigkeit öffnet uns, dass die Gnade Gottes wirken kann. Deswegen die Einladung, die Hilflosigkeit nicht gleich mit noch mehr Aktivismus zudecken, sondern sie auch innerlich zulassen. Wer dann eine Einsicht, eine Erkenntnis hat, die aus der Gnade kommt, wird bescheiden und dankbar bzw. fromm und gottesfürchtig.

Die Verwirrung ist unsere Reaktion auf Paradoxien: Das passt doch nicht zusammen. Wer die Verwirrung zulässt, der wird durch sie fähig, seinen alten Denkrahmen zu verlassen. Er schaut über seinen Tellerrand, verlässt die alten Gedankenwege und bricht zu neuen Ufern auf.

„Aus der Knospe der Verwirrung hebt sich die Blüte der Verwunderung."[3]

Wer Nichtwissen, Hilflosigkeit und Verwirrung meidet, der verhindert wirkliches Lernen. Und ohne Lernen können auch die sieben klassischen Gaben des Heiligen Geistes nicht entstehen: Weisheit, Einsicht, Rat, Stärke, Erkenntnis, Frömmigkeit, Gottesfurcht.

Wann haben Sie zu sich gesagt: Ich weiß es nicht! Ich bin verwirrt! Ich bin hilflos! – Wahrscheinlich haben Sie die drei in der Situation nicht als Helfer gesehen. Sie waren wahrscheinlich froh, als die Unwissenheit, Verwirrung und Hilflosigkeit vorbei war. Aber wenn

Sie nun zurück schauen, bemerken Sie vielleicht, wie notwendig und hilfreich diese drei Gaben waren: Nur durch sie konnten Sie weiter kommen, die Krise akzeptieren, anpacken, an ihr reifen und wachsen. Aber weil diese Zeit schwer und herausfordernd war, verdrängen wir leicht die Einsicht, dass Unwissenheit, Verwirrung und Hilflosigkeit notwendig waren.

Wo können wir diese drei Gaben gut gebrauchen und wo tauchen sie öfters auf?

Bei kreativen Schaffensprozessen: malen, komponieren, dichten, Bücher schreiben

Bei Projekten in einem Team. Bei Entwicklungsprozessen einer Firma. Bei politischen Lernprozessen, siehe gerade im Moment die Coronakrise: Die deutschen Politiker stellen sich ihrer Unwissenheit, Verwirrung und Hilflosigkeit und sind deswegen erfolgreicher und glaubwürdiger als Donald Trump oder Bolsanaro. Sehr wichtig sind sie auch in zwischenmenschlichen Beziehungen, Partnerschaften, der Kindererziehung.

Also wenn Ihnen mal die Unwissenheit, die Verwirrung oder die Hilflosigkeit über den Weg läuft, verscheuchen Sie sie nicht, sondern begrüßen Sie sie als Chance, als eine Gabe des Heiligen Geistes. Als eine provozierende Gabe des Heiligen Geistes! Denn pro-vocare heißt: herausrufen.

Der Heilige Geist hat die Jünger an Pfingsten aus ihren Wohnungen herausgerufen.

Er ruft uns auch heute aus unseren alten Gleisen heraus: oft durch seine drei Gaben Nicht-Wissen, Verwirrung und Hilflosigkeit!

Barbara Walter: „Bürgerkriege"

Die vier Faktoren für Bürgerkriege

Lesung: 2 Sam 15,13-14.30; 16,5-13a,
Montag 4.Woche im Jahreskreis, II. Lesejahr

Predigt:
Als König David älter wurde, bedrohten schwere Krisen den Bestand seines Reiches, vor allem die ungeklärte Frage der Nachfolge spaltete seine Familie und das Volk. Der schöne Abschalom war der Liebling des Volkes und er verstand es, Intrigen zu schmieden. Schließlich drohte er seinem Vater mit offenem Aufstand.

Also auch im Alten Testament zur Zeit König Davids drohte die Gefahr eines Bürgerkrieges. Barbara Walter schrieb das Buch „Bürgerkriege", indem sie die Forschungsergebnisse zusammenfasste: Was löst einen Bürgerkrieg heute aus? Der Sturm aufs Kapitol der Trump Fans brachte sogar die USA nahe an einen Bürgerkrieg!

Es gibt 4 Faktoren, die einen Bürgerkrieg begünstigen:
1. Ein Staat zwischen Demokratie und Diktatur bzw. autoritärem Regime. Also eine defekte Demokratie bzw. eine Mischform. Das nennt man eine Anokratie.
2. Gruppierungen bzw. Parteien, die genau eine Ethnie bzw. Religionsgruppe vehement vertreten. Das sind Faktionen, also Fraktionen ohne r.
3. Eine Gruppierung erleidet Statusverlust, Verlust an Land, Einfluss, Reichtum usw.
4. Eine Gruppierung gibt die Hoffnung auf Veränderung und Verbesserung auf.

Anokratie:
Wenn eine Monarchie oder eine ehemalige Kolonie oder ein ehemaliger Kommunismus-Staat sich auf den Weg macht, eine Demokratie zu werden, muss es quasi wie das Volk Israel durch die

Wüste mit all ihren Gefahren wandern, bis es ins gelobte Land Demokratie kommt. Genau dieser Bereich dazwischen, diese Mischform nennt man Anokratie. Alle Bürgerkriege nach dem II. Weltkrieg fanden in dieser Zwischenstaatsform statt. Wenn die Demokratie sehr gut funktioniert, haben die Bürger keinen Grund, einen Bürgerkrieg zu beginnen. Wenn sie in einem autoritären Staat leben, trauen sie sich nicht, einen Aufstand zu beginnen. Einige Beispiele: In Ruanda begann der Völkermord der Hutu an den Tutsi während der Demokratiebestrebungen des Landes. Die Serben zogen gegen die Kroaten in den Krieg, als Titos autoritäres Regime, das die vielen Völker mit harter Hand zusammenhielt, auseinandergefallen war. Die ersten zwei Jahre einer demokratischen Reformbewegung sind die anfälligsten für einen Bürgerkrieg, siehe Äthiopien 2018-2020. Mexiko dagegen schaffte zwischen 1980 und 2000 den Übergang in die Demokratie ohne Bürgerkrieg, weil die Reformen langsam abliefen. Die Tschechische Republik und Litauen erreichten schnell und ohne Bürgerkrieg die Demokratie. Anokratie ist also eine notwendige Voraussetzung, aber nicht die einzige Voraussetzung für einen möglichen Bürgerkrieg.[4]

Faktionen:

Die meisten Iraker waren froh, dass die Amerikaner sie von der Herrschaft Saddam Husseins befreiten. Doch kurz darauf versank das Land in einen Bürgerkrieg. Warum? Im Irak herrschen ethnische und religiöse Rivalitäten: Kurden im Norden, Schiiten mit mehr als 60 % der irakischen Bevölkerung und Sunniten. Der amerikanische Chef der Koalitionsübergangsverwaltung im Irak ordnete fatalerweise an: die Baath Partei wird verboten und die Mitglieder der Regierung Saddam Hussein verlieren auf Dauer ihre Position. Das irakische Militär löste er auf. Plötzlich hatten Zehntausende von Baath-Bürokraten kein Amt und 350.000 Soldaten keinen Sold mehr. 85.000 einfache Iraker, wie zum Beispiel Lehrer, verloren ihren Job, weil sie vorher in der Baath-Partei waren.

So witterten die unterdrückten schiitischen Politiker ihre Chance. Die Sunniten begannen sich Sorgen zu machen. Würden die Schiiten an ihnen Rache üben? Also bildeten sie Widerstandsorganisationen.

Als Saddam Hussein im Dezember 2003 gefangen genommen wurde, war der Guerillakrieg bereits voll entbrannt.

Der führende serbische Politiker nach Titos Tod in den 80 er Jahren war Milosevic. Er rückte die ethnische Identität und nicht irgendeine politische Richtung wie eine normale Partei in den Mittelpunkt! Milosevic propagierte schamlos den Nationalismus! Sein Ziel war ein Jugoslawien, in dem die Serben endlich die Geltung und den Einfluss haben würden, der ihnen angeblich zustand. Milosevic lehnte ab, im Land das Mehrparteiensystem einzuführen und Wahlen abzuhalten. Ziel für ihn die Herrschaft der Serben über das ganze Land, koste es, was es wolle. Das führte zur ethnischen Säuberung in Jugoslawien und blutigen Bürgerkrieg. Das Gleiche machte Tudman und Karadzic für die Kroaten.

In sechs Schritten gehen sie alle vor:

1. Eliten und Anhänger einer Gruppe wittern eine günstige Gelegenheit, zum Beispiel die Schwäche des Regimes oder die Unzufriedenheit der Bevölkerung, das Gefühl zurückgesetzt zu werden.

2. Mit Begriffen und Symbolen schaffen sie Identität und Gefolgschaftstreue.

3. Rhetorik schafft Abgrenzung der Gruppen: Wir sind überlegen, die anderen sind minderwertig. Die Tutsi zum Beispiel seien Kakerlaken.

4. Ist die Faktion, also die ethnische bzw. religiöse Partei an der Macht, schaltet sie rivalisierende Faktionen aus.

5. Angst und Misstrauen zwischen den rivalisierenden Gruppen wächst.

6. Alle Parteien stellen die ethnischen und religiösen Identitätsfragen in den Mittelpunkt. Die eigentlichen politischen Themen sind verdrängt. Identitätsbasierte Parteien machen es dem Wähler unmöglich, die Seite zu wechseln.[5]

Statusverlust:

In der Lesung tritt Schimi auf. Er gehörte zur Sippe Sauls. Durch das Ende von Sauls Königtum hat er und sein Clan Macht und Ansehen verloren. Den Groll spürt man: Er brüllt David an und wirft ihm vor, mitverantwortlich am Tod Sauls und Sauls Anhänger zu sein. Das ist zwar nach der Bibel Fake News, aber wehe, wenn Schimi das auf den sozialen Medien gepostet hätte.

Matalam ist ein Muslim auf Mindanao im Süden der Philippinen. Er ist ein weiser Religionsführer und kluger Streitschlichter. Er war ein muslimischer Fürst ab 1946, als die Philippinin unabhängig wurden. Zunehmend wanderten Katholiken aus dem bevölkerungsreicheren Norden nach Mindanao. Viele Muslime wurden von ihrem seit Generationen bewirtschafteten Land vertrieben.

1965 kandidierte Ferdinand Marcos und gewann das Präsidentenamt. Matalam eben noch hochverehrter Provinzführer, verlor von heute auf morgen jegliche Geltung. Als 1967 sein erstgeborener Sohn von einem Justizbeamten außer Dienst erschossen wurde, bekundete kein Kollege im Beileid. Am 1. Mai 1968 gründete der verbitterte Matalam die muslimische Unabhängigkeitsbewegung. In einem Manifest rief er zur Abspaltung der muslimischen Gebiete im Süden der Philippinen und zur Gründung der Republik Mindanao und Sulu auf. Dadurch entstanden auf beiden Seiten vielerlei Ängste. Einige katholische Familien verkauften in Erwartung eines muslimischen Aufstands ihren Besitz und verließen Mindanao. Es bildeten sich muslimische Guerillakämpfer. Im März 1970 kam es zu Gewaltausbrüchen zwischen den verfeindeten Gruppen. Katholische Banden attackierten muslimische Bauern und brannten ihre Häuser nieder.

Menschen, die einen Statusverlust erleben, werden verbittert, wenn sie glauben, einen Anspruch darauf zu haben und Verbitterung und Empörung treibt eine Gruppe in den Bürgerkrieg.

Menschen ist nichts so sehr zuwider wie der Verlust. Sie hassen es, Geld, ihren Arbeitsplatz, Respekt, Partner und nicht zuletzt ihren Status zu verlieren. Menschen versuchen eher, Verlorenes wiederzugewinnen, als Neues zu gewinnen. Sie können klaglos jahrelang Armut, Arbeitslosigkeit und Diskriminierung ertragen, miserable Schulen und schlechte Krankenhäuser oder marode Infrastruktur. Aber: den Verlust ihres Status an einen Ort, auf denen sie ein Recht zu haben glauben, tolerieren sie nicht! Besonders schlimm ist der Verlust für Menschen, die tief in ihrer Heimat verwurzelt sind. Ureinwohner einer Region, die sich als legitime Erben fühlen.[6]

Hoffnungslosigkeit

Die Katholiken in Nordirland hofften lange Zeit, dass die Regierung in London irgendwann die nordirischen Protestanten in Schranken weisen würden und das Schlimmste verhindern würden. Aber am Blutsonntag 30. Januar 1972 trafen Kugeln britischer Soldaten 26 unbewaffnete Zivilisten, 14 davon tödlich. Irische Katholiken hatten friedlich gegen die Entscheidung der Regierung von Ulster protestiert, Katholiken ohne Gerichtsverfahren zu inhaftieren. Britische Soldaten schossen fliehenden Demonstranten in den Rücken. Da verloren die Katholiken jede Hoffnung! So bekam die paramilitärische Organisation der IRA Rückhalt in der Bevölkerung. Niemand in Syrien hatte mit einem Bürgerkrieg gerechnet. Assad hatte seinem Volk immer wieder Reformen versprochen, jedoch dies nicht eingehalten. Als die Demonstrationen am 15. März 2011 begannen, waren die Syrer noch optimistisch, beflügelt vom arabischen Frühling. Anstatt aber Reformen anzukündigen, bezeichnete Assad die Demonstranten als Terroristen und ging brutal gegen die Demonstranten vor. „Wenn sie Krieg wollen, sind wir zum Krieg bereit." sagte Assad im Fernsehen. Diese Rede führte direkt in den Bürgerkrieg.[7]

Was können wir aus diesen Einsichten für unsere Demokratie lernen?

1. Eine Partei, die eine ethnische oder religiöse Gruppe vertritt und andere schlecht macht, ist höchst gefährlich.

2. Ein Mehrheitswahlrecht stärkt solche Faktionen. Sämtliche Demokratien, in denen zwischen 1960 und 1995 ein Bürgerkrieg tobte, praktizierte das Mehrheitswahlrecht oder das präsidiale System. In keinen gab es das Verhältniswahlrecht wie in Deutschland.

3. Der Umgang mit denen, die etwas verlieren, ist entscheidend, ob Frieden oder Spaltung kommt.

4. Demonstrationen müssen auch Wirkung haben. Kein Wunder, dass sich der Stil der Demonstranten der „last generation" radikalisiert hat, weil die Regierungen die Demonstranten der

SchülerInnen von „Fridays for future" und Klimapolitik einfach nicht ernst genug genommen haben! Beunruhigend ist folgende Entwicklung: in den neunziger Jahren hatten friedliche Proteste eine Erfolgsquote von 65 %. Seit 2010 sank die Erfolgsquote auf 34 %. Und das belastet auch die ältesten und freiesten Demokratien.

5. Besonders drei Merkmale schützen Demokratien vor Bürgerkriegen:

- Die Rechtsstaatlichkeit, die Gleichheit vor dem Gesetz
- Das Mitspracherecht und die Rechenschaftspflicht, das Maß der Freiheit, mit der die Bürger an der Wahl ihrer Regierung mitwirken können, sowie Meinungsfreiheit, Koalitionsfreiheit und freie Medien
- Die Effizienz der Regierung, die Qualität der öffentlichen Dienstleistungen sowie die Qualität und Unabhängigkeit des öffentlichen Dienstes.

Diese drei Merkmale spiegeln wider, inwieweit eine Regierung ihren Bürgern dient und inwieweit ihre politischen Institutionen stark, legitim und rechenschaftspflichtig sind. Gerade die Effizienz und die Qualität hat auch in Deutschland in den letzten Jahren immer wieder leider gefehlt. Man denke an überbordende Bürokratie oder sich gegenseitig blockierende Ministerien wie z. B. bei der Herausforderung, afghanische Mitarbeiter für deutsche Soldaten nach der Machtergreifung der Taliban rechtzeitig aus Afghanistan herauszuholen.

Soziale Medien können Demokratien gefährden und Bürgerkriege befördern

Lesung: *2 Sam 15, 1-6.*
Diese Lesung kommt in der Leseordnung der katholischen Gottesdienste nicht vor. Man kann ja aber auch die Lesungen austauschen.

1 Abschalom beschaffte sich einen Wagen mit Pferden und eine 50 Mann starke Leibwache. 2 Er stellte sich jeden Morgen in aller Frühe an die Straße, die zum Palast führte. Alle, die mit einer Streitsache kamen, um sie dem König als oberstem Richter vorzulegen, fragte er nach ihrer Heimatstadt. Wenn jemand zu einem der Nordstämme Israels gehörte, 3 sagte Abschalom zu ihm: „Zweifellos würdest du den Prozess gewinnen, denn du bist im Recht. Aber man wird dich gar nicht erst bis zum König vorlassen." 4 Und er fügte noch hinzu: „Ach, wäre doch ich der oberste Richter in unserem Land! Ich würde mir Zeit nehmen für jeden, der mit seinem Fall zu mir kommt. Allen würde ich zu ihrem Recht verhelfen." 5 Wenn der andere sich dann voller Ehrfurcht vor Abschalom zu Boden werfen wollte, kam der ihm zuvor, umarmte und küsste ihn. 6 So verhielt Abschalom sich gegenüber allen Leuten aus Israel, die mit ihren Streitigkeiten zum König nach Jerusalem kamen. Dadurch machte er sich bei ihnen beliebt.

Predigt:
Abschalom, der Sohn Davids, möchte König werden und David vom Thron schieben. Er macht sich beliebt bei den Menschen und gleichzeitig bringt er den Königshof von David in Verruf: Du bist zwar im Recht, aber du kommst gar nicht bis zum König vor.

Es ist schon erstaunlich, wie sehr diese Taktik von Abschalom heutigen Populisten ähnelt. Sie reden den Bürgern ein, Demokratie in ihrer bestehenden Form würde zu mehr Betrug, mehr Lügen, mehr Inkompetenz in der Wirtschafts- und Sozialpolitik führen; politische Kompromisse seien ineffektiv und die bisherige Regierung habe samt und sonders versagt. Und sie arbeiten mit Ressentiments und Angst. Die Eliten in der Demokratie hören dem Volk nicht zu!

Der Philosoph Spinoza hatte Recht: Man muss die Menschen täuschen, mit falschen Infos und Erzählungen füttern, und ihre Angst schüren, „damit sie für ihre Knechtschaft kämpfen, als sei es für ihr Heil"

Eine funktionierende Demokratie mit Gewaltenteilung, Meinungsfreiheit, freien Wahlen usw. dagegen verhindert solche Knechtschaften nach Spinoza: „so kann doch in einem freien Staatswesen nichts unglücklicheres ersonnen und versucht werden als dieses."[8]

Aber **das Internet und die sozialen Medien veränderten die soziale Kommunikation grundlegend**. In den Anfängen dachte man, dass das Internet die Demokratie stärken könne, weil die Menschen vernetzter miteinander kommunizieren können. Im Arabischen Frühling z. B. förderte das Internet auch Demokratiebewegungen.

2009 war das Problem der Falschinformationen noch relativ klein. Doch es dauerte nur fünf Jahre und die Zahl der Falschinformationen in den sozialen Medien stieg sprunghaft an. „Je größer die Reichweite der sozialen Medien wurde und je mehr sie die Aufmerksamkeit der Menschen auf sich zogen, desto deutlicher zeichnete sich ein immer gleiches Muster ab: ethnische Spannungen verstärken sich, die soziale Spaltung wurde größer, Fremdenfeindlichkeit nahm zu, dreiste Populisten gewannen Wahlen, und die Gewalt stieg an. Die offenen unregulierten Plattformen der sozialen Medien erwiesen sich als Brandbeschleuniger für Bürgerkriegsbedingungen. Das Problem liegt im Geschäftsmodell der sozialen Medien: Technologieunternehmen wie Facebook, YouTube, Google und Twitter müssen die Nutzer […] „fesseln". Je länger die Nutzer online bleiben, auf Links zu Katzenbildern klicken, Geschichten über Prominente retweeten oder Videos teilen, desto stärker sprudeln die Werbeeinnahmen."[9]

Und nichts fesselt so sehr wie Wut und Zorn und Aufregung: „Wie sich herausstellte, mögen viele Menschen eher aufwühlende Nachrichten als beruhigende, sie glauben eher Lügen als der

Wahrheit und empören sich lieber, als dass sie Mitgefühl empfinden. Die Nutzer liken weitaus eher einen hitzigen als einen wohlüberlegten Beitrag."[10]

So führte 2009 Facebook den Like-button [also ein „Gefällt mir"] und „einen Algorithmus [also ein Verarbeitungsprogramm] ein, der Nutzern auf der Grundlage ihrer bisherigen Likes weitere Beiträge zur Ansicht vorschlug. [...]. Mit der Einführung des Like-Buttons wurde Facebook Nutzer plötzlich dafür belohnt, ihren negativen Gefühlen freien Lauf zu lassen – so wie sie es dabei mit der Wahrheit hielten, war zweitrangig"[11]

Informatiker der Universität Rom erforschten Millionen von Kommentaren in Facebook Gruppen: „die Kommentare fallen umso extremer aus, je länger eine Diskussion dauert. [...] YouTube sei ein Wegbereiter für Radikalisierung."[12]

Ein Abschalom des 21. Jahrhunderts ist Rodrigo Duterte, Bürgermeister einer Stadt auf der Insel Mindanao. Er beschloss 2015 für das Präsidentenamt zu kandidieren. Ohne nennenswerte finanzielle Unterstützung engagierte er einen Marketing-fachmann. Dieser heuerte hunderte von Influenzer an, also Multiplikatoren im Internet. Duterte „kritisierte die Medien als Sprachrohr der politischen Elite, stellte die Institutionen infrage und brandmarkte das politische Establishment als korrupt. Er schürte die Ängste der Bürger vor der Verbreitung von Drogen und plädierte für ein hartes Durchgreifen der Polizei. Facebook war entscheidend für seinen Wahlsieg."[13] Er streute gezielt Lügen, also Fake News und Gerüchte über seine Gegner aus und gewann die Wahl. Andere Politiker wie Bolsonaro in Brasilien oder Erdogan in der Türkei kopierten seine Strategie.

Früher kamen Autokraten, also Diktatoren in der Regel durch einen Militärputsch an die Macht. Heute produzieren sie über die sozialen Medien Wut-Bürger, die sie dann wählen.

„Haben die Menschen dann erst einmal das Vertrauen in den demokratischen Prozess verloren, neigen sie dazu, ein alternatives System gut zu heißen und die Macht in die Hände charismatischer Personen zu legen, die ihnen Schutz und eine sichere Zukunft versprechen."[14]

Soziale Medien, insbesondere **Facebook ist inzwischen auch mitverantwortlich für einen Völkermord**: Die Engländer hatten die Einwanderung indischer, muslimischer Arbeitskräfte nach Myanmar veranlasst, weil sie diese für ihre Industrien als Arbeitskräfte brauchten. Die buddhistischen Einheimischen in Myanmar fühlten sich an den Rand gedrängt. Schon in den dreißiger Jahren hetzten buddhistische Nationalisten gegen die indischen Muslime, die Rohingya. So wurde ihnen 1982 die Staatsbürgerschaft aberkannt.

2011 begann die Militärjunta, ihre Macht abzugeben und eine Demokratisierung zu ermöglichen. Es gab also 2011 mehrere Faktoren, die einen Bürgerkrieg begünstigen: Ein Staat mit einer noch nicht gefestigten Demokratie, zwei ethnische Gruppen, eine davon die einheimischen Buddhisten, und nationalistische Bewegungen, die eine ethnische Gruppe gegenüber den anderen aufwertet. Nun kam der Brandbeschleuniger Facebook dazu!

2012 begann schon in Facebook eine Hetze gegen die Rohingya. Sowohl Militärführer als auch extreme buddhistische Mönche nutzten dieses Mittel. „Obwohl es keinen Zweifel daran geben konnte, dass die Gewalt durch über Facebook verbreitete Lügen geschürt worden war, weigerte sich die Regierung, die Existenz der Rohingya-Muslime überhaupt nur zur Kenntnis zu nehmen. Journalisten, die über ethnische Säuberung und Verbrechen des Militärs berichteten, wurden ins Gefängnis geworfen. Wer versuchte, Facebook zu bewegen, etwas zu unternehmen wurde abgeblockt."[15] Die Situation eskalierte im Oktober 2016: Morde, Vergewaltigungen, Brandstiftungen und Verhaftungen waren an der Tagesordnung. 24.000 Rohingya ermordet, 18.000 Frauen und Kinder vergewaltigt. 700.000 von 1 Millionen Rohingya vertrieben. Erst im Jahr 2018 räumte Facebook schließlich Mitverantwortung für Gewaltausbrüche in Myanmar ein. Aber es war zu spät. Islamfeindliche wechselten zu Twitter.

In den letzten zehn Jahren haben viele stabile Demokratien einen schweren Demokratierückschritt erlitten: besonders Spanien, gefolgt von Griechenland, Deutschland, Frankreich, Irland,

Großbritannien und Österreich. Auch die skandinavischen Länder sind seit 2010 zurückgefallen.

Afrika ist die einzige Region in der Welt, in der die Zahl der Demokratien in den letzten zehn Jahren eher zu als abnahm. Der Grund ist ganz einfach: in den Ländern, in denen die Demokratie in Afrika wuchs, hatte sich das Internet und damit die sozialen Medien noch nicht stark ausgebreitet. Deswegen konnten Demokratie-prozesse in Burkina Faso, Sierra Leone, Elfenbeinküste und Gambia gute Fortschritte machen.

Aber seit 2015 verbreitet sich Facebook, YouTube und Twitter auch in Afrika und damit nehmen dort die Konflikte wieder zu. In Äthiopien beispielsweise spitzte sich im Jahr 2019 die schon länger bestehenden Spannungen zwischen den Tigray und Oromo zu, als gefälschte Videos kursierten, in denen behauptet wurde, Regierungsvertreter würden junge Männer bewaffnen.

Die große Hoffnung, dass man mit Facebook einen großen Förderer der Demokratie hat, hat sich ins Gegenteil umgeschlagen. Scharlatane, Verschwörungstheoretiker, Trolle, Demagogen und Gegner der Demokratie, denen die Medien zuvor keine Stimme geliehen hatten, haben auf einmal ein leichtes Spiel.

Als Expertin für Bürgerkriege wurde Barbara Walter nach dem 6. Januar 2021, dem Sturm auf das Kapitol, immer wieder gefragt: **Was sollen wir tun?** Ihre erste Antwort war immer: Nehmen wir den sozialen Medien das Megaphon weg, dann können die Desinformationsmaschinen, die Unruhestifter, Trolle, Hetzer, Verschwörungstheoretiker und Demokratiefeinde nicht mehr so laut tönen!

Irgendwie seltsam, dass die Sperrung Trumps auf Twitter einfach so funktioniert hat, ohne dass irgendetwas Schlimmes passiert ist!

Der Verschwörungstheorie von QAnon glaubten im Dezember 2020 17 % aller Amerikaner, fast jeder sechste!, erst nach dem 6. Januar 2021 viel zu spät gingen Facebook, YouTube und Twitter hart gegen QAnon-Seiten vor.

Eine Regulierung der sozialen Medien stärkt auf der ganzen Welt die Demokratien! **Die EU ist hier Vorreiter mit dem „Gesetz über digitale Dienste",** im Oktober 2022 bekanntgegeben.

Vermittlungsdienste, d. h. Online-Plattformen – wie soziale Medien und Marktplätze – müssen Maßnahmen ergreifen, um ihre Nutzer vor illegalen Inhalten, Waren und Dienstleistungen zu schützen. Nicht einvernehmlich weitergegebene illegale Inhalte (Rachepornos) sollen sofort aus dem Verkehr gezogen werden. Online-Plattformen und Suchmaschinen können mit Geldbußen von bis zu 6 % ihres weltweiten Umsatzes belegt werden, wenn sie nicht schnell und konsequent gegen Hetze und FakeNews vorgehen.

Die Europäische Kommission und die Mitgliedsstaaten werden Zugang zu den Algorithmen sehr großer Online-Plattformen (engl. Very Large Online Platform) erhalten

Plattformen müssen ein klareres „Melde- und Aktions"-Verfahren vorhalten, bei dem die Nutzer die Möglichkeit haben, illegale Inhalte online zu melden; Meldungen von Nutzern müssen von den Plattformen zügig bearbeitet werden

Online-Marktplätze müssen dafür sorgen, dass Verbraucher sichere Produkte oder Dienstleistungen online erwerben können, indem sie die Kontrollen verstärken, um nachzuweisen, dass die von Händlern gemachten Angaben zuverlässig sind („Kenne deinen Geschäftskunden"), und Anstrengungen unternehmen, um zu verhindern, dass illegale Inhalte auf ihren Plattformen erscheinen, auch durch Stichproben.

Im Falle sehr großer Online-Plattformen (mit mehr als 45 Millionen Nutzern) wird die EU-Kommission die alleinige Befugnis haben, die Einhaltung der Vorschriften zu verlangen

All das ist nötig, um unsere Demokratien zu schützen! Die sozialen Medien dürfen kein ungeregelter Wilder Westen der sozialen Kommunikation via Internet sein!

Bürgerkriege und Genozide

Evangelium: *Mk 3,20-35.*
10. Sonntag im Jahreskreis, Lesejahr B

Predigt:
Jesus soll angeblich mit der Hilfe des Anführers der Dämonen Beélzbul die Dämonen austreiben. Jesus erwidert ihnen: Wie kann der Satan den Satan austreiben? Wenn ein Reich in sich gespalten ist, kann es keinen Bestand haben.

Kriminelle Banden aber machen es genauso: Sie drohen Geschäften Gewalt an, wenn sie nicht Schutzgeld zahlen. Sie schützen vor der eigenen angedrohten Gewalt, wenn man bereit ist zu zahlen.

Nicht ganz so offensichtlich aber irgendwie ähnlich handelte **Modi in Indien**. Seit 2014 betreibt Modi eine prohinduistische Politik in Indien. Er vergab Schlüsselpositionen in der Regierung an Extremisten. Muslime werden als eine Herde von zweibeinigen Tieren bezeichnet. Lehrpläne werden umgestaltet, sodass die Muslime aus der Kulturgeschichte Indiens ausgeblendet werden. 2019 hebt Modi den Sonderstatus für Jammu und Kaschmir auf, Indiens einzige mehrheitliche muslimische Region, und er schwächt die Demokratie: er greift freie und faire Wahlen an, Meinungs- und Vereinigungsfreiheit. Er benutzt staatliche Machtmittel, um gegen Oppositionsführer zu ermitteln und sie mit konstruierten Vorwürfen der Bestechung verhaften zu lassen. Journalisten, die regierungskritische Berichte bringen, werden auf schwarze Listen gesetzt, weil sie angeblich Falschnachrichten verbreiten. Gemeinsame Proteste von Muslimen mit progressiven Hindus werden von Sicherheits-kräften brutal unterdrückt.

Modi versteht es, ethnische und religiöse Gruppen in seinem Land aufzubauen und auszunutzen, indem er äußere Bedrohungen dramatisiert und den Nationalismus schürt, um eine Alarmstimmung zu erzeugen. In Neu-Delhi spalten sich inzwischen ganze Stadtviertel entlang der religiösen Zugehörigkeit, in denen einst Toleranz herrschte.

Spinoza fragte, warum Menschen ihrem eigenen Unterdrücker zujubeln, als ob es ihr Erlöser wäre. Modi hat es geschafft, Ressentiments und Ängste zu schüren und dann sich als der Erlöser und Beschützer zu präsentieren für ein Problem, das er eigentlich selbst erst erschaffen hat. Modi kann besser als die Mafia mit ihren Schutzgeldern verschleiern, dass er die eigentliche Ursache der Aggression ist, vor der er angeblich als Retter und Beschützer auftritt.

Die Gewalt, die Modi zu fördern scheint, dient seiner Partei. Denn sie radikalisiert eigentlich gemäßigtere Wähler und überzeugt sie davon, dass seine Behauptungen über Muslime der Wahrheit entsprechen. Mahatma Gandhi wäre entsetzt!

Jesus warnt: Ein solches Reich ist in sich gespalten.

Eigentlich in ähnlicher Weise, nur noch verschleierter funktioniert **Trumps Politik**: Der Neoliberalismus hat die Reichen immer reicher gemacht und die weiße Mittelschicht in den USA verarmte. Aber anstatt den Kapitalismus sozialer zu machen, präsentiert Trump andere Sündenböcke: die Schwarzen und die südamerikanischen Einwanderer. Er kämpft gegen das politische Establishment der Demokraten, die als einzige die Ideen, den Willen und die Möglichkeit hätten, den Kapitalismus sozialer zu machen, siehe z. B. Obamas Krankenversicherung für alle. Trump verspricht wirtschaftlichen Aufschwung durch seine protektionistische Politik „Amerika zuerst", die sicherlich nicht langfristig die amerikanische Wirtschaft stärkt. Indem er die eigentlichen Ursachen der sozialen Ungerechtigkeit nicht angeht, kann er weiterhin die Ängste, den Neid und die Ressentiments ausnutzen, um seine Fans an sich zu binden.

Solche Teufelskreise können zu Bürgerkriegen und zu Völkermord führen.

Hermann Göring erklärte im Nürnberger Prozess: Das Volk will keinen Krieg. Man muss dem Volk sagen, es würde angegriffen, und den Pazifisten ihren Mangel an Patriotismus vorwerfen und behaupten, sie brächten das Land in Gefahr.

Genau diese Taktik ist entscheidend für die zehn Stadien eines Genozids, die Gregory Stanton aufgrund vergleichender Studien herausgefunden hat.[16]

Acht Stadien müssen durchlaufen werden, bevor der eigentliche Genozid beginnt.

Erste Stadium: Klassifizierung. Eine dominierende Gruppe reklamiert eine bestimmte Identität für sich. 1939 führte die belgische Kolonialverwaltung in Ruanda im Personalausweis einen Vermerk ein, wer seiner Abstammung nach Hutu oder Tutsi ist. Vorher war man sich da gar nicht so sicher.

Zweites Stadium: Symbolisierung. Die Identität wird mit Symbolen verstärkt. In den USA haben sich die Rechtsextremisten ihre eigenen Symbole geschaffen, die allgegenwärtige konföderierten Flagge oder die Hawaiihemden, die Rechtsextreme bei der Erstürmung des Kapitols trugen usw.

Drittes Stadium: Diskriminierung. Die dominante Gruppe unterdrückt per Gesetz oder durch ihr Verhalten die andere Gruppe. So nahm die buddhistische Mehrheit in Myanmar den Rohingya das Wahlrecht, ihre Arbeitsplätze und ihre Bürgerrechte weg. Schwarze bekommen in den USA nur halb so oft Rückmeldung, wenn sie sich auf eine Stelle bewerben, wie Weise.

Viertes Stadium: Entmenschlichung. Die Machthaber nutzen den öffentlichen Diskurs, um die Minderheiten kriminell zu brandmarken oder ihnen die Menschlichkeit abzusprechen. Trump bezeichnete Einwanderer ohne Papiere als Tiere.

Fünftes Stadium: Organisation. Die dominante Gruppe stellt eine Armee oder eine Miliz auf. Karadzic bereitete die Bildung örtlicher paramilitärischer Gruppen vor. Erschreckend ist auch, dass sich Milizen-Gruppen unter Obama explosionsartig vermehrt haben.

Sechstes Stadium: Polarisierung. Die dominante Gruppe verstärkt die Propaganda und dämonisiert die andere Gruppe. Zwischen der Minderheit und der Allgemeinheit wird die Kluft vertieft.[17]

Siebtes Stadium: Vorbereitung. Die dominante Gruppe bildet eine Armee. Mit der Behauptung „Wenn wir sie nicht töten, dann töten sie uns!" schüren die Anführer zudem Angst in der Bevölkerung. In diesem Stadium wird der Genozid als Mittel der Selbstverteidigung

„verkauft". Hass spielt sicherlich eine Rolle, aber die wahre Motivation ist Angst, erzeugt durch ein Gefühl der Bedrohung und der Wehrlosigkeit. Die ethnischen Hetzer setzen auf Angst und den natürlichen Instinkt, seinen Feind zu vernichten, bevor er einen selbst vernichtet.

Die existenzielle Angst löst ein Wettrüsten auf beiden Seiten aus. Der Teufelskreis wird durch falsche Behauptungen beschleunigt: Die Tutsi seien Neuankömmlinge ohne Recht auf Landbesitz, sie seien zudem Schuld an der anhaltenden Armut der Hutu usw.

Achtes Stadium: Verfolgung

Neuntes Stadium: Vernichtung. Für eine ethnische Säuberung braucht es nur eine kleine Anzahl schwer bewaffnete Bürger. Das Massaker von Visegrad in Bosnien wurde von einem einzelnen Mann organisiert mit 15 gut bewaffneten Spießgesellen. Die Mehrzahl der Bürger unbeteiligt.[18]

Zehntes Stadium: Leugnung. So weigert sich die Türkei bis heute, 100 Jahre nach dem Ereignis, zuzugeben, einen Völkermord an den Armeniern begangen zu haben.[19]

Deutschland konnte den Holocaust nach 1945 nicht verdrängen. Das war gut so. Das gespaltene, zerstörerische, böse Reich der Nazis konnte nur durch ein „Nie wieder" in Deutschland überwunden werden.

Wie man Bürgerkriege verhindern kann

Evangelium: Mt 5,38-48 oder Lk 6, 27-38
7. Sonntag im Jahreskreis, Lesejahr A oder
7. Sonntag im Jahreskreis, Lesejahr C

Predigt:
Der abgewendete Bürgerkrieg in Südafrika Mitte der achtziger
Jahre wies Südafrika alle Risikofaktoren auf, die einen Bürgerkrieg
befürchten ließen. Das Land war bereits seit Jahrzehnten eine
instabile Demokratie, eine sogenannte Anokratie. Die amtierende
Minderheitsregierung schloss Menschen aufgrund ihrer ethnischen
Zugehörigkeit von der politischen Teilhabe aus. Weiße Bürger
betrachteten sich als die rechtmäßigen Herren des Landes. In
Südafrika gab es eigentlich zwei Gruppierungen, die sich als die
Einheimischen betrachteten: sowohl die schwarzen als auch die
weißen Bürgerinnen und Bürger. Das nördliche Nachbarland
Rhodesien ist aufgrund einer ähnlichen Konstellation in einen
brutalen Bürgerkrieg gerutscht.
Im Jahr 1986 verhängten die wichtigsten Handelspartner Südafrikas
Wirtschaftssanktionen aufgrund der eskalierenden Unterdrückung
der schwarzen Bevölkerung. 1989 wurde Frederic Willem de Klerk
zum Präsidenten gewählt. Er dachte pragmatisch und konzentrierte
sich auf das Überleben seines Landes. Würde die Wirtschaft
kollabieren, wäre auch der Wohlstand der Weißen dahin. Drei von
vier Südafrikanern waren schwarz. Wenn er weiterhin auf der
Herrschaft der Weißen bestehen würde, wäre ein Bürgerkrieg
unvermeidlich. Deshalb hob de Klerk das Verbot des African
National Congress auf, stellte Pressefreiheit wieder her und ließ
Nelson Mandela frei.
Im Gegensatz zu Assad in Syrien, der keinen Kompromiss mit der
sunnitischen Mehrheit suchte, oder den Protestanten in Nordirland,
die kein Verständnis für die Katholiken hatten, suchte de Klerk die
Kooperation. D. h. er praktizierte ganz konkret die Feindesliebe. Für
den gleichen Weg der Feindesliebe entschied sich Mandela. Er
wurde nicht ein ethnischer Hetzer, sondern predigte Versöhnung,

33

Einigkeit und Frieden. Beide haben zu Recht den Friedensnobelpreis bekommen.

Bürgerkriege: selten, dann aber meist mehrmals Bürgerkriege treten eigentlich selten auf: Pro Jahr geraten weniger als 4 % der Länder, die die Voraussetzungen für einen Bürgerkrieg erfüllen, tatsächlich in einem bewaffneten Konflikt. Aber wo Bürgerkriege stattfinden, geschehen sie oft gleich mehrfach in der Geschichte. Zwischen Kroaten und Serben, in Äthiopien, in Myanmar oder in Indien fanden mehrmals Bürgerkriege statt. Wenn sich der Teufelskreis des Hasses in die Erinnerung eingeprägt hat, ist es schwer aus der Konfliktfalle herauszukommen.

Bürgerkriege verhindern Die meisten Länder, denen es gelang, einen zweiten Bürgerkrieg zu vermeiden, besaßen die Fähigkeit, die Qualität ihrer Regierungsfähigkeit zu verbessern! Sie setzten verstärkt auf Demokratie und starke demokratische Strukturen und Institutionen. In Liberia wurde z. B. nach 2003 die präsidiale Macht beschränkt und die Unabhängigkeit der Justiz gestärkt. Die Verbesserung der Regierungsführung eines Landes ist für die Vermeidung von Bürgerkriegen bedeutsamer als die Steigerung seiner Wirtschaftsleistung. Das bedeutet auch, dass ein reiches Land mit einer schlechten Regierung ein höheres Risiko aufweist, in einen Bürgerkrieg zu rutschen, als ein armes Land mit einer stabilen und guten Regierung.

Besonders drei Merkmale schützen Demokratien vor Bürgerkriegen:
1. Die Rechtsstaatlichkeit, die Gleichheit vor dem Gesetz.
2. Das Mitspracherecht und die Rechenschaftspflicht, das Maß der Freiheit, mit der die Bürger an der Wahl ihrer Regierung mitwirken können, sowie Meinungsfreiheit, Koalitionsfreiheit und freie Medien.
3. Die Effizienz der Regierung und die Qualität und Unabhängigkeit der öffentlichen Dienstleistungen.

Diese drei Merkmale spiegeln wider, inwieweit eine Regierung ihren Bürgern dient und inwieweit ihre politischen Institutionen stark, legitim und rechenschaftspflichtig sind.

Es gibt noch **weitere Faktoren**, die Fremdenhass und Gefahr von Bürgerkriegen verringern:

1. Staatsbürgerliche Bildung ist wichtig. Deswegen ist das Fach Sozialkunde so wichtig.

2. Die Gesellschaft muss offen den heimischen Terrorismus als Problem ansprechen und bekämpfen. Null Toleranzhaltung gegenüber Hassbotschaften und den heimischen Terrorismus. Der Bombenanschlag von Oklahoma City im Jahre 1995 führte in den folgenden Jahren zu einer sehr effektiven Bekämpfung der Milizen durch das FBI. 1997 konnten Terroranschläge des Kuckucksklan und anderer Gruppen weißer Extremisten verhindert werden.[20]

3. Besonders wichtig ist auch die Sozialpolitik: die Fürsorge für die schwächsten Bürger. Sinkende Sozialleistungen aufgrund neoliberalistischer Ideologie ist der falsche Weg. Besser ist eine gute allgemeine Gesundheitsversorgung, eine qualitativ hochwertige Früh-erziehung, ein angemessener Mindestlohn.

4. Außerdem sollte eine eingefrorene soziale Mobilität wieder in Schwung gebracht werden. Deswegen lohnen sich Investitionen in öffentliche Schulsysteme, Parks, Freizeiteinrichtungen, die Kunst. Die Popularität der Hamas lag auch daran, weil sie Kindergärten und andere Sozialleistungen anbot, die eigentlich der Staat liefern sollte. Erschwinglicher Wohnraum, die Möglichkeit zum Studium und Zugang zur wirksamen Suchtbehandlung.

5. Proteste und Demonstrationen muss die Regierung ernst nehmen, wenn sie auf echte Missstände hinweisen.

6. Wenn aber die Aufständischen eine Gefahr für die Demokratie darstellen, müssen sie verhaftet werden, unter Anklage gestellt werden, ihr Vermögen beschlagnahmt werden. Der Anführer muss inhaftiert werden.

7. Wenn politische Parteien rücksichtslos nur ihre ethnische, religiöse oder geographische Gruppe unterstützen, dann müssen die Alarmglocken klingeln!

8. Eine Regulierung der sozialen Medien stärkt auf der ganzen Welt die Demokratien und das friedlichere Zusammenleben!

Herausforderung multiethnische Demokratien Die USA stehen vor einer gewaltigen Herausforderung, die wir in ähnlicher Weise auch in Deutschland und Europa meistern müssen. Die Vereinigten Staaten werden die erste westliche Demokratie sein, in der die weißen Bürger ihren Mehrheitsstatus verlieren. Das wird voraussichtlich im Jahr 2045 der Fall sein. 2050 werden weiße Bürger in Kanada zur statistischen Minderheit gehören. Auch wir in Deutschland und Europa werden durch Migration immer vielfältiger.

Somit steht die USA vor der monumentalen Herausforderung, eine wirklich multiethnische Demokratie zu erschaffen. Sie muss die Rechte kleiner Gruppen schützen und gleichzeitig eine verbindende nationale Identität stiften. Die USA muss den Übergang zu einer multiethnischen Demokratie friedlich und ohne Wohlstandsverluste ermöglichen. Fremdenfeindlichkeit ist dafür nicht förderlich. Vielmehr wird es jetzt ernst mit Jesu Gebot der Fremdenliebe, manchmal auch der Feindesliebe!

Rechtsextreme Parteien in all diesen Ländern verkünden unheilvolle Warnungen vor dem Ende der weißen Vorherrschaft und sie versuchen, Hass zu schüren, indem sie die enormen wirtschaftlichen, sozialen und moralischen Kosten eines solches Wandels beschwören. Sie betrachten dabei immer Macht als Null-Summen-Spiel. Aber viele amerikanische Städte beweisen das Gegenteil. In Birmingham und Memphis wurden schwarze Bürgermeister gewählt. Das Leben der Weißen ging so weiter wie bisher und das Leben der schwarzen Einwohner verbesserte sich. Menschen lernten, dass eine multiethnische Partei an der Macht keine Bedrohung für ihr Wohlergehen darstellte. Ein neues friedliches Gleichgewicht wurde erreicht.

Eine ähnliche Einsicht setzte sich in Kalifornien durch. In weniger als drei Jahrzehnten hat Kalifornien seinen Ruf als einwanderungsfeindliches Land abgelegt und ist zu einem zukunftsweisenden Modell für Immigration und Integrationspolitik geworden.

Um das Versprechen einer wahrhaft multiethnischen Demokratie zu erfüllen, muss eine Nation große Gefahren umschiffen. Man muss Demokratie stärken und die sozialen Medien zügeln. Besonders muss man der drohenden Gefahr des Klimawandels begegnen. Denn die Migration aus dem globalen Süden in den wohlhabenden weißen Norden wird mit Sicherheit zunehmen. Ohne eine starke und wirksame staatliche Reaktion wird der Klimawandel unser soziales Gefüge zerstören.

Barbara Walter ist zuversichtlich: „Meine Studenten wissen um diese Herausforderungen, und sie sind inspiriert und ermutigt, etwas dagegen zu unternehmen. Sie sind das neue Gesicht des amerikanischen Traums. Immer wenn ich den Mut verliere, denke ich an sie. Es gibt keinen schöneren Ort als einen Seminarraum voller Erstsemester, die entschlossen sind, die Welt zu verändern.“[21]

Kate Raworth: „Die Donut-Ökonomie"

Einführung zur Donut-Ökonomie: Füllt den neuen Wein nicht in die alten Schläuche

Evangelium: Mk 2,18-22
8. Sonntag im Jahreskreis, Lesejahr B

Predigt:
Es gibt ein schönes neues geistliches Lied, das im Refrain unsere Bibelstelle aufgreift: Wenn der Geist sich regt, der Leben schafft, unverständlich noch, doch voller Kraft. Refrain: Füllt den Wein nicht in die alten Schläuche, zwängt die junge Kirche nicht in alte Bräuche. Konservative Pfarrer lehnen dieses schöne Lied ab, weil sie darin die Wertschätzung der alten Bräuche vermissen. Naja, die Rückständigkeit der Kirche ist allgemein bekannt. Aber alte Zöpfe, die man abschneiden sollte, gibt es nicht nur in der Kirche, auch in der Ökonomie, in der Volkswirtschaftslehre!
Kate Raworth schrieb 2017 das Buch: „Die Donut-Ökonomie".
Das Buch ist für mich eine katholische Soziallehre für das 21. Jahrhundert, auch wenn Raworth keine Katholiken, wohl eher Anglikanerin ist. Dieses Buch will die veralteten Denkmuster und Gedankenbilder der Ökonomen aufdecken und durch passendere und neuere ersetzen: Sie will neuen Wein in neue Schläuche geben. Das haben wir angesichts von Klimawandel, Artensterben, sozialer Ungleichheit weltweit und in den Nationen und instabilen Märkten auch dringend nötig. Deswegen der Untertitel: „Endlich ein Wirtschaftsmodell, das den Planeten nicht zerstört."
Ihre Anstöße wurden inzwischen auch schon aufgegriffen: Als erster Wirtschaftsraum hat die Stadt Amsterdam zusammen mit Raworth ein Konzept für den Umbau der Stadt- und Wirtschaftsentwicklung gemäß den Prinzipien der Donut-Ökonomie entwickelt. Die Stadt verspricht: Um Umwelt und Klima zu schonen, soll die Energiegewinnung auf Solarstrom und Windkraft umgestellt und der CO_2-Ausstoß entscheidend gesenkt werden. Möglichst sollen nur

noch recycelte Rohstoffe zum Einsatz kommen, und zwar ab 2030 zu 50 und ab 2050 sogar zu 100 Prozent. In der Bevölkerung scheint Optimismus vorzuherrschen, dass die Einführung der Kreislaufwirtschaft gelingen kann. Zum Beispiel treibt ein Chemiker ein Verfahren zur Wiederverwertung von Zement voran, eine Wohnungseigentümergemeinschaft baut klimaneutrale Häuser auf dem Wasser und eine Wissenschaftlerin probt den platzsparenden Nahrungsmittelanbau mitten in der Stadt. Auch die Städte Kopenhagen, Philadelphia und Portland (Oregon), Bad Nauheim und Krefeld planen die Einführung einer am Donut-Prinzip orientierten Ökonomie.

Ihr Buch beginnt sie mit einer Geschichte über einen **ungewöhnlichen Aufstand**: Im Oktober 2008 begann Yuan Yang in Oxford ihr Studium der Ökonomie. Als Weltbürgerin, Chinesin in Yokshire aufgewachsen, wollte sie mit dem Ökonomiestudium etwas in der Welt bewegen. Doch sie wurde enttäuscht: Was sie lernte in Statistik und Makroökonomie, also in Volkswirtschaftslehre, erklärte überhaupt nicht die Wirklichkeit, z. B. den Börsencrash von 2008. Man lehrte, dass das Finanzsystem kein wichtiger Bestandteil der Wirtschaft sei, und gleichzeitig erlebte jeder hochaktuell, dass die Finanzwelt dominant zerstörend wirken kann! Sie merkte aber auch, dass kritische Nachfragen an die Lehre von den Professoren nicht erwünscht sei. Yuan suchte nach weiteren Enttäuschten unter den Ökonomiestudierenden weltweit und fand viele. Sie schrieben alle zusammen an ihre Dozenten: „Wacht auf, bevor es zu spät ist!" Daraus wurde eine weltweite Bewegung kritischer Studierender. In einem offenen Brief mahnten sie: „Nicht nur die Weltwirtschaft steckt in einer Krise. Auch die Wirtschaftswissenschaften befinden sich in einer Krise." Radikalere Gruppen drangen in Tagungen von Ökonomieprofessoren ein und forderten ein neues Denken: **Neuen Wein in neue Schläuche!**

„Es ist eine außergewöhnliche Situation. Keine andere akademische Disziplin hat es bisher geschafft, ihre eigenen Studenten – jene Leute, die sich entschlossen haben, mehrere Jahre ihres Lebens mit dem Studium ihrer Theorien zu verbringen – in eine weltweite Revolte zu treiben. Ihre Rebellion hat eines deutlich werden lassen:

Die Revolution der Wirtschaftswissenschaften hat tatsächlich begonnen. Ob sie erfolgreich sein wird, hängt nicht nur davon ab, ob sie die alten Theorien widerlegen, sondern vor allem davon, ob sie neue Theorien hervorbringen kann.“[22] Kate Raworth hat die verschiedenen Erneuerungen zusammengetragen und daraus ihre Donut-Ökonomie entwickelt.

Sie verpackt den neuen Wein nicht nur in neue Schläuche, sie zeigt auch sehr anschaulich, wie der alte Wein das Denken vernebelte und wie die neuen Schläuche auszusehen haben.

Eine zentrale Grundthese von ihr ist: Wir alle, ob Wirtschaftsfachleute oder nicht, sind mehr oder weniger geprägt durch einige zentrale Bilder, Kurven, Diagramme aus der alten Standard-Ökonomie. Und diese alten Bilder müssen wir als falsch oder unzureichend durchschauen und durch neue Bilder ersetzen.

Einige Beispiele:

1. Der zu kleine Kreislauf Wir haben im Kopf eine Kreislaufwirtschaft zwischen Haushalten und Firmen: Der Papa arbeitet in der Firma und bekommt Lohn. Die Kinder kaufen sich Handys von Firmen und geben somit den Lohn von Papa aus. So zirkulieren Geld und Waren. Dieses Bild hat einen blinden Fleck: Energie und Ressourcen kommen von der Erde bzw. Sonne und der Müll landet wieder darin. Nächstes Bild in unserem Kopf:

2. Der Typus Wirtschaftsmensch. Jeder Akteur in der Wirtschaft handelt nach Eigennutz und hat Überblick über den Markt. Die Ökonomen nennen dies Homo oeconimicus. Aber wir Menschen sind nicht so, wir sind auch sozial orientiert, lassen uns von anderen beeinflussen, handeln nach Faustregeln, sind nicht Herr über die Natur. Dieses Bild stellt uns Menschen verzerrt kalt und egoistisch dar.

Drittes Bild im Kopf: Zwei Kurven schneiden sich. Die abfallende Kurve ist die Nachfrage. Die steigende Kurve ist das Angebot. Der Schnittpunkt bestimmt den Preis. Das mag für den Einzelfall gelten: Wenn ich auf einem arabischen Markt feilsche, treffen wir uns irgendwo in der Mitte. Aber eine ganze Volkswirtschaft kommt nie so durch Angleichung von Angebot und Nachfrage in ein Gleichgewicht. Was die Ökonomen uns als Gesetz verkaufen, ist eine totale Vereinfachung eines hochkomplexen Systems, nämlich eine Volkswirtschaft. Sie kommt nie in ein Gleichgewicht, alles ist dynamisch miteinander vernetzt durch gegenseitige Beeinflussung.

Das vierte und fünfte Bild ist unter Nicht-Ökonomen nicht sehr bekannt: Es **ist eine Kurve, die ansteigt und dann wieder absinkt.** Diese sogenannte Kuznets-Kurve, benannt nach dem Ökonom Kuznets, hat man sowohl auf soziale Ungleichheit als auch auf Umweltverschmutzung angewendet. Angeblich läuft es so ab: Soziale Ungleichheit und Umweltverschmutzung muss, wenn eine Volkswirtschaft beginnt zu wachsen, ansteigen, stagniert dann, und bei einer reifen Volkswirtschaft sinkt dann wieder die soziale Ungleichheit und die Umweltverschmutzung. Jeder Nicht-Ökonom mit gesundem Menschenverstand weiß, dass dies Blödsinn ist. Trotzdem hat der Glaube an diese angebliche Gesetzmäßigkeit viel Schaden angerichtet, weil Politiker diesem Glauben folgten!

Letztes Bild: Das Bild einer steigenden Kurve – die Wirtschaft muss wachsen! Das Bruttosozialprodukt, die Wirtschaftsleistung muss steigen! Dagegen setzt Kate Raworth das Bild des Donuts. Diese amerikanische Süßigkeit ist ein Bild für eine ausgewogene Wirtschaft. Wir müssen versuchen, zwei Straßengräben zu vermeiden – quasi das innere Loch und der Bereich außerhalb des Donuts. Der eine Straßengraben: Die Grundbedürfnisse der Menschen werden nicht ausreichend erfüllt und das Wohlergehen von Gesellschaften wird beschädigt. Der andere Straßengraben: Unsere planetaren Grenzen werden überschritten, zuviele Arten sterben, das Klima verändert sich wesentlich, die Böden werden mit Chemikalien, Phosphaten und Stickstoffdünger belastet, Süßwasserspeicher gehen zu Neige, zuviel Boden wird zubetoniert.

Das Ziel muss sein, in den Donut-Bereich zu kommen und die Straßengräben zu vermeiden, anstatt auf Gedeih und Verderb zu wachsen. Ob das durch ein grünes Wachstum, durch Entkoppelung von Wachstum und Verbrauch von Naturgütern, durch Maßhalten, durch neue Technologien oder einer Kombination von allem erreicht werden kann, kann heute keiner voraussagen.

Es ist schon erstaunlich: Dass die Kirche altmodisch und träge bei Veränderungen ist, wissen wir Katholiken zu Genüge. Aber das alte Denken der Standardlehre der Wirtschaft müssen wir ebenso im 21. Jahrhundert überwinden, wenn wir die Herausforderungen dieses Jahrhunderts bewältigen wollen.

Ergänzungen:

„Wenn wir eine neue ökonomische Erzählung schreiben wollen, müssen wir neue Bilder zeichnen, welche die alten in die Lehrbücher des vergangenen Jahrhunderts verbannen."[23]

„Im Jahr 2015 informierten mich UN-Mitarbeiter, die an den Verhandlungen über die Formulierung der Sustainable Development Goals (Ziele für nachhaltige Entwicklung) beteiligt waren – jener 17 Ziele, anhand derer der Prozess einer nachhaltigen Entwicklung der Menschheit auf ökonomischer, sozialer und ökologischer Ebene bewertet werden soll –, dass in der Schlussphase der Beratungen über die Endfassung des Dokuments das Bild des Donuts auf dem Tisch lag und als Erinnerung an die allgemeinen Ziele diente, die es anzustreben gelte. Viele Menschen berichteten mir, dass das Bild des Donuts ihre eigenen, seit Langem gehegten Vorstellungen von nachhaltiger Entwicklung sichtbar machte."

Statt lineares systemisches Denken

Evangelium: Lk 13,1-9
3. Fastensonntag, Lesejahr C

Vorbemerkung z. B. in der Einleitung

Diese Predigt gehört zu der Reihe von Predigten, die zentrale Einsichten des Buches „Die Donut-Ökonomie. Endlich ein Wirtschaftsmodell, das den Planeten nicht zerstört" von Kate Raworth aufgreifen. Für mich ist dieses Buch quasi eine katholische Soziallehre des 21. Jahrhunderts.

Heute geht es um die Frage: Wie gelange ich zu einem systemischen Denken, das den Herausforderungen des 21. Jahrhunderts gewachsen ist? Etwas bildlich gesprochen: Der Ökonom des 21. Jahrhunderts sollte sich nicht wie ein Ingenieur, sondern eher wie ein Gärtner verstehen. Denn die Wirtschaft läuft nicht nach festen Gesetzen ab wie eine Maschine, sondern eher dynamisch und systemisch wie ein Ökosystem…

Predigt:

Dass ein Apfel vom Baum herunterfällt, folgt nur den physikalischen Gesetzen, die Newton herausgefunden hat. Wie aber ein Apfel am Baum wächst, geschieht in einem Ökosystem, in einem Organismus, dem Baum. Und das ist etwas ganz anderes.

Die Wirtschaftswissenschaft hat sich die physikalischen Gesetze als Vorbild genommen. Jedoch die Wirtschaft ist ein hochkomplexes System. Das hat die Standard-Wirtschaftslehre eigentlich nicht richtig begriffen. Deswegen braucht es hier ein neues Denken und Verständnis.

Schon der britische Ökonom Jevons behauptete: die Theorie der Wirtschaft zeigt eine auffallende Ähnlichkeit mit der Wissenschaft der Mechanik, und die Gesetze des Tausches ähneln den Gleichgewichtsgesetzen einer Wippe.

Man schaue nur bewusst das Wort „Wettbewerbsmechanismus" oder das Wort „Marktgleichgewicht" an. Mechanismus ist ein

Physik-Begriff. Gleichgewicht in diesem Kontext lässt uns an eine Wippe denken, also wieder Physik!

Und so entstand ein sehr wirkmächtiges Bild, das bis heute Generationen von Ökonomen geprägt hat:

Zwei Kurven kreuzen sich. Die eine Kurve geht nach unten, die andere Kurve geht nach oben. Die eine ist die sinkende Nachfragekurve. Das andere ist die steigende Angebotskurve. Klar für einen hohen Preis finde ich wenige Käufer aber viele Anbieter. Für einen niedrigen Preis gibt es viele Interessenten, aber wenig Verkäufer.

Walras übertrug dieses Bild, das sich erst einmal auf *ein* Produkt (wie z. B. Weizen, Handys usw. bezieht) auf die gesamte Wirtschaft: Alle Angebote und jede Nachfrage treffen sich in bestimmten Preisen, so wird die Ökonomie, die Wirtschaft zu einem Gleichgewichtszustand gelangen. Daraus ergab sich eine Gesamttheorie der Wirtschaft: die moderne Makro-Ökonomie-Theorie. Es gab Kritiker und alternative Denker, aber man hörte nicht auf sie. Die Finanzkrise im Jahre 2008 zeigte dann endgültig, dass diese Standardtheorie nicht funktioniert. Beim Finanzcrash 2008 fragte die englische Königin: Warum hat dies niemand kommen sehen?

Diese Frage gleicht dem Beispiel im Evangelium: Jesus erwähnt den Einsturz des Turms von Schiloach. Eine plötzliche, unvorhergesehene Katastrophe bricht herein. Die Menschen fragen wie bei der Ermordung der Galiläer durch Pilatus: Warum? Ist jemand schuldig? Jesus wehrt die Suche nach *einem* Schuldigen ab: Ihr werdet genauso umkommen, wenn ihr euch nicht bekehrt.

Und genau diese Antwort führt uns zur systemischen Betrachtungsweise: Schaue auf das ganze System, nicht auf einen einzelnen Teil, Teilnehmer, Akteur!

Warum haben z. B. die Zentralbanken die Krise nicht kommen sehen? Weil sie mit Modellen arbeiteten, in denen die Privatbanken überhaupt keine Rolle spielten.[24]

„Wenn man den Kapitalismus zu analysieren versucht und dabei die Banken, die Schulden und das Geld unberücksichtigt lässt, dann ist das, als würde man versuchen, Vögel zu untersuchen, ohne dabei zu beachten, dass sie Flügel haben."[25]

Ungleichgewichte durch die Finanzwirtschaft nach Minsky 2008 entdeckten die Ökonomen das vergessene Werk des Wirtschaftswissenschaftlers Minsky wieder. Er analysierte schon 1975 die finanzielle Instabilität. „In guten wirtschaftlichen Zeiten wächst bei Banken, Unternehmen und Schuldnern das Vertrauen, und sie beginnen höhere Risiken einzugehen, wodurch die Preise von Häusern und anderen Anlagen nach oben getrieben werden. Dieser Anstieg der Vermögenspreise verstärkt wiederum die Zuversicht und das Vertrauen der Schuldner und der Gläubiger und stützt ihre Erwartung, dass die Vermögenswerte weiter steigen werden. […] Wenn die Preise schließlich mit den Erwartungen nicht mehr Schritt halten können, was unvermeidlich ist, werden viele Kredite notleidend, die Vermögenswerte sinken, und […] die Banken schlittern in die Insolvenz und lösen einen Zusammenbruch aus. Und was geschieht nach dem Crash? Das Vertrauen kehrt langsam wieder zurück, und der Prozess beginnt wieder von vorn in einem rollierenden Zyklus des dynamischen Ungleichgewichts."[26] So paradox es klingt: Im Finanzsektor bringt gerade Stabilität letztlich Instabilität hervor aufgrund von verstärkenden Rückkopplungs-schleifen.

Aber was sind Rückkopplungsschleifen? Im Körper gibt es viele Rückkopplungsschleifen. Wenn ich viel Zucker esse, geht mein Blutzuckerspiegel hoch. Das merkt meine Bauchspeicheldrüse und schüttet mehr Insulin aus, das den Blutzucker im Blut reduziert. Das Insulin wirkt rückkoppelnd auf den Blutzucker.

Und was ist ein System? Den Kern des Systemdenkens bilden drei Konzepte:

1. Bestands- und Fließgrößen: Beim Blut ergibt die Blutuntersuchung die Bestandsgrößen. Wieviel Fette, rote Blutkörperchen usw. sind drin. Die Blutdruckmessung ergibt die Fließgrößen des Blutes.

2. Rückkopplungsschleifen: Verstärkende Rückkopplungs-schleifen können sowohl schlechte als auch gute Zyklen hervorbringen. Sie können steil exponentiell ansteigen, wie das

Wachstum von Seerosen in einem Teich. Es kann aber auch Teufelskreise nach unten geben. Ein Beispiel: Wenn Menschen das Vertrauen in ihre Bank verlieren und ihre Einlagen abziehen, geht der Bank allmählich das Geld aus, was den Vertrauensverlust weiter verstärkt und schließlich zu einem Bankenrun führt.

Es gibt aber auch ausgleichende Rückkopplungen. Bei Hitze schwitzen wir, um uns zu kühlen. Bei zu viel Kälte beginnt unser Körper zu zittern, um sich wieder zu erwärmen.

Die Komplexität eines Systems ist ein Tanz von ausgleichenden und verstärkenden Rückkopplungsschleifen, abgemildert durch Verzögerungen.

3. Verzögerungen zwischen Zuflüssen und Abflüssen schaffen Puffer, sind Stoßdämpfer. Energie kann ich in der Batterie speichern. So kann ich einen Akku auf eine Wanderung mitnehmen, damit ich für den Notfall mein Handy später wieder laden kann. Gletscher sind Verzögerungen, Speicher von Wasser. Der Schnee fließt nicht gleich komplett bei der Schneeschmelze als Bach ins Tal, sondern der Gletscherbach fließt kontinuierlich im Sommer wie im Winter. Ein Segen für die Wasserversorgung!

Verzögerungen können aber auch erhebliche Schwankungen hervorrufen, wenn Systeme nur langsam reagieren.

Ein System kann jahrelang rund laufen und plötzlich funktioniert der systemische Kreislauf nicht mehr. Hautnah erleben wir das am eigenen Körper. Irgendwann werden wir schwach, krank. Das System ändert sich grundsätzlich und sinkt auf ein anderes Level. Wenn man wenig Sport treibt, Stress im Beruf hat, ungesund lebt, braucht man sich nicht wundern, wenn „plötzlich" der Burnout oder der Herzinfarkt da ist.

Einige Sprichwörter erklären uns sehr gut das systemische Denken:

- Steter Tropfen höhlt den Stein (eine langsame Veränderung kann zu einem plötzlichen Zusammenbruch führen)
- Lege nicht alle Eier in einen Korb (mangelnde Vielfalt macht dich verwundbar)
- Was du heute kannst besorgen, das verschiebe nicht auf morgen (hüte dich vor sich zuspitzenden Folgen)

- Was man gibt, kommt zurück (alles ist mit allem verbunden)

All das kann man auf Natur, Klimawandel, Gesundheit, aber auch auf Wirtschaft und Politik übertragen.

Aus dieser Perspektive haben der Fall der Berliner Mauer 1989, der Zusammenbruch der Lehman Brothers 2008 und die drohende Schmelze des Grönlandeises vieles gemeinsam. Alle drei Vorgänge werden als plötzliche und unerwartete Ereignisse dargestellt, sind tatsächlich jedoch Kipppunkte, die im Gefolge eine sich langsam aufbauenden Drucks im System entstanden.

Gärtner werden Wie kann man mit dem systemischen Verständnis ins bessere Handeln kommen? Man muss sich eher als Gärtner, und nicht als Ingenieur verstehen! Jesus erzählt die Geschichte vom Herrn, der den Feigenbaum, der keine Frucht bringt, abhacken will. Aber der Weingärtner will nochmals dem Feigenbaum eine Chance geben und ihn pflegen.

Auch wir haben nicht mehr viele Jahre, um Wesentliches im Umgang mit der Schöpfung zu verändern. Ja und wir müssen Gärtner werden, die Systeme pflegen, Monokulturen vermeiden, Vielfalt unterstützen, Wildwuchs abschneiden usw.

1. Auf das ganze System schauen: Die Regulierer, die Kontrolleure des Finanzsystems nahmen vor dem Crash 2008 an, dass das Risiko durch die Zerstreuung von problematischen Hypotheken minimiert wird. Doch die Struktur eines Netzwerkes kann sowohl robust als auch zerbrechlich sein. Wenn das Netzwerk einige wenige Superknoten aufweist, die als wichtige Drehscheibe fungieren, wenn zu viele Verbindungen zwischen den Knoten bestehen und dadurch Abkürzungsverbindungen zwischen eigentlich weit auseinanderliegenden Knoten entstehen können, dann wird so ein Netzwerk anfällig. Und deswegen fiel das Kartenhaus 2008 zusammen. Vor 2008 schauten die Regulierer nur auf die einzelnen Institutionen und nicht systemisch auf das Netzwerk. Das mussten sie bitter lernen.[27]

2. Gegen unser übliches und altes Denken angehen: Wir rechnen normalerweise mit langsamem, linearem Wandel. Doch diese Eigenschaften sind ein schlechtes Rüstzeug, wenn sich die Welt als dynamisch, instabil und unvorhersehbar erweist. Wenn die heutigen

Wirtschaftsstudenten immer noch die Theorien der Ökonomen Jevons und Walras lernen, dass die Welt der Wirtschaft mechanisch und vorhersagbar ist und der Markt einen Gleichgewichtsmechanismus hat, sind sie schlecht gerüstet, um mit der Komplexität der modernen Welt zurechtzukommen.[28]

3. Organische Systeme besser verstehen. Organische Systeme stehen zwischen starr nach festen Gesetzen ablaufenden Mechanismen (wie z. B. ein Verbrennermotor) und völlig chaotischen Anhäufungen (wie z. B. die Bewegungen der Moleküle in einem Gasgemisch). Es gibt einige stabile Fließgleichgewichte für einige Zeit. Aber Systeme können auch kippen, sich weiter entwickeln usw.

4. Der Ökonom ist eher ein Gärtner, der sich um Pflanzen, einen Garten, ein Ökosystem kümmert. Dinge regeln sich nicht von selbst – wie die Neoliberalen dachten und einen Nachtwächterstaat forderten – , sondern es braucht eine ordnende Hand, wie der Gärtner im Garten. D. h. diversifizieren (also Vielfalt stärken, verteilen), auswählen, verstärken.

Also zum Beispiel Unkraut beseitigen, d. h. aufstrebende Monopole, also Alleinherrschaften verhindern. Nutzpflanzen stärken, experimentieren wie es Roosevelt im New Deal gemacht hat.

So können sich auch neue Experimente entwickeln wie neue Geschäftsmodelle für Genossenschaften, komplementäre alternative Währungen oder Open Source Projekte wie Linux statt Windows.

Es gibt nicht nur den Markt mit seinem Preismechanismus, sondern auch den Bereich der Gemeinschaftsgüter, die man gemeinschaftlich verwalten kann, und den Haushalt. Alle drei Bereiche können sich auf effiziente Weise selbst organisieren, um den Bedürfnissen und Wünschen der Menschen gerecht zu werden, und der Staat sollte alle drei Bereiche dabei unterstützen.[29]

Effektive Systeme zeichnen sich gewöhnlich durch drei Eigenschaften aus: gesunde Hierarchie, Selbstorganisation und Belastbarkeit.[30] In ökonomischer Hinsicht bedeutet gesunde Hierarchie zum Beispiel, dafür zu sorgen, dass der Finanzsektor im Dienst der produktiven Wirtschaft steht, der seinerseits im Dienst des Lebens allgemein steht.[31] Der Sabbat ist für den Menschen da.

Ebenso muss das Geld und die Wirtschaft für den Menschen da sein, nicht umgekehrt!

Ergänzungen:
„Wir müssen lernen, die „Hebelpunkte" zu finden, meinte Donella Meadows – jene Punkte in einem komplexen System, wo schon kleine Veränderungen zu großen, weitreichenden Veränderungen des Ganzen führen können. Sie glaubte, dass die meisten Ökonomen zu viel Zeit darauf verwenden, an Hebelpunkten mit geringer Wirkung zu feilen, wie etwa einer Anpassung der Preise (was lediglich die Fließgeschwindigkeit ändert), während sie durch Rebalancierung der wirtschaftlichen Rückkopplungsschleifen oder schlicht durch eine Änderung des Ziels eine wesentlich stärkere Wirkung erzielen könnten [...]. Anstatt gleich mit ehrgeizigen Plänen für eine tief greifende Veränderung aufzuwarten, empfahl sie, man solle lieber bescheiden bleiben und den Rhythmus des Systems zu erfassen lernen, auch wenn es sich um eine kränkelnde Wirtschaft handelt, um einen sterbenden Wald oder eine zusammengebrochene Gemeinschaft. Beobachten und nachvollziehen, wie etwas gegenwärtig funktioniert, und sich mit seiner Geschichte befassen. Es sei naheliegend, die Frage zu stellen, was schieflaufe, aber man sollte besser fragen: Wie sind wir dahin gekommen, wo wir jetzt stehen? Wohin gehen wir? Und was funktioniert noch gut?"[32] [Das lösungsorientierte Arbeiten nach Steve de Shazer fragt auch nach Ausnahmen, wann etwas besser läuft und stellt die Wunderfrage: Wie wäre es, wenn das Problem beseitigt wäre?]

Ziel der Wirtschaft kann nicht allein die Steigerung des Bruttosozialprodukts sein

Evangelium: Lk 12,13-21
18. Sonntag im Jahreskreis, Lesejahr C

Lesung

Die älteren unter uns kennen noch den Song von Geier Sturzflug: Er besingt, dass es nach der Standard-Ökonomie letztlich nur auf eines ankommt: *Die Steigerung des Bruttosozialprodukts!* – Also die Summe aller in einem Land erwirtschafteten Einkommen – Maß für die Wirtschaftsleistung eines Landes, kurz: BIP oder BSP
Der Text des Liedes lautet:
Wenn früh am Morgen die Werksirene dröhnt
Und die Stechuhr beim Stechen lustvoll stöhnt
In der Montagehalle die Neonsonne strahlt
Und der Gabelstaplerführer mit der Stapelgabel prahlt
Ja, dann wird wieder in die Hände gespuckt
Wir steigern das Bruttosozialprodukt
Ja, ja, ja, jetzt wird wieder in die Hände gespuckt […]
A-a-an Weihnachten liegen alle rum und sagen puh-uh-uh-uh
Der Abfalleimer geht schon nicht mehr zu
Die Gabentische werden immer bunter
Und am Mittwoch kommt die Müllabfuhr und holt den ganzen Plunder
Und sagt: Jetzt wird wieder in die Hände gespuckt
Wir steigern das Bruttosozialprodukt
Ja, ja, ja, jetzt wird wieder in die Hände gespuckt

Predigt:

Jesus hat keine Freude an den Menschen, die auf immer mehr Haben und Reichtum aus sind. Er kritisiert den reichen Mann, der nur ein Ziel hat: Seinen Reichtum vermehren, damit er im Alter sich des Lebens erfreuen kann. Noch eine größere Scheune bauen, um Getreide zu horten und später zu verkaufen. Ja dieser Reiche steigert vorbildlich das Bruttosozialprodukt! Genauso wie unsere Gesellschaft.

Keine Frage, dass Deutschland einiges strukturell verbessern muss, damit die Wirtschaft besser läuft und die Firmen besser florieren können und auch im Land bleiben. Nach Corona und mit dem Ukrainekrieg und den höheren Energiepreisen beutelt es viele Firmen massiv und die Politik hat nicht genügend Bürokratie abgebaut und ähnliche Versäumnisse. (Stand September 2023)

Aber geht es immer nur darum, dass die Wirtschaft wächst? Es fehlt die entscheidende Frage: **Wozu soll Wirtschaft wachsen? Was ist der Sinn von Wirtschaft?**

Kate Raworth stellt genau diese Fragen im 1. Kapitel ihres Buches „Die Donut-Ökonomie", das für mich eine katholische Soziallehre für das 21. Jahrhundert sein könnte. Sie schreibt: „Wenn man die eigenen Ziele aus dem Blick verliert, kann sich etwas anderes an ihre Stelle schieben. Und genau das ist geschehen. Im 20. Jahrhundert ist die Wirtschaftswissenschaft davon abgekommen, ihre Ziele klar zu formulieren: Da sie darauf verzichtete, wurde ihr Nest vom BIP-Wachstum in Beschlag genommen. Es ist höchste Zeit, dass der Kuckuck das Nest verlässt, damit sich die Wirtschaftswissenschaft wieder dem Zweck widmen kann, dem sie dienen soll. Vertreiben wir daher den Kuckuck und ersetzen wir ihn durch ein klares Ziel für das 21. Jahrhundert, durch ein Ziel, das Wohlstand für alle im Rahmen der Mittel und Möglichkeiten unseres Planeten ermöglicht."[33]

Als sie sich aus Neugier mal 2015 in eine Erstsemester-Vorlesung „Volkswirtschaftslehre" setzte, begann der Professor „seine Vorlesung mit den „Vier großen Fragen der Makroökonomie", die er an die Wand projizierte. Welche Fragen waren das? Wodurch wird das Wirtschaftswachstum gefördert und was verursacht seine Schwankungen? Was sind die Ursachen für Arbeitslosigkeit? Wodurch wird Inflation hervorgerufen? Wodurch werden die Zinsen bestimmt? Seine Liste wurde länger, doch die Fragen zielten nie auf eine übergeordnete Ebene und ermutigten die Studenten auch nicht, sich die Frage nach dem Zweck des Wirtschaftens zu stellen. Hatte sich der BIP-Kuckuck derart erfolgreich die Herrschaft über das Nest der Ökonomie verschafft?"[34]

Der große kritische deutsche Philosoph Adorno würde dazu sagen: Hier regiert allein die instrumentelle Vernunft. Man bekommt gelehrt, *wie* man etwas erreicht. Aber *warum?* Die tieferliegende Frage nach den Zielen und den Sinn wird nicht gestellt.

Vielmehr können wir überall die Tendenz zur Verschwendung sehen, die das BIP nicht erfasst: Wenn ich mein Essen wegwerfe, steigere ich das BIP, weil ich zusätzlich mehr Essen kaufe. Wenn ein Autounfall geschieht, steigert das das BIP, weil Reparaturwerkstätten Arbeit bekommen. Tim Jackson meinte, wir werden „dazu gebracht, mehr Geld auszugeben, das wir nicht haben, für Dinge, die wir nicht brauchen, um Leuten zu imponieren, die uns gleichgültig sind"[35]. Etwas überspitzt, aber so funktioniert unsere Konsumgesellschaft.

Wie entstand das Bruttosozialprodukt? Das BIP kann ein gutes Analysemittel sein. In die Mitte der 1930er-Jahre entwickelte der Nationalökonomen Simon Kuznets für den US-Kongress eine Maßeinheit für die Erfassung des amerikanischen Nationaleinkommens. Die Berechnung, die Kuznets anstellte, wurde als Bruttosozialprodukt (BSP) oder als Bruttoinlandsprodukt (BIP) bekannt und beruhte auf dem Einkommen, das insgesamt von den Bürgern eines Landes erzeugt wurde. Präsident Roosevelt konnte die Veränderungen der US-amerikanischen Wirtschaft damit verfolgen und die Wirkung der Maßnahmen seiner New-Deal-Politik zu überprüfen.

Es war dann nur ein kleiner Schritt zu der Feststellung, dass stetiges Einkommenswachstum (und damit auch Produktionswachstum) ein geeigneter Maßstab für die Verbesserung des menschlichen Wohlergehens sei. Und damit ist der Kuckuck geschlüpft.[36]

Aber das Hilfsmittel wurde zum goldenen Kalb, dem die Ökonomen und Politiker huldigten. Es wurde als Allheilmittel angesehen für soziale, ökonomische und politische Probleme unterschiedlichster Art: zur Reduzierung der Staatsverschuldung und von Handels-ungleichgewichten, als Schlüssel für nationale Sicherheit, als Mittel zur Befriedung des Klassenkampfes und als Weg zur Bekämpfung der Armut, zur Reduzierung der Arbeitslosigkeit.

Die Systemdenkerin Donella Meadows, eine der Hauptautoren der Studie „Die Grenzen des Wachstums", kritisierte diesen Tanz ums goldene Kalb: „Wachstum ist eines der dümmsten Ziele, die jemals von einer Kultur formuliert wurden" Anstatt ständig mehr Wachstum zu verlangen, sollten wir uns die Frage stellen: „Wachstum von was und weshalb und von wem, wer bezahlt dafür und wie lange kann es anhalten, welche Kosten entstehen dadurch für den Planeten Erde und wann ist es genug?"[37]

Also stellen wir diese Fragen: Was ist der tiefere Sinn von Wirtschaft und ihrem Wachstum?

Die Ökonomen sollen nicht meinen, dass sie nur „Wirtschaftsgesetze" erforschen. Nein, sie müssen die Ziele selbst diskutieren!

Im Jahr 1819 bestimmte der schweizerische Ökonom Jean Sismondi das menschliche Wohlergehen, zum Ziel der Politischen Ökonomie.[38]

Kate Raworth erweitert dieses Ziel nun: Das menschliche Wohlergehen unter Beibehaltung und Pflege der ökologischen Systeme, also der Natur.

Donut als Bild für eine gerechte, nachhaltige Wirtschaft Das ergibt als Bild diese ringförmige amerikanische Süßspeise, den Donut als Kompass für die Menschheit für das 21. Jahrhunderts: Der Donut-Ring ist der sichere und gerechte Bereich für die Menschheit. Das Loch im Donut steht für all die Mängel, die Menschen erleiden können, wenn Grundbedürfnisse nicht erfüllt sind, wie z. B.: Gesundheit, Sicherheit, Respekt, Muße, Selbstbestimmung, Harmonie mit der Natur, Freundschaft[39] – das wünschen wir eigentlich allen Menschen. Wir brauchen Nahrung, Bildung, Wohnraum, Einkommen und Arbeit, Frieden und Gerechtigkeit, politische Teilhabe, soziale Gerechtigkeit, Gleichstellung, Netzwerke, Energie, Wasser usw.

Der Bereich außerhalb des Donuts steht für den gefährlichen Bereich, wenn die stabilisierenden Systeme massiv durch Übernutzung und Verschmutzung gestört werden: Ökosysteme,

Artenvielfalt, Klima, Wasserkreisläufe, Ozonschicht, Luftreinheit, Bodenqualität usw.

D. h. der sichere und gerechte Bereich für die Menschheit hat ein gesellschaftliches Fundament und einen ökologischen Deckel. Jenseits dieser beiden leiden Menschen oder Tiere und Pflanzen leiden und Systeme verändern sich gewaltig. Dann leiden aber auch die Menschen.

Der Donut bietet uns einen Kompass für das 21. Jahrhundert, doch fünf Faktoren sind von zentraler Bedeutung, ob wir in den sicheren und gerechten Bereich kommen oder nicht: die Bevölkerungsentwicklung, die Ansprüche der Menschen, die Technologie, die Regierungsführung und die Verteilung, also die Schere zwischen arm und reich. Denn immerhin verursachen die Reichsten 10 % der Menschheit 45% der Emissionen und die unteren 50% der Menschheit nur 13 % der Emissionen.[40]

Einige Zahlen: Zwischen 1950 und 2010 hat sich die Weltbevölkerung nahezu verdreifacht, und das reale Welt-Bruttoinlandsprodukt wurde versiebenfacht. Weltweit ist der Süßwasserverbrauch um das Dreifache gestiegen, der Energieverbrauch um das Vierfache und der Einsatz von Düngemitteln um mehr als das Zehnfache.

Ob es ein grünes Wachstum geben kann, ob wir die Steigerung von BIP vom Ressourcenverbrauch abtrennen können, so dass wir wirtschaftlich wachsen, aber weniger Ressourcen verbrauchen, das ist noch ungewiss. Das ist ein Thema für eine andere Predigt!

Trotzdem ist sicherlich eins klar geworden: Wenn es immer ca. 2-3 % Wirtschaftswachstum gibt, dann steigt die BIP-Kurve immer nach oben. Sie steigt sogar exponentiell nach oben, d. h. sie wird immer steiler. Das kann auf Dauer nicht funktionieren. Wir müssen unser grundsätzlichen Denkrahmen ändern: statt „Gut heißt vorwärts und aufwärts" zu „Gut heißt im Gleichgewicht befindlich". Die Vorstellung von wirtschaftlichem Fortschritt verschiebt sich dadurch vom immerwährenden BIP-Wachstum zum Wohlergehen im Gleichgewicht im Donut.[41]

Schlussgedanken evtl. am Ende des Gottesdienstes:

„Was wäre, wenn wir unser eigenes Leben nach dem Donut ausrichten und uns die Frage stellen würden: Wie beeinflusst die Art, wie ich einkaufe, esse, reise, meinen Lebensunterhalt verdiene, wähle, meine Bankgeschäfte erledige und mich generell verhalte, die sozialen und planetaren Grenzen? Was wäre, wenn alle Unternehmen ihre Strategien an einem Donut-Tisch entwickeln und sich die Frage vorlegen würden: Ist unsere Marke eine Donut-Marke, die dazu beiträgt, die Menschheit in jenen sicheren und gerechten Raum zurückzubringen? Man stelle sich vor, die Finanzminister der G20 – die die mächtigsten Volkswirtschaften der Welt repräsentieren – treffen sich an einem Konferenztisch, der in der Form eines Donuts gestaltet ist, um darüber zu diskutieren, wie man ein globales Finanzsystem entwickeln kann, das dazu dienen kann, die Menschheit in diesen Schutzraum zu führen? Dies wären alles verändernde Diskussionen.“[42]

Das Menschenbild: Der Typ Wirtschaftsmensch

Evangelium: Lk 15,1-3.11-32
4. Fastensonntag, Lesejahr C oder
24. Sonntag im Jahreskreis, Lesejahr C

Vorbemerkung z. B. in der Einleitung

Diese Predigt gehört zu der Reihe von Predigten, die zentrale Einsichten des Buches „Die Donut-Ökonomie. Endlich ein Wirtschaftsmodell, das den Planeten nicht zerstört" von Kate Raworth aufgreifen. Für mich ist dieses Buch quasi eine katholische Soziallehre des 21. Jahrhunderts.

Heute geht es um das Menschenbild der üblichen Wirtschaftslehre, der Standard-Ökonomen, nämlich der „homo oeconomicus", auf Deutsch: der wirtschaftlich handelnde Mensch, der Typ Wirtschaftsmensch. Raworth kritisiert dieses Menschenbild, zeigt die Entstehung auf und bietet eine Alternative für unsere Zeit an!

Predigt:

Der verlorene Sohn handelt am Anfang der Geschichte völlig in der Denkweise des „homo oeconomicus". Er denkt allein an seinen eigenen Nutzen. Er sieht sich als allein entscheidenden Menschen, dem Verbindungen zu anderen Menschen, z. B. zum Vater egal sind. Er rechnet kühl aus, was sein Erbteil ist, welches Recht er hat, und verlangt egoistisch seinen Anteil.[43]

Raworth hat das Bild des Homo oeconomicus so beschrieben: ein allein für sich stehender Mensch, mit Geld in der Hand, einem Rechner im Kopf und im Herzen ein Egoist. Und so ist der verlorene Sohn auch am Anfang der Geschichte. Aber wie in der Bibelgeschichte der Sohn scheitert, zeigt sich auch bei uns, dass das Menschenbild homo oeconomicus gescheitert ist und ein grundsätzlich neues Menschenbild nötig ist. Eine Umkehr nötig ist, wie sie der verlorene Sohn auch gemacht hat.

So wie der verlorene Sohn im Evangelium zeitweise bei seinen Partys nicht mehr gewusst hat, wo er herkam, so haben die heutigen

Standard-Wirtschafts-Lehrbücher vergessen, wie das Menschenbild des homo oeconomicus entstanden ist.

Das Menschenbild homo oeconomicus entsteht Der Begründer der modernen Wirtschaftslehre Adam Smith veröffentlichte 1776 sein Hauptwerk „Der Wohlstand der Nationen". Er war Moralphilosoph und wusste noch, dass der Mensch nicht nur von Eigennutz geleitet ist. Der Mensch hat auch Menschlichkeit, Gerechtigkeit, Edelmut und Gemeinsinn.[44]

Aber der Ökonom John Stuart Mill verkürzte uns Menschen auf eine Eigenschaft, die er als Ökonom allein einbezog: als ein Wesen, das Reichtum besitzen möchte.[45] Der englische politische Ökonom Charles Stanton Devas machte sich darüber lustig und warf Mill vor, er habe einen „lächerlichen homo oeconomicus geschaffen" und er untersuche nur das „von der Gier nach Geld getriebene Tier".[46]

Jevons folgerte aus Mills Konzept: Der homo oeconomicus wird dann immer das kaufen, was für ihn am nützlichsten ist. Wir sind also „berechnende Menschen".

Den letzten Schritt in der Entwicklung brachte in den 1920er Jahren der Chicagoer Ökonom Frank Knight: der ökonomische Mensch hat außerdem vollkommenes Wissen und vollkommenen Weitblick, was ihn in die Lage versetzte, alle Güter und Preise jederzeit zu vergleichen. Er versah seinen homo oeconomicus mit übermenschlichen Fähigkeiten. Dadurch verwandelte er die Karikatur in eine Cartoonfigur. Solch einen idealisierten Menschen brauchten als Modell die Ökonomen, um dann ihre großen mathematischen Modelle über die Volkswirtschaft aufstellen zu können. In diesen hochmathematischen Modellen war der homo oeconomicus die kleinste Einheit, ähnlich wie das Atom in der Physik.

Kein Mensch handelt wie der homo oeconomicus. Wir sind nicht allwissend über alle Marktteilnehmer, wir sind auch nicht immer kühl berechnend. Eigentlich weiß jeder mit gesundem Menschenverstand, dass dieses Menschenbild unpassend und unrealistisch ist.

Aber das Entscheidende kommt nun: Ein Menschenbild prägt Menschen! Und das Menschenbild des homo oeconomicus macht

Menschen egoistischer, berechnender, misstrauisch gegenüber anderen Menschen, weil die Beschäftigung mit dem homo oeconomicus dazu führt, dass Menschen meinen, die Menschen seien so!

Untersuchungen z. B. in Israel haben gezeigt, dass Ökonomiestudenten im 3. Studienjahr Nächstenliebe-Werte – wie etwa Hilfsbereitschaft, Ehrlichkeit und Loyalität – als weniger wichtig für ihr Leben eingestuft haben als Erstsemester. Bei experimentellen Forschungen in Deutschland beispielsweise fand man heraus, dass Ökonomiestudenten stärker als andere Studenten korrumpierbar waren, und bereitwillig eine gewünschte Antwort geben, wenn sich dies für sie persönlich auszahlte.[47]

„Trotz seiner Absurditäten reicht der Einfluss des ökonomischen Menschen weit über Kühlschrankmagneten hinaus. Er ist der Protagonist in jedem konventionellen volkswirtschaftlichen Lehrbuch; er bestimmt politische Entscheidungen überall auf der Welt; er prägt die Art und Weise, wie wir sprechen; und er sagt uns ohne Worte, wie wir uns zu verhalten haben. Und deswegen ist er so wichtig."[48]

Ein anderes realistischeres und wohltuenderes Menschenbild

Was ist eine mögliche Alternative zu diesem verzerrenden Menschenbild, das uns negativ beeinflusst? Ein realistischeres Bild von uns schaut vielleicht so aus.

1. Wir sind nicht beschränkt auf Eigennutz, sondern sozial orientiert und auf Austausch mit anderen bedacht.

Schon Kleinkinder von 14 Monaten helfen anderen, indem sie ihnen Gegenstände reichen, die die anderen nicht greifen können, und 3-jährige teilen ihre Süßigkeiten mit anderen Kindern. Wir neigen dazu, mit anderen zusammenzuarbeiten, sofern diese das auch tun, aber sind bereit, Abtrünnige und Trittbrettfahrer zu bestrafen, selbst wenn dies für uns persönliche Kosten verursacht. Es ist daher kein Wunder, dass Bewertung und Überprüfungssysteme in dem ansonsten so anonymen Markt des Internets sehr beliebt sind von eBay bis zu Etsy. Ich ahne anhand der Bewertungen, wer sich schon durch Verlässlichkeit Vertrauen erworben hat.

2. Wir haben keine fest gefügten Vorlieben, sondern veränderliche Wertvorstellungen

Nicht nur Kinder und Jugendliche werden durch Werbung beeinflusst. Das Werbegenie Bernay wusste, dass man Kaufentscheidungen nicht dadurch beeinflussen kann, dass man die tollen Eigenschaften eines Produkts herausstellt, sondern dass man das Produkt, das man verkaufen möchte, mit tiefverwurzelten Wertvorstellungen, wie etwa Freiheit oder Macht, in Zusammenhang bringen muss.[49]

Wir sind außerdem in ganz verschiedenen Rollen unterwegs: wir sind Angestellte, Bürger, Unternehmer, Nachbarn, Verbraucher, Wähler, Eltern, Mitarbeiter, Konkurrenten und Ehrenamtliche, mehrmals am Tag wandlungsfähig.

3. Wir sind nicht isoliert, sondern voneinander abhängig.

Bei einem soziologischen Test ließ man die Teilnehmenden verschiedene Songs, Lieder bewerten, ob sie diese gut oder weniger gut oder schlecht fanden. Dabei konnten sie auch mitbekommen, wie die anderen die Songs bewerteten. Es zeigte sich: Die TeilnehmerInnen schauten auf die Bewertung der anderen und ließen sich dadurch beeinflussen. Die sozialen Medien ermöglichen es, dass wir uns inzwischen noch stärker durch die Meinungen, Entscheidungen und das Verhalten anderer beeinflussen lassen als noch früher. Und einige pflegen einen demonstrativen Konsum: Schaut her, was ich mir leisten kann!

4. Wir berechnen und kalkulieren nicht ständig, sondern bemühen uns um Annäherungswerte. Und so kann man Menschen ähnlich auch in eine gute Richtung anstupsen: in einer Schulkantine beispielsweise Obst auf Augenhöhe zu platzieren ist ein Anstoß, der die Schüler zu gesunder Ernährung veranlassen soll.

5. Wir sind nicht Herren über die Natur, sondern vielmehr eingebettet in das Netz des Lebens. Der Mensch steht nicht an der Spitze der natürlichen Pyramide, er ist vielmehr tief eingewoben in das Netz der Natur. Wir sind eingebettet in die lebendige Welt, nicht von ihr getrennt oder ihr übergeordnet: wir leben innerhalb der Biosphäre, nicht einfach auf dem Planeten.[50] Wir brauchen also einen tiefgreifenden Bewusstseinswandel, dass wir auch im Interesse des gesamten Ökosystems zu handeln haben.

Wenn wir „Naturkapital" oder „Ökosystemdienstleistung" als Begriff wählen, ist dies noch zu sehr auf den Menschen und seinen eigenen ökonomischen Bilanzen zugeschnitten. Die Irokesen belehren uns: Was ihr Ressourcen nennt, bezeichnen wir als unsere Verwandten. Wir tun uns schwer damit, unsere grundlegendste aber am stärksten vernachlässigte Beziehung anzuerkennen: unsere Beziehung zur Natur!

Drei Bilder hat Raworth skizziert, die das neue Menschenbild einer Ökonomie des 21. Jahrhunderts sein könnte:

- Das Bild von der Gemeinschaft erinnert uns daran, dass wir die am stärksten auf gemeinschaftsbezogene Spezies und in allen unseren Lebenszyklen voneinander abhängig sind.

- Das Bild vom Sämann und vom Schnitter bettet uns ein in das Netz des Lebens und verdeutlicht, dass sich unsere Gesellschaften zusammen mit der lebendigen Welt entwickeln, von der wir abhängen.

- Das Bild von Akrobaten. Sie stehen für unsere Fähigkeit, anderen zu vertrauen, uns mit ihnen auszutauschen und zu kooperieren, um Dinge zu erreichen, die einer allein nicht schaffen könnte.

Ergänzungen:

Eine extreme Ausformung des egoistischen homo oeconomicus stellt Donald Trump dar.

Ein weiteres Beispiel, wie eine Vorstellung Realität verändert und zu einer selbsterfüllenden Prophezeiung wird ist die Geschichte mit den Ökonomen Fisher Black und Myron Scholes. Sie entwarfen ein Modell für die Optionen-Börse, um den erwarteten Preis von Optionen zu berechnen. Anfänglich wich diese Formel um 30-40 % von den tatsächlichen Marktpreisen ab. Doch im Verlauf weniger Jahre verringerte sich die Prognoseabweichung auf durchschnittlich 2 %. Sie bekamen dafür den Nobelpreis für Wirtschaftswissenschaften. Zwei Soziologen Mackenzie und Millo untersuchten dies und fanden heraus: die Händler, die dieses Modell kannten, orientierten sich an dem Modell und schufen die Wirklichkeit damit gemäß dem Modell. Also sie wurde zu einer selbsterfüllenden Theorie „und dies kann, wie die Finanzmärkte später erfahren sollten, als sich diese Theorien als fehlerhaft herausstellten, schwerwiegende Konsequenzen nach sich ziehen"[51]

Die Bühne und die Rollen in unserer Wirtschaft

Evangelium: Mt 23,1-12
31. Sonntag im Jahreskreis, Lesejahr A

Predigt:
Jesus warnt uns vor den Schriftgelehrten und Pharisäern. Sie schnüren schwere Lasten zusammen und tun selber nicht, was sie sagen. Sie wollen die besten Plätze. Doch unter Christen soll sich keiner als Meister, Vater, Lehrer nennen. Vielmehr soll man einander dienen.
Die modernen Pharisäer und Schriftgelehrten waren in der Wirtschaft die letzten 70 Jahre die neoliberalen Ökonomen. Das sind Wirtschaftswissenschaftler, die eine sehr einseitige Lehre der Wirtschaft predigen und gerade konservative PolitikerInnen beeinflussen konnten. Sie haben wahrlich schwere und unnötige Lasten den Menschen aufgeladen: So empfahlen sie nach einem angeblich bewiesenen Gesetz, das erst die Ungleichheit zwischen arm und reich größer werden müsse, damit die Wirtschaft in diesem Land wachse. Nach einiger Zeit werde sich die Ungleichheit verringern. Politiker in den 80er Jahren wie Thatcher in England und Reagan in den USA folgten diesen Schriftgelehrten und produzierten viel soziale Ungerechtigkeiten. Das Gesetz stellte sich als falsch heraus.
Arrogante Pharisäer haben außerdem blinde Flecken: Sie übersehen Wesentliches. Und sie tendieren zur Einseitigkeit: Bei den Neoliberalen ist es allein der Markt, der alles richten kann. Der Markt mit seiner unsichtbaren Hand ist für sie Meister, Vater und Lehrer! Sie haben verkannt, dass der Markt dem Wohlergehen der Menschen dienen soll.
Kate Raworth die Verfasserin des Buches „Die Donut-Ökonomie", für mich quasi eine katholische Soziallehre für das 21. Jahrhunderts, beschreibt sehr anschaulich die Lehre dieser Schriftgelehrten und ihre Wirkung bis heute! Das süße Gebäck Donut mit dem Loch in der Mitte nimmt sie als Bild für eine ausgewogene Wirtschaft.

Anschaulich erzählt sie von der Entstehung der heute herrschenden Volkswirtschaftslehre:

Der Wirtschaftswissenschaftler Samuelson hat mit seinem Standardwerk zur Volkswirtschaftslehre die Bühne dieser Standardlehre bereitet. Die neoliberalen Ökonomen, wie Hayek und Friedman, haben dann das Rollenskript für die Akteure auf der Bühne „Volkswirtschaft" geschrieben.

Also schauen wir uns diese beiden Seiten der Lehre an und zeigen, wo nach Raworth und anderen modernen Kritikern hier die blinden Flecken und die Verzerrungen und Einseitigkeiten sind.

Die Bühne des Stücks „Volkswirtschaftslehre" – Samuelson

Samuelson hielt kurz nach dem Weltkrieg Einführungs-vorlesungen in Volkswirtschaft. Die Studierenden zwangen ihn, seine Lehre so verständlich wie möglich darzustellen. Deswegen enthielt sein Standardwerk, das das berühmteste und meistverkaufte Ökonomiebuch auf der ganzen Welt bis heute ist, von Anfang an Skizzen.

Die wichtigste Skizze ist das Bild vom Wirtschaftskreislauf, dargestellt wie ein Wasserkreislauf. Es gibt zwei Seiten: die privaten Haushalte und die Unternehmen. Zwischen ihnen fließt kein Wasser, sondern Geld, Arbeitszeit und Konsumgüter. Drei Schleifen machen den Kreislauf komplexer: Der Staat mit Steuern und Staatsausgaben, die Banken mit Sparguthaben und Krediten, der Außenhandel mit Import und Export. Samuelson war ein Anhänger von Keynes, dem großen Ökonomen, der die Weltwirtschaftskrise 1929 richtig analysierte. Mit dem Kreislaufmodell konnte Samuelson den Studierenden einfach Keynes Einsicht erklären: Wenn die privaten Haushalte z. B. aus Zukunftsangst weniger ausgeben, brauchen die Firmen weniger Arbeit, was zu Entlassungen führt. Um diese Abwärtsspirale zu durchbrechen, muss der Staat zeitweise seine Ausgaben erhöhen.

Problematisch ist das, was die Skizze, das Diagramm nicht zeigt, ihr blinder Fleck: Die Energie und die Rohstoffe und der Abfall. Das führt uns alles zur Erde und ihren ökologischen Systemen, also zur Natur. Diese Skizze verdeutlicht gerade in ihrem blinden Fleck: Man beutet ignorant die Erde, die Natur aus!

Langfristig organisierten die neoliberalen Ökonomen wie Friedman und Hayek mit ihren Verbündeten, dass die keynesianische Ökonomie ihre dominante Stellung verlor und die neoliberale Sicht an ihre Stelle trat. Mit den Politikern Thatcher und Reagan haben sie dann den Durchbruch geschafft.

Die Rollen des Stücks „Volkswirtschaftslehre" – die Neoliberalen Die Neoliberalen erzählen uns nun, welche Akteure es in der Wirtschaft gibt und wie die sich nach ihrer Vorstellung idealerweise verhalten sollen.

Ihr Rollenverzeichnis:

DER MARKT, effizient, daher sollte er freie Hand haben. Wenn die unsichtbare Hand des Marktes die Freiheit bekommt, ihre quasi magische Macht wirken zu lassen, dann macht sie sich das Eigeninteresse von privaten Haushalten und Unternehmen zunutze, um alle Güter und Arbeitsplätze zu schaffen, die gebraucht werden.

UNTERNEHMEN, innovativ – daher sollten sie die Führung übernehmen. „Das Geschäft der Unternehmen ist das Geschäft" fasst Milton Friedmans seine Lehre zusammen. Gewinn ist also einziges Ziel eines Unternehmens.

FINANZWIRTSCHAFT, unfehlbar – daher kann man ihr vertrauen Die Banken nehmen die Ersparnisse der Menschen an sich und investieren sie pflichtgemäß profitabel.

HANDEL, win-win, daher sollte man alle Grenzen öffnen. Handelsschranken sollten daher abgebaut werden, weil sie nur das effiziente Funktionieren des internationalen Marktes behindern.

DER STAAT, unfähig, daher sollte er sich nicht einmischen dürfen. Wenn sich die Regierung in den Markt einmischt, macht sie meist alles nur schlimmer, weil sie Anreize verzerrt und in ineffektive Unternehmen investiert statt in Gewinner. Wenn der Staat versucht, den Extremen des Konjunkturzyklus, wie Keynes vorgeschlagen hat, entgegenzuwirken, verpasst er meist den richtigen Zeitpunkt. Ideal ist ein Nachtwächterstaat: Der Staat sollte sich *nur* um den Schutz der Landesgrenzen und des Privatbesitzes seiner Bürger kümmern und den Markt komplett in Ruhe lassen.

Weitere Figuren, die aber nicht auf der Bühne gebraucht werden. Sie werden in ihrem Wert und ihrer Bedeutung völlig unterschätzt:

DER PRIVATE HAUSHALT ist Aufgabe der Frauen. Die privaten Haushalte liefern Arbeitskräfte und Kapital für den Markt, aber es ist nicht notwendig, unter das Dach zu schauen, um zu sehen, was innerhalb der vier Wände vor sich geht: Ehefrauen und Töchter sollen sich bitte schön um die häuslichen Angelegenheiten kümmern und gehören ebenso ins Haus wie das ganze Thema.

DIE ALLMENDE, also die gemeinschaftliche Nutzung von Gütern, die die Natur bereitstellt, also Naturressourcen, funktioniert nach den Neoliberalen nicht. Daher sollte man sie verkaufen In den 1960er-Jahren beschrieb Garrett Hardin in „Die Tragödie der Allmende", dass die gemeinsam genutzten Ressourcen – Weideland und Fischgründe etwa – von einzelnen Nutzern oft übermäßig ausgebeutet und so für alle erschöpft werden. Eine nachhaltige Verwaltung derartiger Ressourcen braucht daher staatliche Regulierung oder, noch besser, einen privaten Eigentümer.[52]

DIE GESELLSCHAFT, „Es gibt keine Gesellschaft", erklärte Margaret Thatcher in den 1980ern. „Es gibt nur einzelne Männer und Frauen und Familien."

DIE ERDE ist unerschöpflich, daher kann man sich nach Herzenslust bedienen. Die Ressourcen der Erde werden niemals knapp werden, behauptete der Ökonom Julian Simon in den 1980ern, wenn den Märkten erlaubt wird, ihren Job zu machen. Werden etwa Kupfer oder Öl knapp, steigt der Preis und spornt die Menschen an, weniger davon zu verwenden und nach neuen Quellen oder Ersatzmöglichkeiten zu suchen.

MACHT spielt keine Rolle, also sprechen wir gar nicht erst davon. Friedman schrieb, die einzigen wirtschaftlichen Mächte, um die man sich Sorgen machen müsse, seien das Machtmonopol, das der Staat ausübt, wenn er sich in den Markt einmischt, und die verzerrende Macht der Gewerkschaften. Das beste Mittel, um sie zu bekämpfen, seien (welche Überraschung!) freie Märkte und freier Handel.

Das neue Gesamtbild einer Volkswirtschaft

Kate Raworth veränderte in ihrer Donut-Ökonomie das Gesamtbild, indem sie die blinden Flecken aufhob und die Verzerrungen und Monopole korrigierte.

Ihr Gesamtbild zeigt zunächst einmal die Erde, die ihre Energie von der Sonne erhält. Innerhalb der Erde steht die menschliche Gesellschaft, in der es nicht nur Wirtschaft, sondern auch Vereine, Glaubensgemeinschaften, Parteien, Kultur, öffentliche Debatten und Presse usw. gibt.

Sie betont: Es gibt mehr ökonomische Aktivität als nur die Firmen, die am Markt aktiv sind. Das ist eine monopolistisch verengte Sicht. Für sie gibt es private Haushalte, der Markt, aber auch die Allmende, also gemeinschaftliches Eigentum, das z. B. von Genossenschaften oder Dorfgemeinschaften verwaltet wird, und der Staat.

Daraus ergibt sich ein **neues Rollenverzeichnis** und ein neues Stück auf einer erweiterten Bühne:

Die ERDE, lebensspendend, daher sollte man ihre Grenzen respektieren

Die GESELLSCHAFT, grundlegend, daher sollte man ihre Verbindungen pflegen

Die WIRTSCHAFT, vielfältig, daher sollte man all ihre Systeme unterstützen

Der PRIVATE HAUSHALT, das Herzstück, daher sollte man seine Beiträge schätzen

Der MARKT, machtvoll, daher sollte man ihn klug einbinden

Die ALLMENDE, kreativ, daher sollte man ihr Potenzial entfesseln

Der STAAT, entscheidend, daher sollte man ihn zur Verantwortung ziehen

Die FINANZWIRTSCHAFT, dienstbar, daher sollte man dafür sorgen, dass sie der Gesellschaft tatsächlich dient

Die UNTERNEHMEN, innovativ, daher sollte man ihnen eine Aufgabe geben

Der HANDEL, zweischneidig, daher sollte man dafür sorgen, dass er fair bleibt

MACHT, einflussreich und allgegenwärtig, daher sollte man ihren Missbrauch stoppen

In dem neuen Stück korrigieren sich die vielen Akteure gegenseitig. Keiner spielt sich als Meister, Vater oder Lehrer aller auf. So können die einzelnen Akteure mit den neuen Rollenverständnis dem Wohlergehen aller dienen.

Soziale Gerechtigkeit

Lesung und Evangelium: Am 8,4-7 und Lk 16,19-31
Lesung 25. Sonntag, Evangelium 26. Sonntag im Jahreskreis, Lesejahr C

Predigt:
Soziale Ungerechtigkeit Jesus erzählt von einem reichen Mann, der in Luxus schwelgt, und dem armen Lazarus, der nicht einmal etwas von den Abfällen bekommt! Wie erschreckend modern ist diese Geschichte!

Sowohl innerhalb der Industrieländer als auch weltweit geht die Schere zwischen arm und reich weit auseinander. Im Jahr 2015 entfiel auf das 1 Prozent der Reichsten mehr Wohlstand als auf die restlichen 99 Prozent der Menschheit.

Und leider ist auch die Amoslesung hochaktuell: Viele Reichen werden reicher durch Tricks, Unterdrückung, rechtliche Kniffe usw. Ob das der Dieselskandal war, die Cum-Ex-Geschichten oder CO_2-Ausgleichszertifikate, die nichts bewirkten, außer ein scheinheiliges Gewissen der Käufer.

Die Kuznets-Kurve Nun wird es aber richtig abartig und zynisch: Bis zur Jahrtausendwende nutzten viele Reiche ein angebliches Wirtschaftsgesetz, um ihren Reichtum und die Schere zwischen arm und reich zu rechtfertigen. Dieses Pseudo-Gesetz ist die Kuznets-Kurve, benannt nach dem Ökonom Kuznets. Wie entstand es?

Der Ökonom Pareto suchte in den 1890er Jahren in den Wirtschaftsdaten nach einem Muster. Er fand heraus, dass 80 % des Nationaleinkommens auf 20 % der Bevölkerung verteilt ist, während die übrigen 80 % der Einwohner mit den restlichen 20 % des Nationaleinkommens zurechtkommen müssen. Er glaubte, dass diese steile soziale Pyramide eine unveränderliche Tatsache der menschlichen Natur sei, weshalb sämtliche Umverteilungs-versuche kontraproduktiv sein würden!

Kuznets korrigierte Paretos Analyse: Nach seiner Einschätzung gibt es eine gesellschaftliche Achterbahn! Während des Wirtschafts-wachstums nehmen die Einkommensunterschiede zunächst zu, dann stagnieren sie und verringern sich schließlich wieder. Die Kuznets-Kurve geht also zuerst hoch und dann wieder runter. Sie verbreitet die machtvolle Botschaft: Es muss zuerst schlechter werden, bevor es besser werden kann! Länder und Nationen müssen die Schmerzen der sozialen Ungleichheit aushalten, wenn sie eine reichere und gerechtere Gesellschaft für alle schaffen wollen. Ohne Fleiß kein Preis. Daraus folgte die Politik des Gürtel-enger-schnallens, aber nicht für die Reichen. Das bedeutet, dass zum Beispiel der Internationale Währungsfonds armen Ländern empfahl, das Einkommen in den Händen der Wohlhabenden sich ruhig konzentrieren solle, damit Wirtschaftswachstum angestoßen wird.

Die Kuznets-Kurve stimmt nicht Erst in den 1990er Jahren gab es genügend Untersuchungsmaterial, um die Kuznets-Kurve zu überprüfen. Das Ergebnis: Es gibt kein Muster. Es gab alle möglichen Variationen! Gerade die ostasiatischen Staaten verzeichneten ein starkes Wirtschaftswachstum mit geringer Ungleichheit und sinkenden Armutsquoten. In Japan, Südkorea, Indonesien und Malaysia wurde diese Entwicklung mit sozialer Gerechtigkeit wesentlich durch Landreformen erreicht, die zu wachsendem Einkommen der Kleinbauern führten. Zudem gab es massive öffentliche Investitionen in Gesundheit und Bildung und eine Industriepolitik, die eine Erhöhung der Löhne der Arbeiter und eine Dämpfung der Nahrungsmittelpreise nach sich zog.[53] Diese Widerlegung hat sich leider noch nicht überall herumgesprochen.

Das Meritokratie-Märchen Man erzählt zwar: „Jeder ist seines Glückes Schmied." Diese Ansicht nennt man Meritokratie, also die Auffassung: „Wer fleißig arbeitet, wird reicher!" Aber es stimmt nicht immer und für jeden. Zu selten schaffen es Menschen der unteren Schicht z. B. in Führungsetagen großer Firmen aufzusteigen. Im Turbokapitalismus gilt eher der Satz Jesu: Mk 4,25 Denn wer hat, dem wird gegeben; wer aber nicht hat, dem wird auch noch weggenommen, was er hat. Thomas Piketty untersuchte und fand heraus, dass die Kapitalerträge schneller gewachsen sind als die Wirtschaft insgesamt. Also jene Haushalte, die Kapital besitzen wie zum Beispiel Land, Häuser, Finanzanlagen, wurden reicher als die

Haushalte, die nur von Lohneinkommen leben. Zum Glück darf man inzwischen wieder über die Schere zwischen arm und reich diskutieren! Für die Weltbank war in den vergangenen Jahrzehnten schon das Wort Ungleichheit politisch nicht akzeptabel, denn es klang nach etwas Wilden, nach Sozialismus. Doch im Verlauf des vergangenen Jahrzehnts hat sich der Blick auf die Ungleichheit stark verändert.[54]

Zu große Ungleichheit schadet dem ganzen Land Denn Untersuchungen haben gezeigt: In Ländern mit großer Ungleichheit gibt es mehr Teenager- Schwangerschaften, mehr psychische Erkrankungen, mehr Drogenmissbrauch und mehr Fettleibigkeit, auch mehr Häftlinge, mehr Schulabbrecher und eine niedrigere Lebenserwartung. Frauen haben einen geringeren Status, soziale Gemeinschaften zerfallen schneller und auch das allgemeine Vertrauensniveau ist niedriger. Auch die Umweltpolitik wird mehr vernachlässigt und es gibt größere ökologische Schäden. Gerade die Demokratie wird durch Ungleichheit gefährdet, wenn sie zu einer Konzentration der Macht in den Händen einiger weniger führt. Es gibt in den USA über 500 Milliardäre, die bewusst mit Spendengeldern den Wahlkampf beeinflussen wollen. Dagegen sind Gesellschaften mit mehr Gleichheit gesünder und glücklicher, seien sie nun reich oder arm.[55]

Wenn man die Vorgeschichte der großen Depression von 1929 mit der Zeit vor der Finanzkrise 2008 vergleicht, zeigt sich: In beiden Phasen stieg der Anteil der Reichen am Nationaleinkommen stark, es gab einen rasch wachsenden Finanzsektor und die Verschuldung eines großen Teils der Bevölkerung nahm deutlich zu.

Eine zu große Ungleichheit bremst das Wirtschaftswachstum. Denn ein Großteil der Bevölkerung kann ihr Potenzial nicht entwickeln. Menschen müssen ihre Zeit damit verbringen, mühsam die Grundbedürfnisse ihrer Familien zu decken, 2 Jobs annehmen und können nicht aktiv zum Wohlstand und Wohlergehen ihrer Gemeinschaft beitragen.

Der politische Philosoph John Rawls stellte zwei Regeln für Gerechtigkeit auf: 1. Freiheitsrechte für alle und alle Bürger sind gleichgestellt, Chancengleichheit und fairer Wettbewerb.

2. Differenzprinzip: Insgesamt muss das System so sozial gestaltet werden, dass die „Aussichten der am wenigsten Glücklichen so gut wie möglich gestaltet sind." D. h. die Schere zwischen arm und reich soll so klein wie möglich sein, so dass ein gesunder Wettbewerb möglich ist. Für das zweite Prinzip in seiner „Theorie der Gerechtigkeit" hat man Rawls kritisiert. Inzwischen merkt man: Wird das zweite Prinzip nicht umgesetzt, lässt sich auch das erste Prinzip nicht durchsetzen!

Verteilungsgerechtigkeit Erschaffen wir also eine gerechtere Wirtschaftsordnung, die von vornherein auf Verteilungs-gerechtigkeit angelegt ist! Unsere Blutgefäße im Körper verteilen durch ein Netzwerk die Ressourcen gleichermaßen. Es gibt ein Gleichgewicht zwischen Effizienz und Widerstandsfähigkeit.

Eine Volkswirtschaft braucht also Verteilung. Das Gegenteil ist Konzentration auf einige wenige, Oligarchie oder Monopol. Deswegen ist es wichtig, die Macht von Monopolisten zu brechen. Die Konzentration auf einige wenige große Firmen finden wir heutzutage z. B. in der Agrarwirtschaft: Vier Giganten wickeln 75 % des weltweiten Getreidehandels ab. Oder in der Finanzbranche: Vier Wallstreet-Banken handeln 95 % der Derivate in den USA.

Um in eine gerechte und nachhaltige Wirtschaft zu gelangen, müssen wir die zunehmende Kluft in Bezug auf Einkommen und Wohlstand verringern. Wir müssen Mittel und Wege finden, um diese Rückkopplungsschleife „Erfolg den Erfolgreichen" abzuschwächen![56]

Also einige Vorschläge:
„In der 2. Hälfte des 20. Jahrhunderts versuchte man nationale Umverteilungsansätze über drei verschiedene Wege umzusetzen: durch eine progressive Einkommensteuer und Transfers, durch Schutzmaßnahmen für den Arbeitsmarkt wie beispielsweise Mindestlöhne und durch die Bereitstellung öffentlicher Dienstleistungen wie Gesundheitsversorgung, Bildung und sozialen Wohnungsbau. Ab den 1980er Jahren begannen die Autoren des neoliberalen Scripts alle drei Ansätze zurückzudrängen."[57] Diese guten Werkzeuge kann man wieder verstärkt einsetzen.

Ein weiterer Vorschlag, der in der Schweiz fast Gesetz wurde: In einer Firma soll das Management höchstens das 20-fache des niedrigsten Lohns erhalten.

In Indien wird durch ein staatliches Programm jeden bedürftigen ländlichen Haushalt die Möglichkeit geboten, jährlich für 100 Tage in einem dem festgesetzten Mindestlohn unterliegenden Arbeitsverhältnis zu arbeiten.[58]

In vielen Aktienunternehmen gilt nur die Dividende und der Aktienkurs als Ziel: die Menschen, die tagtäglich in der Firma arbeiten, werden als Außenstehende, als Kostenfaktor gesehen, die minimiert werden müssen. „Es ist daher kein Wunder, dass sich die gewöhnlichen Arbeiter auf der Verliererstraße befinden, vor allem als nach 1980 in vielen Ländern die Stellung der Gewerkschaften geschwächt wurde."[59]

Es gibt andere Modelle für Firmen: die Arbeiter sind dann die wichtigsten Firmenangehörigen. Diese Firma gibt Anleihen aus, die den Inhabern nicht einen Eigentumsanteil an der Firma versprechen, sondern einen angemessenen festen Ertrag. Die Idee stammt aus der Genossenschaftsbewegung Mitte des 19 Jahrhunderts. Dieses Modell ist auch heute erfolgreich wie viele Beispiele zeigen. Die Evergreen Kooperative in Cleveland betreibt gemeinschaftlich Gewächshäuser, so dass der Zusammenhalt in der Nachbarschaft gefördert wird. Sozial Schwache bekommen Arbeit und regionales Gemüse wird verkauft. Es gibt auch Kooperativen in afrikanischen Ländern wie in Tansania, deren Mitglieder hochwertigen Kaffee anbauen und Baumschulen betreiben.[60] Wichtig ist auch die passende rechtliche Neugestaltung solcher Firmen. „Was sich hier vollzieht, ist ein Umbruch der Eigentumsverhältnisse", erklärt Todd Johnson, einer der amerikanischen Rechtsanwälte, die neuartige Unternehmens-verfassungen ausarbeiten.

„Es geht darum, die wirtschaftliche Macht zu verbreitern und von den wenigen zu den vielen zu verlagern, und um eine Veränderung der Denkhaltung, weg von sozialer Gleichgültigkeit hinzu zu sozialem Wohlergehen."[61]

Dem Prophet Amos würde das gefallen, und Jesus sicherlich auch!

Kreislaufwirtschaft

Evangelium: Mt 25,1-13
32. Sonntag im Jahreskreis, Lesejahr A

Predigt:
Die törichten Jungfrauen haben nicht vorgesorgt. Sie haben nicht weitsichtig genug gehandelt. Und als es Zeit war, haben sie nicht genug Öl für ihre Lampen gehabt. Die klugen Jungfrauen dagegen sind umsichtig, denken voraus. Wie so viele andere Gleichnisse Jesu kann man auch dieses auf vielerlei Weise deuten.
Was ist das Öl für die Lampen? Es kann die Wachsamkeit sein, dass man den richtigen Augenblick für das anbrechende Reich Gottes nicht verpasst. Es kann auch der Einsatz als Christ sein. Es reicht nicht, nur Taufschein-Christ zu sein, es reicht nicht, nur zu glauben, ohne dass sich auch das Leben verändert.
Das Öl kann auch dafür stehen, dass man nicht nur an sich selber und den eigenen Glauben denkt, sondern auch an die anderen, an die Bedürftigen, die Hilfesuchenden, die Verletzten denkt und um sie sich sorgt. All diese Deutungen gab es in der Geschichte des Christentums.
Heute angesichts der Zerstörung der Natur und ihres Reichtums kann das Öl auch für die Schöpfung Gottes stehen. In diesen Zusammenhang hineingesetzt stellt uns das Gleichnis die Frage: **Was ist ein weitsichtiger, vorsorgender Umgang mit dem Schatz, den uns die Natur schenkt?**
In dieser Deutung beuten die törichten Jungfrauen aus, aber sorgen sich nicht darum, die Natur zu erhalten! So läuft leider noch größtenteils unser Produzieren: Wir entnehmen Energie und Materialen aus der Natur, produzieren Güter wie Handys, Klamotten und Autos, benutzen diese und nach gewisser Zeit entsorgen wir sie als Abfall.
Die Kreislaufwirtschaft der Natur Die Natur macht das klüger. Ein Baum produziert Blätter, die im Herbst zu Boden fallen. Aber dieser Abfall wird von Pilzen und Bakterien verrottet. Es entsteht neuer Hummus, der Nährstoffe für den Baum liefert. Eine

Kreislaufwirtschaft, die allein durch Sonnenergie, eingefangen durch Photosynthese der Bäume, aufrechterhalten wird. Die lebendige Natur verwertet immer wieder neu.

Die industrielle Aktivität hat diese natürlichen Zyklen zerrissen, die Ressourcen der Natur geplündert und zu viel Abfall in ihre Senkgruben hinterlassen. Sie fördert Öl, Kohle, Gas aus der Erde, verbrennt diese Stoffe und stößt Kohlendioxid in die Atmosphäre. Sie wandelt Stickstoff und Phosphor in Düngemittel um und leitet dann die Abwässer in die Seen und Meere. Sie holt Metalle und Mineralien aus den Bergen, baut sie in Konsumprodukte wie Handys ein, die auf elektronischen Müllhalden landen, wobei giftige Chemikalien in den Boden, das Wasser und die Luft gelangen.

Wie kann man dagegen vorgehen? Es muss was kosten! Erst dann merken es die Firmen! Die EU hat z. B. CO_2-Zertifikate eingeführt. Man muss als Firma zahlen, wenn man bestimmte Mengen CO_2 in die Luft führt. Die Anzahl der Zertifikate ist begrenzt und der Preis steigt mit der Zeit.

Man muss auf dem Markt für Verschmutzung einen Preis verlangen. „Eine solche Politik kann signifikante Wirkung haben: von 1999-2003 führte in Deutschland die Ökosteuer zu einer Erhöhung der Preise der fossilen Brennstoffe, die für Transport, Heizung und Strom verwendet werden, während gleichzeitig die Lohnsteuer entsprechend gesenkt wurde: der Verbrauch von Treibstoffen ging um 17 % zurück, die Kohlendioxidemissionen sanken um 3 % das CarSharing nahm um 70 % zu, und insgesamt wurden 250.000 Arbeitsplätze geschaffen."[62]

Es gibt für Wasser inzwischen Preisstaffelungsmodelle: Jeder Haushalt zahlt einen relativ geringen Beitrag für die tägliche Grundversorgung mit Wasser. Wer mehr verbraucht für das Wasser im Swimmingpool muss das 3 bis 4-fache des Grundpreises zahlen.

Kate Raworth hat in ihrem Buch „Donut-Ökonomie" **törichte Unternehmen und sehr kluge Unternehmen** vorgestellt. Die Autorin erzählt, dass sie im Gespräch mit Unternehmen, wenn sie ihre „Donut-Ökonomie" vorstellte, auf 5 typische Reaktionen stieß:

1. Antwort ist sehr töricht: Nichts tun. Diese Unternehmen sind der Meinung: Unsere Aufgabe ist es, möglichst hohe Gewinne zu erzielen. Wenn es uns der Gesetzgeber nicht vorgibt, machen wir nichts.

2. Antwort ist nicht mehr ganz töricht: etwas tun, das sich auszahlt, indem man Maßnahmen ergreift, die sowohl ökologisch wertvoll sind als auch den Unternehmensgewinn steigern. Aber das kann auch zu Tricksereien führen.

3. Antwort ist schon klüger: Wir leisten unseren angemessenen Beitrag für den Übergang zur Nachhaltigkeit. Aber auch da muss man kritisch fragen: Bei der ersten Begegnung mit dem Konzept betrachten viele Unternehmen anscheinend die Grenzen der Natur, als handele es sich dabei um einen Kuchen, der in Stücke portioniert und verteilt werden kann. Und wie Kinder auf einer Kinder-Geburtstagsparty möchten alle ihren gerechten Anteil abbekommen. Wie groß ist unser Stück dieses ökologischen Kuchens? Wie viele Tonnen Kohlendioxid dürfen wir emittieren? Wie viel Grundwasser können wir entnehmen?[63]

4. Antwort ist ein echter Perspektivwechsel zum wirklich klugen Handeln: Die Devise ist keinen Schaden anrichten! Mission Zero. Produkte, Dienstleistungen, Gebäude und Firmen will man so konstruieren und entwickeln, dass sie keinerlei schädliche Umweltauswirkungen haben. Also z. B. null Energiehäuser. Oder Netto-Null-Wasserfabriken beziehen kein Wasser aus dem öffentlichen Versorgungsnetz wie beispielsweise die Molkerei im mexikanischen Jalisco, die ihren gesamten Wasserbedarf durch Kondensation des aus der Milch aufsteigenden Dampfes abdeckt.[64] Aber man kann noch einen Schritt weiter gehen: Wenn eine Fabrik so viel Strom und sauberes Wasser erzeugen kann, wie sie verbraucht, warum kann sie dann nicht auch noch mehr davon produzieren? Ist es möglich, nicht nur das Schlechte auf 0 zu reduzieren, sondern sogar mehr Gutes zu tun?

5. Besonders klug und vorsorgend ist die Antwort: Sei großzügig! **Die Natur ist Modell für diese zyklischen Lebensprozesse des klugen Unternehmens.** Und sie ist auch Mentor und Maßstab! Dann entsteht eine Kreislaufwirtschaft, in der die meisten Materialien zum Großteil wieder recycelt und wieder verwertet werden.

Vorbildlich ist z. B. die deutsche Firma Shift Phone, die Handys und Laptops herstellt: alle Teile sind leicht zusammensetzbar und austauschbar. Wenn der Akku nicht mehr funktioniert, muss man nicht mehr das ganze Handy entsorgen. Das Recyceln der einzelnen Materialien geht auch leichter, wenn nicht alles verklebt ist. Die Firma hat ein Pfandsystem. Wer ein Handy nicht mehr benutzen will, gibt es bei der Firma ab und bekommt Pfand dafür zurück. So kann die Firma selber ihr eigenes Produkt recyceln und Materialien wieder verwerten.

Auch andere Firmen stellen auf Kreislaufwirtschaft um. In Drosten wurde das erste Gebäude nach dem Prinzip „von der Wiege bis zur Wiege" gebaut. Ein Logistikzentrum für Levis Jeans. Ein Großteil der verbauten Materialien wurden nachhaltig gewonnen und können nach Abbruch weiter verwertet werden. Das neue Logistikzentrum ist auf einer Industriebrache aufgebaut worden. Auf dem Dach sind Solarpanels und Wildblumenwiese angelegt. Mit Geothermie ist das Gebäude CO_2-neutral.

Die Menschheit muss sich in der Bewahrung der Schöpfung von den törichten zu den klugen Jungfrauen hin entwickeln. Eine Wissenschaftlerin schrieb: „Wir sind Tiere mit einem großen Gehirn, aber wir sind Neulinge auf dem Planeten, und deshalb verhalten wir uns weiter wie Kleinkinder, die erwarten, dass Mutter Natur nach uns aufräumt und sauber macht. Ich möchte, dass wir uns dieser Gestaltungsaufgabe stellen und vollwertige Teilnehmer in den Zyklen der Natur werden. Fangen wir mit dem Kohlenstoffzyklus an – lernen wir, das industrielle Ausatmen der Kohlenstoffbelastung anzuhalten, und lernen wir anschließend, indem wir das Verhalten der Pflanzen nachahmen, Kohlendioxid in unsere Erzeugnisse einzuatmen und es für Jahrhunderte in fruchtbare Ackerböden zu lagern. Wenn wir am Kohlendioxidzyklus geübt haben, können wir das gelernte auch bei den Phosphor-, Stickstoff- und Wasserzyklen anwenden."[65]

In Japan werden 98 % der im Inland verbrauchten Metalle wiederverwertet![66] Also es geht!

Dagegen ist es ist völliger Unsinn, dass man Lebensmittelreste aus Restaurants in Deutschland nicht mehr kompostieren darf.

Inzwischen gibt es gesundheitsunbedenkliche Wege der Verrottung von Lebensmittelresten.

Die Zeit ist reif: Die Kreislaufwirtschaft kommt In der Zeitschrift „Forum nachhaltig wirtschaften" fand ich mehrere Artikel zur Kreislaufwirtschaft. Grundtenor: „Da durch Kriege wie Ukrainekrieg oder geopolitische Machtkämpfe Lieferketten zerbrechlicher geworden sind, ist die Kreislaufwirtschaft auch wirtschaftlich gesehen in Zukunft ein Wettbewerbsvorteil. „Das Rennen ist eröffnet. Anderen Nationen ist die Bedeutung dieser Transformation ebenfalls bewusst."[67] Amerika investiert gerade intensiv in den Aufbau einer Kreislaufwirtschaft. In Deutschland haben Frauenhoferinstitut, Freie Universität Berlin und Öko-Institut eine Umsetzungsstudie vorgelegt, wie Deutschland eine Kreislaufwirtschaft bis 2045 umsetzen kann.

Es ist nun wichtig, dass die europäischen Politiker diese Transformation zur Kreislaufwirtschaft fördern und politisch gestalten. Denn das ist ein wesentlicher Beitrag, um Klimawandel und Artensterben aufzuhalten. Es ist höchste Zeit, ins Lager der klugen Jungfrauen zu wechseln!

Bergsons Anregungen zur Diskussion um grünes Wachstum oder Postwachstumsgesellschaft

Vorbemerkung:
Für mich sind die Überlegungen von Raworth im 7. Kapitel zur Diskussion, ob eine Wirtschaft ohne Wachstumswahn möglich sei, zu vage, nicht umfassend genug, so dass ich bei diesem Thema einen anderen Ausgangspunkt nehme und mit Bergsons Gedanken am Ende seines letzten Werkes arbeite.

Evangelium: Lk 12,13-21
18. Sonntag im Jahreskreis, Lesejahr C

Predigt:
Jesus warnt vor der Habgier. Denn der Sinn des Lebens sei nicht ein Vermögen im Überfluss zu haben. Und er erzählt die Geschichte von dem reichen Mann, der sich eine weitere Scheune baut, um seine Vorräte unterzubringen. Und wahrlich: wer weiß schon, was in Kürze passiert! Man kann plötzlich sterben, wie der reiche Mann in Jesu Geschichte. Es kann aber auch ein plötzliches Unwetter wie die Flutkatastrophe im Ahrntal alles Hab und Gut vernichten.
Was hätte Jesus gesagt, wenn er die heutige Praxis vieler Bäckerläden sehen würde: bis zum Ladenschluss müssen die Regale mit allen Produkten gefüllt sein. So wird tagtäglich Unmengen an Backwaren am Abend vernichtet. Das gleiche bei der Klamottenproduktion: was nicht mehr in die Mode passt, wird einfach vernichtet. Unsere Produktion ist größtenteils auf Überfluss eingestellt. Die Zerstörung der Ökosysteme zeigen uns, dass wir nicht so weitermachen können. Da lohnt es sich, die Gedanken von Henri Bergson am Ende seines letzten Werkes „Die beiden Quellen der Moral und der Religion" aufzugreifen. Bergson war in der ersten Hälfte des zwanzigsten Jahrhunderts der wichtigste und bedeutendste französische Philosoph.
Luxus und Askese Bergson analysierte im Jahr 1932 – heute noch aktuell –, dass es im Gesellschaftlichen immer zwei bzw.

verschiedene Tendenzen gibt, die wie Gegensätze erscheinen. In der modernen Zeit sieht Bergson das Streben nach Luxus als die vorherrschende Tendenz an. Das asketische Ideal ist die andere, verdrängte Tendenz. Sie erscheint nur in gesellschaftlichen Randphänomenen wie der Bewegung der Minimalisten, die ihren Luxus radikal reduzieren und nur noch mit z. B. 100 Gegenständen leben.

Dabei stellt Bergson eine gemeinsame Wurzel der beiden Tendenzen fest. Luxus und Askese wollen beide glücklich machen. „Es gibt kein Glück ohne Sicherheit. Diese Sicherheit kann man entweder in einer Beschlagnahme der Dinge finden, oder aber in einer Selbstbeherrschung, die einen von den Dingen unabhängig macht."[68]

Bergson bezeichnet nicht eine Tendenz prinzipiell als schlecht und die andere als gut; *Bergson betont dagegen, dass man es in beiden Strategien übertreiben kann.* Im Mittelalter herrschte die Tendenz zur Askese vor. In unserer Zeit steigert sich aber der Luxus ins Extrem.

Angesichts der großen Herausforderungen von Klimawandel und Naturzerstörung werden grob gesagt zwei Strategien diskutiert:

Postwachstumsstrategie: Wir müssen das Wirtschaftswachstum begrenzen, wir müssen sparsamer werden. Es reicht nicht aus, mit neuer Technik die schädlichen Klimagase zu reduzieren. Insgesamt hat sich die luxuriöse Lebensweise der vielen Milliarden Menschen so sehr ausgebreitet, dass Begrenzung notwendig ist.

Technikstrategie, grünes Wachstum: Wir müssen moderne Technik weiter entwickeln und konsequent einsetzen. Wenn z. B. jede Kommune in Deutschland 4 Quadratkilometer Photovoltaik-anlagen aufbaut, kann der gesamte Energiebedarf Deutschlands damit gedeckt werden. (Natürlich ist ein Mix von verschiedenen regenerativen Energiequellen besser. Das Beispiel dient nur zur Verdeutlichung, was möglich wäre.) Eine Postwachstum, eine Reduzierung des Wachstums ist weder politisch und gesellschaftlich „verkaufbar" noch wünschenswert und nötig. Man Kann Wachstum der Wirtschaft vom Ressourcenverbrauch entkoppeln, durch den Aufbau einer Kreislaufwirtschaft und durch erneuerbare Energien.

So diskutierten die Bestsellerautoren Eckart von Hirschhausen und Frank Schätzing, die beide Bücher über den Klimawandel geschrieben haben, in der ZEIT, ob man besser mit Hightech oder Verzicht die Welt retten kann. (ZEIT 22/2021)

Wenn man die Diskussionen um diese beiden Strategien betrachtet, hat man den Eindruck, dass die VertreterInnen der jeweiligen Strategie den VertreterInnen der anderen Strategie vorwerfen: Deine Strategie funktioniert nicht, reicht nicht! Aber zu einem UND beider Strategien scheinen sie nicht wirklich fähig… Hier kann Bergson weiterhelfen:

Gemeinsame Wurzel und Kurskorrektur Er warnt, dass man sich nicht durch das Extrem und die scheinbare Gegensätzlichkeit der Tendenzen täuschen lassen soll. Sondern vielmehr müsse man die gemeinsame Wurzel in den Blick nehmen. Wenn aber die beiden Tendenzen nur die „zwei entgegengesetzten Aspekte einer ursprünglichen Tendenz"[69] sind, so ist es nicht unmöglich, dass sich eine Kurskorrektur in Zukunft vollziehen kann.

An welchen Punkten unserer Gesellschaft soll diese Kurskorrektur ansetzen? Wo gibt es neben dem Konsumrausch Impulse in eine andere Richtung, so dass ein Umbiegen möglich sein könnte?

Unsere Gesellschaft ist geprägt von dem Bedürfnis nach Luxus und gleichzeitig von einem immensen naturwissenschaftlichen Fortschritt. So ergibt sich für Bergson eine Tendenz, die man kritisch beurteilen muss: „es ist vielmehr der Erfindungsgeist, der sich immer zum Besten für die Interessen der Menschheit betätigt hat. Er hat eine Fülle neuer Bedürfnisse geschaffen; [Man denke nur, wieviel Schnickschnack-Produkte es gibt, die eigentlich kein Mensch wirklich braucht.] […] Im Allgemeinen hat sich die Industrie nicht genügend um die mehr oder weniger große Bedeutung der zu befriedigenden Bedürfnisse [die Grundbedürfnisse] gekümmert."[70] und ich ergänze: noch weniger um die ökologischen Folgen!

Der Erfindungsgeist muss sich mehr auf die wesentlichen Nöte und Fragen und weniger auf die Moden und künstlichen Bedürfnisse einiger weniger konzentrieren.

Und so zwingt die Klimakrise die Menschheit immer mehr, dass der Erfindungsgeist sich wieder wirklich wichtigen Themen immer mehr zuwendet. Diese Veränderung kann man ja auch in der Forschung, in der Szene der Start-ups oder sogar auf dem Finanzmarkt feststellen. Immer mehr Menschen wollen ihr Geld in nachhaltige Unternehmen investieren.

Nun schrieb Bergson erstaunliche Sätze: **„die Mystik ruft die Mechanik herbei" und „die Mechanik würde eine Mystik erfordern".** Sie führen uns wieder zur Mahnung Jesu vor der Habgier zurück!

Ergänzung: Wir wollen einige mögliche Missverständnisse ausräumen: Mystik ist nicht gleich Askese. Vielmehr ist die Askese eine mögliche Variation der Mystik, eine Tendenz des ursprünglichen Impulses Mystik. Ebenso darf man ja nicht Technik und Erfindungsgeist, was Bergson zusammenfassend als „Mechanik" bezeichnet, allein der Tendenz „Anhäufung von Luxus" zuordnen. Ist man sich dieser begrifflichen Ordnung bewusst, kann man dem folgenden steilen Gedankengang von Bergson folgen:

Die Mystik ist für Bergson in ihrer höchsten Form Menschheitsliebe, so dass sie für andere handelnde Nächstenliebe wird! „Die Mystik ruft die Mechanik herbei."[71] heißt dann: Die tätige Nächstenliebe braucht den Erfindungsgeist, um für die leidenden Menschen tätig werden zu können! Und umgekehrt: Der Erfindungsgeist braucht ein sinnvolles Ziel! „Wir möchten hinzufügen, dass der vergrößerte Körper auch ein Mehr an Seele erwartet und dass die Mechanik eine Mystik erfordern würde."[72] Wir können diesen Gedankengang zusammenfassen, indem wir einen Satz von Rahner, „der Christ der Zukunft wird ein Mystiker sein; oder er wird nicht sein", etwas umschreiben und ausweiten:

Der Mensch der Zukunft wird ein Mystiker sein, dann wird der wissenschaftliche Fortschritt ein Segen für ihn sein; ansonsten werden die furchtbaren sozialen, politischen und ökologischen Probleme die Entwicklung der Menschheit zerstören können.

Die Zukunft ist ungewiss und die Geschichte verläuft nicht nach festen Regeln. Bergson untersucht Tendenzen und betont: „Gewiss, die Dinge geschehen nie ganz von selbst. Die Menschheit wird sich nur ändern, wenn sie sich ändern will. Aber vielleicht hat sie sich bereits die Mittel aufgespart, um es zu tun."[73]

Kehren wir zu unserer Ausgangsfrage zurück: Was ist der richtige Lösungsweg? Postwachstumsstrategie versus Technikstrategie. Bergson würde meines Erachtens nicht für eine Strategie plädieren. Vielmehr zeigen die letzten Seiten seines letzten Werkes, dass er eine Verbindung von beidem gefunden hat.

Das schwer zu entdeckende UND In der aktuellen Diskussion sehen die VertreterInnen der jeweiligen Seite diese Verbindung meistens nicht. Schon Bergson schrieb: „Da man während des Vorgangs ganz der einen der beiden Tendenzen gehört, da nur diese zählt, so würde man gern sagen, diese allein sei positiv und die andere sei nur ihre Negation. [...] Indessen kommt es vor, [...] dass das Pendeln wirklich zwischen Gegensätzen stattgefunden hat. Das ist dann der Fall, wenn eine an sich vorteilhafte Tendenz unfähig ist, sich anders zu mäßigen als durch die Einwirkung einer entgegengesetzten Tendenz, die sich dadurch ebenfalls als vorteilhaft erweist. Es scheint, dass die Klugheit dann ein Zusammenwirken der beiden Tendenzen anraten würde."[74]

Vielleicht müssen gerade heute beide Strategien heftig aufeinander prallen und miteinander ringen, so dass nicht der Einzelne bewusst, aber die Bewegung des Ganzen (z. B. die europäische Union oder die Menschheit) beide Strategien kombinieren kann. Nach Bergson braucht es beides, auch wenn beide gar nicht verstehen, dass es beides braucht...

Halten wir fest: Technik und Erfindungsgeist sollen sich nun um die wirklich wichtigen Themen kümmern, nämlich die Überwindung der Klimakrise und die Sicherung des Überlebens der Menschheit auf der Erde! Weil sich die Mystik in ihrem caritativen Geist heute auf Menschen, aber auch auf Tiere und Pflanzen und Ökosysteme ausweitet, braucht sie die Technik und ruft den Erfindungsgeist.

Dies führt zu einem gewandelten Wachstum, das den Luxus und die Verschwendung in eine bessere Richtung umbiegen kann. Ja wir brauchen vielmehr ein Wachstum auch an Seele, so dass man nicht der Illusion verfällt, die ständige Anhäufung an Luxus, drei Flugreisen im Jahr usw., würden einen glücklich machen!

Maja Göpel: „Wir können auch anders"

Vorbemerkung
Nur zwei kleinere Themen aus diesem Buch werden hier in Predigten dargestellt.

Schluss mit der Insektenvernichtung

Evangelium: Lk 17,11-19
28. Sonntag im Jahreskreis, Lesejahr C

Predigt:
Die Geschichte des reichen Chemieunternehmers Hans-Dietrich Reckhaus hat Ähnlichkeiten mit unserem Evangelium, wenn es auch ganz anders ausgeht.
Reckhaus und der Jüngling im Evangelium – beide sind reich. Reckhaus´ Firma, eine führende Firma für Insektenvernichtungsmittel für private Haushalte ansässig in Bielefeld-Sennestadt, hat 60 Mitarbeiter und macht 25 Millionen Euro Jahresumsatz. Seine Produkte kann man in Drogeriemärkten und Discountern bekommen.
Der Jüngling im Evangelium und Reckhaus wenden sich an außergewöhnliche Experten. Der Jüngling an Jesus und Reckhaus an zwei Schweizer Aktionskünstler, die ein „Null-Stern-Hotel" vermarktet haben.
Die Antworten der Experten sind verwirrend und überraschend. Jesus antwortet: „Verkaufe alles, gib das Geld den Armen und folge mir nach!" Die zwei Aktionskünstler: „Deine Produkte sind einfach nur schlecht. Wie viel Wert hat eine Fliege für dich? Anstatt Insekten zu töten, musst du Insekten retten."[75] Ich weiß nicht, welche Antwort ich für verrückter halten soll.
Der Jüngling geht traurig nach Hause und ändert sein Leben nicht. Reckhaus dagegen änderte die Zielrichtung seines Unternehmens grundlegend.

Das Gespräch mit den zwei Experten fand im Sommer 2011 statt. Das Insektensterben war da noch nicht im öffentlichen Bewusstsein präsent. Erst ab 2017 rief man laut: Rettet die Bienen, was dann zum erfolgreichsten Volksbegehren in der Geschichte des Freistaats Bayern führte: „Artenvielfalt und Naturschönheit in Bayern – Rettet die Bienen" Anfang 2019.

Aber schon 2011 stand Reckhaus vor einem **Scheideweg**: Soll er nur als gewinnorientiertes Unternehmen sich sagen: Der Kunde ist König, also verkaufen wir ihm Insektensprays und Ameisenköder? Die ökologischen Schäden, die seine Produkte verursachen, tauchen in seiner Bilanz nicht auf. Oder sollte er sich fragen: Was kann ich mit meinem Unternehmen für die Lösung der Nachhaltigkeitsprobleme beitragen?

Reckhaus erkannte: Die Insektenvernichtungsmittel in der breiten angebotenen Masse zerstören den Bestand an Insekten. „Wer braucht Hunderttausende Insektenfallen, wenn es kaum mehr Insekten gibt, die Pflanzen bestäuben können?"[76]

Also vollzieht Reckhaus eine **radikale Umkehr** mit seinem Unternehmen: Sein neues Unternehmensziel soll dem übergeordneten gesellschaftlichen Ziel, insektenfreundliche Lebensräume erhalten und fördern, dienen.

Natürlich verlor durch diesen Umbau erst einmal die Firma ein Viertel des Umsatzes und drei Viertel ihrer Rendite.[77]

Denn es ist wahrlich ein verrücktes neues Ziel: „Insekten retten, was heißt das, und wie soll das gehen, wenn man davon lebt, sie zu töten?" (ZEIT Nr. 37/2023)

Ein erster Schritt: **Kompensation, Ausgleich!** Das Motto: "Heute kaufen wir Insektenbekämpfungsmittel mit schlechtem Gewissen: Die Produkte töten. Morgen kaufen wir Dr.-Reckhaus-Produkte: Mit jeder Packung fördern wir die Fliegenrettung. Jede Fliege, die wir töten, wird woanders gerettet: Morgen haben wir ein gutes Gewissen."

Reckhaus lässt durchrechnen, wie viele Insekten seine Produkte töten. Er stellte Insektenkundler und Ökologen ein, um die Frage zu klären: Wie viele Biotope muss er schaffen, um das Töten zu kompensieren?

Ablehnung Jesu Familie war nicht begeistert, als er begann, als Wanderprediger durch die Gegend zu streifen. Im Markusevangelium steht: Als seine Angehörigen davon hörten, machten sie sich auf den Weg, um ihn mit Gewalt zurückzuholen; denn sie sagten: Er ist von Sinnen. (Mk 3,21)

Auch im Johannesevangelium klingt an einer Stelle an, dass Jesus Jünger vergrault hat. „Daraufhin zogen sich viele seiner Jünger zurück und gingen nicht mehr mit ihm umher. Da fragte Jesus die Zwölf: Wollt auch ihr weggehen? Simon Petrus antwortete ihm: Herr, zu wem sollen wir gehen? Du hast Worte des ewigen Lebens." (Joh 6,66-68)

Ähnlich reagierten Kollegen und Freunde auf Reckhaus´ neuen Kurs: „Spätestens die Vermarktung seiner Idee ruiniert Reckhaus' Ruf in der Branche. […] Denn der Unternehmer und das Künstlerduo machen die Insektenrettung zur Show. […] Hans-Dietrich Reckhaus ist auf einen Schlag bekannt – und verdächtig. Spinnt der Mann? Leidet er unter einer Profilneurose? Die beiden Künstler haben ihren Klienten mit einem eigens entwickelten Fragebogen auf viele solcher Anwürfe vorbereitet. Die Reaktionen treffen Reckhaus dennoch unerwartet hart. "Vor allem das Unverständnis meiner Freunde." Spricht er über Fliegen, wechseln sie das Thema. […] Es dauert, bis erste Anerkennung folgt. […] Dann aber hagelt es Preise. Sein Netz in der Wissenschaft wächst beständig. Der Transformationsforscher Harald Welzer kommt zum Vortrag, ebenso wie die Politökonomin Maja Göpel. […] Sein "Tag der Insekten", wird eine regelmäßige interdisziplinäre Konferenz von Wissenschaftlerinnen und Artenschützern." (ZEIT Nr. 37/2023)

Reckhaus will nun eben anders sein Geld verdienen. „Stufe eins: Insekten bekämpfen, aber möglichst schonend. Das bedeutet möglichst viele Produkte ohne Chemie. Durch seine Alternativen will Hans-Dietrich Reckhaus die Konkurrenz unter Druck setzen. Bewegt euch! Es geht!

Stufe zwei: Insekten retten. Dafür hat der Chemieunternehmer Lebendfallen mit Lockstoffen konstruiert. Drinnen einfangen, draußen freilassen. Die Fallen bestehen aus recyceltem Kunststoff. Produziert werden die Bestandteile in Bielefeld, fünf Kilometer vom

Stammsitz des Unternehmens entfernt. Zusammengebaut und verpackt wird das Produkt in einer Behindertenwerkstatt. Und Reckhaus kompensiert – in langen Formeln berechnet – die Opfer, die seine Produkte fordern: Er legt Biotope an. Er begrünt Dächer. Zunächst für den eigenen ökologischen Ausgleich. Dafür druckt er dann das Label "Insect Respect" auf seine chemiefreien Produkte.

An Stufe drei arbeitet Reckhaus noch: **Insekten fördern**. Sein Engagement hat schon viele angesteckt: Jede Woche erreichen ihn Anfragen von Unternehmen, die sich insektenfreundlich zeigen wollen. Gerade hat er ein Projekt für Ikea in Osteuropa fertiggestellt, ein insektenfreundliches Außengelände bei einer rumänischen Filiale. 77 Ikea-Angestellte haben mitgearbeitet. Nächstes Jahr will er eine "Insektemie" eröffnen, für die Weiterbildung von Garten- und Landschaftsbauern, er kann ja nicht alles selbst machen. Aber weil er inzwischen weiß, wie es geht, lizenziert er sein Wissen." (ZEIT Nr. 37/2023)

„Denn leichter geht ein Kamel durch ein Nadelöhr, als dass ein Reicher in das Reich Gottes gelangt." (Lk 18,25) Reckhaus ist durch das Nadelöhr der Umkehr gegangen und leistet seinen Beitrag für eine bessere Welt.

Was Monopoly über den Kapitalismus verrät

Evangelium: Mt 25,14-30
33. Sonntag im Jahreskreis, Lesejahr A

Predigt:

Die Erfinderin von Monopoly Die Stenografin Elisabeth Magie erfand ein Brettspiel, um auf das ökonomische Problem und den Unterschied zwischen Arm und Reich hinzuweisen. Auf diesem Brettspiel mussten die Spieler Grundstücke erwerben, die reihum auf dem Spielfeld verteilt waren. Kam ein Spieler auf ein Grundstück, das einem anderen gehört, musste er diesem Eigentümer Miete zahlen. Es gewann, wer am Schluss das meiste Geld besaß. Sie wurde zu diesem Spiel inspiriert durch den Philosophen Henry George, der die Ursache für Elend, Not und Wirtschaftskrisen, wie er sie in New York beobachtet hatte, in der ungleichen Verteilung von Grundbesitz begründet sah. Arme sind auf ihre Lohnarbeit angewiesen, Reiche jedoch bekommen Einnahmen durch Mieten, Bodenrente oder Spekulations-gewinne. Um gegenzusteuern, schlug George ein Einheitssteuersystem auf Boden und Ressourcenbesitz vor. Steuern auf Produzieren und Konsumieren, also auf Arbeit und Verbrauch, sollte es dann nicht mehr geben. 1906 Elisabeth Magie wollte in ihrem Spiel diese Ungleichheit dem Menschen verdeutlichen: „In kurzer Zeit, ich hoffe, werden Männer und Frauen entdecken, dass sie arm sind, weil Carnegie und Rockefeller vielleicht mehr haben, als sie ausgeben können."[78]

Gegen Meritokratie-Denken Sie wollte also gegen das Denken der sogenannten Meritokratie angehen. Ein Fremdwort, das aber ein sehr verbreitetes Denken zusammenfasst: „Du nur allein bist deines Glückes Schmied! Wer fleißig arbeitet, verdient ein Happy End!" Diese Erzählung stimmt natürlich in dieser extremen Form überhaupt nicht! Alle Untersuchungen zu Arm und Reich zeigen, dass Kinder, die in reichen Familien aufgewachsen sind, viel größere Chancen haben, selber reich zu werden: durch das Geld, das sie bekommen, durch die Erziehung und Bildung, durch den sozialen Kontakt mit anderen Reichen usw.

Das Gleichnis von den Talenten ist eigentlich ein Gleichnis über den Kapitalismus und entlarvt das Meritokratie-Denken. Jesus zeigt in dem Gleichnis, dass verschiedene Menschen mit unterschiedlichem Reichtum beginnen. Und die Antwort des Herrn zeigt, dass Jesus mit dem Herrn nicht seinen Vater meinen konnte: Der Herr schimpft. Er gibt offen zu, dass er ausbeutet: „Du hast doch gewusst, dass ich ernte, wo ich nicht gesät habe." Sein Vorwurf ist ein kapitalistischer: „Hättest du mein Geld wenigstens auf die Bank gebracht, dann hätte ich es bei meiner Rückkehr mit Zinsen zurückerhalten."

Die Schere zwischen Reich und Arm vergrößert sich, stellt Jesus fest: „Denn wer hat, dem wird gegeben werden und er wird im Überfluss haben; wer aber nicht hat, dem wird auch noch weggenommen, was er hat."

Wie der aufklärende Sinn des Spiels verloren ging Das Spiel, das Magie entwickelt hatte, sollte die Regeln unseres Wirtschaftssystems aufzeigen. Die Menschen sollten erkennen, dass diese Regeln immer zur Bevorzugung der Reichen dienen, und Erfolg oder Misserfolg nicht allein vom eigenen Handeln und Können abhängt. Der Kapitalismus hat Spielregeln, die Ungerechtigkeiten hervorbringen: Wer hat, dem wird noch dazugegeben! (Man muss sich wirklich fragen, ob Jesus diesen Satz nicht auch auf das unterdrückerische Kreditsystem seiner Zeit bezogen hat.)

Sie nannte ihr Spiel das Vermieter-Spiel. Der Spielehersteller Parker Brothers lehnte es ab, das Spiel zu produzieren und zu verkaufen, es sei zu politisch und zu komplex. Daraufhin vermarktete Magie ihr Spiel selber. 1933 erkannte Charles Darrow das Potenzial, dass Menschen inmitten der großen Depression für einige Minuten das Gefühl haben, reich zu sein. Er designte das Spiel neu, verkauft es an Parker Brothers und seitdem erobert Monopoly die Welt! Der aufklärende Sinn des Spiels war verloren.

Warum spielen Menschen mit Freude ein Spiel, das ihnen eigentlich zeigt, dass sie in einem ungerechten System ein Rädchen sind? Das ist eine Variante der Spinoza-Frage: Warum kämpfen die Menschen für ihre Knechtschaft, als ginge es um ihr Heil?

Hier ist auf jeden Fall die Antwort: Sie erhoffen sich irgendwie trotzdem noch, in diesem System superreich zu werden. Und deswegen wollen sie das System nicht ändern! der Schriftsteller John Steinbeck, der sich intensiv mit den Arbeitsverhältnissen in den Vereinigten Staaten befasste, schrieb bereits 1966: „die ausgebeuteten Arbeiter sehen sich nicht als ausgebeutete Arbeiter, sondern als vorübergehend in die Klemme geratene Kapitalisten."[79] Das konnte man sogar in psychologischen Experimenten nachweisen: „Die berühmte Monopoly-Studie des Psychologen Paul Piff konnte 2013 zeigen: Wenn 2 Spielern massiv unterschiedliche Regeln auferlegt und sie dadurch transparent ungleich behandelt werden, macht der innere Erzähler des bessergestellten aus „mir geht es besser" schnell „ich bin besser". Fazit: wenn das System nur ungerecht genug ist, reagieren wir nicht mit Rebellion, sondern mit Konfabulation [kann man hier mit „Sich-selbst-Einreden" übersetzen]. Wenn es uns schlechter geht, reagieren wir nicht mit Rebellion, sondern mit Zweckoptimismus"[80]

Das alternative Spiel Interessant ist aber auch folgendes: Magie führte bei einer Ausgabe ihres Spiels eine Variante dazu, die sie Single Tax (Eine Steuer) nannte. Bei dieser Version mussten die Spieler die Grundstücksmieten an die Staatskasse abführen. War die Kasse gut gefüllt, wurde das Geld benutzt, die Bahnhöfe für die Öffentlichkeit zurückzukaufen, um einen kostenlosen Nahverkehr zu ermöglichen. Gewisse Grundstücke blieben immer Eigentum des Staates, damit dieser darauf zum Beispiel kostenlose Schulen errichten kann. Wenn die Einnahmen stiegen, wurde der Lohn erhöht, sobald man über das Spielfeld „Mother Earth" (Mutter Erde) kam. Man musste sich nicht mehr aus dem Gefängnis freikaufen. Das Armenhaus wurde abgeschafft. Es war in gewisser Weise noch dasselbe Spiel, aber jetzt mit ganz anderen Regeln, die den Vorschlägen des Philosophen von George entsprachen. Auch bei dieser Variante blieb am Ende ein Monopolist übrig, aber fast alle Mitspieler wurden im Verlauf des Spiels reicher und der Abstand wurde nie so groß.

Was heißt das konkret? Eine soziale Marktwirtschaft will gegensteuern. Man kann Verlierern die Chance geben, aus dem Wettbewerb auszusteigen, der für sie ungut ist, und woanders neu zu beginnen. Zum Beispiel Menschen mit Handicaps kommen in Institutionen wie die Lebenshilfe besser zurecht als auf dem freien Arbeitsmarkt. Man kann den Anteil begrenzen, den die Gewinner am Ganzen besitzen dürfen. Kartellgesetze zum Beispiel verhindern Monopolisierung. Man kann die ungleich gewordenen Positionen der Spieler wieder korrigieren. Zum Beispiel in der Bildungspolitik die Schüler aus den ärmeren Schichten stärken, die Erbschaftssteuer erhöhen usw.

Katharina Pistor: „Der Code des Kapitals"

Vorbemerkung
Die zwei folgenden Predigten umfassen mitnichten das ganze Themenspektrum des Buches, führen aber grundsätzlich und anhand eines Anwendungsgebietes (Landeigentum) in die Grundthesen des Buches ein.

Einführung in „Code des Kapitals"

Evangelium: Mt 18,21-35
24. Sonntag im Jahreskreis, Lesejahr A

Predigt:
Wir lesen Jesu Gleichnisse normalerweise spirituell und religiös oder wenden das Gleichnis auf zwischenmenschliche Herausforderungen an. In unserem heutigen Gleichnis ist dann der König Gott, der uns reich beschenkt und dem wir viel zu verdanken haben. Die zwei Diener sind zwei Menschen, wobei der eine dem anderen nicht verzeihen und vergeben will.
Aber Jesu Gleichnisse haben das Potential, mehrere Deutungen anzuregen. So auch dieses Gleichnis.
Wir können dieses Gleichnis auch auf die Finanzkrise des Jahres 2008 anwenden. Die Banken haben vorher zu viele Kredite von Hauskäufern und Hauserbauern in Amerika vergeben. Diese Kredite haben sie auf undurchsichtige Weise mit anderen Krediten zu Kreditbündeln zusammengeschnürt und diese Kredite als Wertpapiere weiterverkauft. Irgendwann breitete sich Skepsis aus: Die Aktien und die Wertpapiere können doch nicht immer so steigen, es gibt zu viel wackelige Kredite auf dem Markt, das Kartenhaus kann doch nicht ewig weiter wachsen. Diese Skepsis ließ die Kurse sinken. Das bewirkte, dass viele ihre Kredite nicht bezahlen konnten. Nicht nur Hauseigentümer kamen in Bedrängnis. Auch Banken kamen ins Schleudern. Damit der Finanzmarkt nicht

noch mehr zusammenbrechen würde, schritten Staaten und Zentralbanken ein: Die Zentralbanken kauften Kredite auf und Staaten stützten mit Finanzspritzen die strauchelnden Banken.

Da gingen wahrlich zehntausende Talente an die Banken. Aber was machten die Banken? Sie waren gegenüber ihren Gläubigern gnadenlos. Wer nicht zahlen konnte, dessen Haus wurde gepfändet und versteigert. Die Banken handelten wie der die Diener, der vom anderen Diener erbarmungslos hundert Denare zurückforderte. Diese Ungerechtigkeit, dass die Banken, weil zu groß und systemrelevant, von Staat und Zentralbank gerettet wurden, kleine Bürger dagegen Wesentliches zum Leben verloren, verwirrte viele Menschen. Aber der Staat ist nicht mit den Banken streng ins Gericht gegangen, wie im Gleichnis der König es mit den Diener gemacht hat. Die Regeln für die Banken sind nur mäßig verschärft worden, bis heute, so dass eine solche Finanzkrise auch in Zukunft wieder auftreten kann.

Die deutsche Rechtsprofessorin Katharina Pistor, die an der Eliteuniversität Columbia in New York lehrt, hat sich nach 2008 genau dieser Ungerechtigkeit gestellt und sich gefragt: Wie konnte juristisch betrachtet die Finanzkrise entstehen? Und was tragen die Juristen bei, dass einige immer reicher werden und Ungleichheit wächst? Das Ergebnis ist ihr Buch „Der Code des Kapitals. Wie das Recht Reichtum und Ungleichheit schafft". Es wurde von führenden Zeitungen in Amerika zu einer der besten Bücher des Jahres 2019 gekürt.[81]

Ihre Grundthese lautet: „Das Recht ist ein mächtiges Werkzeug für die Ordnung des Sozialen und hat, wenn es klug eingesetzt wird, das Potenzial, einem großen Spektrum gesellschaftlicher Ziele zu dienen: dennoch wurde es – aus Gründen und mit Folgen, die ich zu erklären versuchen werde – fest in den Dienst des Kapitals gestellt."[82] Pistor will aufrütteln und durch ihre Aufklärung die Politik ermutigen, dass das Recht wieder mehr der Ordnung des Gemeinwesens und wertvollen gesellschaftlichen Zielen dient und nicht besonders einigen Bevorzugten und Reichen.

Man kann diese Schieflage auch mit einem Gleichnis beschreiben:

Im Zeltlager darf sich ein Kind, nennen wir es Peter, immer zuerst anstellen und darf sich immer das beste Fleischstück heraussuchen. Beim Wandertag haben einige Kinder zu wenig Essen dabei. Der Gruppenleiter fordert andere Kinder auf, mit diesen Kindern zu teilen. Jedoch Peter ist es erlaubt, fast seinen gesamten Süßigkeiten- und Essensvorrat in einem extra verschließbaren Fach im Rucksack zu deponieren. Der Gruppenleiter belehrt die anderen Kinder, dass sie an diesen Vorrat nie herankommen, außer Peter gibt etwas freiwillig heraus. Ein Vorfall trieb die Bevorzugung auf die Spitze: Als die ganze Gruppe bei einer Alpenwanderung in Lebensgefahr kam, konnten nur einige Kinder mit dem Hubschrauber gerettet werden. Der Gruppenleiter entschied, dass nur Peter vom Hubschrauber schnell gerettet wurde. Die anderen müssten schauen, wie sie sich gegenseitig mit ihren Verletzungen aus dem Gefahrenbereich bringen. Wir wären alle entsetzt über die Ungerechtigkeit des Gruppenleiters. Aber genau das geschieht im Kapitalismus. Wenn systemisch wichtige Finanzinstitute vor dem Konkurs stehen, verlangen die „Peters" der globalen Wirtschaft, dass der Staat (der Gruppenleiter) sie mit zusätzlichem Geld versorgt. Und Peter selbst? Er wird sich arrogant in der Gruppe über alle erheben. Werden die anderen Kinder nicht gegen den Gruppenleiter boykottieren? Sicherlich, deswegen wurden alle Abmachungen zwischen dem Gruppenleiter und Peter geheim beschlossen…

Wie funktioniert das genau? Dies erklärt Pistor mit zwei weiteren Grundthesen ihres Buches:

1. Kapital besteht aus einem Gut und einem Code.

Gut kann alles Mögliche sein: ein Stück Land, ein musikalisches Werk, eine genveränderte Pflanze, ein Finanzwertpapier, eine technische Idee usw. Mit all diesen „Gütern" kann man Geld machen. Aber sie müssen geschützt sein. Ansonsten macht jeder mit dem Gut, was er will.

Bach oder Mozart haben nie Geld dafür bekommen, wenn andere ihre Werke spielten. Heute muss man an die Gema Gebühren zahlen, wenn man Stücke von bekannten Bands öffentlich spielt. Dieser Schutz wird durch einen Code gewährt.

Z. B. ein Zaun um ein Grundstück ist nicht nur ein Hindernis, das man übersteigen müsste. Es ist auch ein Code, ein Hinweis: Das ist Privateigentum. Ein Ehering ist auch ein Code, der anzeigt: Diese Person sollte man nicht verführen. Ein Patent für eine Erfindung ist dann der juristische Code, der besagt: Nur diese Firma darf diese Erfindung ausnutzen und damit Gewinn machen. Und hier sehen wir, dass erst durch den Code die Erfindung Kapital wird, also Quelle für Gewinn und mehr Geld!

2. Die Juristen bevorzugen den Eigentümer des Gutes, indem sie versuchen, dieses Gut zu veredeln mit den Eigenschaften Priorität, Beständigkeit, Universalität und Konvertierbarkeit.
Ich erkläre nun diese vier Eigenschaften.

Konvertierbarkeit bedeutet, dass ich ein Gut, z. B. ein Wertpapier, eine Aktie, jederzeit verkaufen kann, also in Geld umwandeln kann.

Universalität bedeutet: Das Patent gilt auf der ganzen Welt, ich kann an jeder Börse die Aktie kaufen oder verkaufen.

Beständigkeit bedeutet, dass ich auf lange Zeit dieses Gut habe. Z. B. eine Aktie habe ich beständig, wenn ich sie nicht verkaufe. Erhellend ist hier die Entstehungsgeschichte der Aktie:
Die Aktie entstand aus Finanzierungs-beteiligungen für Seehandelsfahrten. Die Beteiligten liehen dem Unternehmen, das eine Seehandelsfahrt durchführte, Geld, das sie nach der erfolgreichen Seefahrt wieder plus Gewinnanteil zurückbekamen. Aber man ging bei der Niederländischen Ostindien-Kompanie 1612 dazu über, das Geld nicht mehr nach jeder Seefahrt auszuzahlen, sondern nur einen Gewinnanteil.[83] Die Finanzierungsbeteiligung wurde *beständig*: Die Einlage konnte nicht mehr zurückgefordert werden, was dem Unternehmen Planungssicherheit gab und den Geldgebern längerfristig mehr Gewinn. Außerdem waren die Aktionäre bei einem Konkurs geschützt. Mehr als das Geld, das sie beim Kauf einer Aktie eingesetzt haben, konnten sie nicht verlieren. (Evtl. haben sie schon mehr Geld durch die ausgezahlte Dividende über die Jahre hin zurückbekommen.) Sie mussten nicht mit ihrem Vermögen haften, wenn die Aktiengesellschaft pleiteging.

Priorität bedeutet: Wenn eine Firma Konkurs geht, versuchen alle Gläubiger aus dem Rest der Firma Geld oder Wertgegenstände zu bekommen, damit sie wenigstens ein Teil ihres geliehenen Geldes zurück bekommen. Früher galt die Regel: Wer zuerst kommt, rafft zusammen, was er kriegen kann. Nach der Erfindung des Insolvenzrechtes kann man Rechtsmodule, also Rechtsregeln in Verträgen verwenden, so dass die eigenen Ansprüche bei einer Insolvenz Vorrang, also Priorität genießen. Wenn die Firma aufgelöst wird und die Werte verkauft werden, müssen erst die Gläubiger mit Prioritätsrechten bezahlt werden. Gerade bei einer Insolvenz wird deutlich, dass die Player in diesem Spiel, die Vermögenden und ihre Anwälte, einen starken Rechtsstaat brauchen, um ihre Rechte einfordern zu können. Dieselben Player sind sich oft gar nicht bewusst, wie sehr sie starke Staaten brauchen, um ihren Reichtum zu vermehren. Sie transferieren lieber ihre Gewinne in Staaten, in denen sie weniger Steuern zahlen müssen…

Die Juristen verschaffen also den Eigentümern von Gütern mit dem Code und den vier Eigenschaften sehr große Vorteile. Ähnlich wie Peter in der Geschichte. In der Wirtschaft herrscht also kein gleichberechtigter Wettbewerb mit gleichen Voraussetzungen, auch wenn traditionelle Wirtschaftswissenschaftler das so verkaufen wollen.

„Der Rechtscode verleiht Attribute, die die Aussichten einiger Güter und ihrer jeweiligen Besitzer auf das Anhäufen von Reichtum, relativ zu anderen, enorm verbessert – ein exorbitantes Privileg. Güter auszuwählen und ihnen die rechtlichen Attribute Priorität, Beständigkeit, Universalität und Konvertierbarkeit überzustülpen ist gleichbedeutend damit, an den Hebeln für die Verteilung des Reichtums in der Gesellschaft zu sitzen. Diese Darstellung widerspricht der Standardthese, dass kapitalistische Volkswirtschaften durch freie Märkte definiert sind, die knappe Ressourceneffizienz zu teilen, und dass die Preise den inneren Wert von Gütern abbilden."[84]

Ein gewisser Schutz ist notwendig, um neue Ideen wirtschaftlich durchsetzen zu können. Aber ein zu großer Schutz fördert Ungleichheit und die Tendenz zu Krisen. Die Regierungen müssen hier entgegenwirken. Da sie aber selber von Interessengruppen abhängig sind, fällt ihnen das schwer. Sie greifen meistens erst dann hart regulierend ein, wenn eine Schieflage Krisen auslöst, die größere Schäden hervorbringen. Aber es gibt auch Hoffnungszeichen. Gerade die EU hat die Macht und den Willen, in vielen Bereichen wie Steuerrecht, Internet und soziale Medien usw. regulierend einzugreifen und Machtkonzentrationen aufzubrechen. Auch deswegen brauchen wir die EU. Weil ein Staat allein kann diese Schieflagen nicht beseitigen.

Landeigentum

Lesung: 1 Kön 21,1-16 Nabots Weinberg
Montag 11. Woche im Jahreskreis, II. Lesejahr
Evangelium: Mt 21,33-44
27. Sonntag im Jahreskreis, Lesejahr A

Predigt:

Ein Weinberg war schon zu Zeiten des Alten Testaments eine Kapitalanlage. Wenn der Weinberg guten Ertrag bringt, kann man Wein keltern und diesen gewinnbringend verkaufen. Man kann auch den Weinberg vermieten. Pächter müssen dann eine Pacht zahlen. Sie müssen einen gewissen Gewinn erwirtschaften, um diese Pacht zu bezahlen. Und wenn sie das nicht schaffen, verschulden sie sich. Einige Gleichnisse zeigen, dass schon damals zur Zeit Jesu Pächter sich verschuldet haben.

Im 1. Buch der Könige steht eine Mordgeschichte: Der König Ahab will den Weinberg von Nabot haben. Seine Frau bewirkt durch Falschaussagen, dass Nabot gesteinigt wird. Sein Weinberg fällt dem König Ahab zu.

Matthäus lässt Jesus ein Gleichnis erzählen, das aber nur aus der Perspektive nach Ostern entstehen konnte. Propheten, die Gott geschickt hat, wurden abgelehnt. Den Sohn Gottes bringen die Hohenpriester auch um. Um das in ein Gleichnis zu kleiden, nimmt Matthäus die Geschichte von Weinbergpächtern, die Gesandte umbringen. Also wieder Mord, um Landbesitz zu erreichen! Land besitzen macht reicher. Die biblischen Geschichten zeigen, dass gierige Menschen denken: Dafür lohnt es sich, auch zu morden! Heute gilt meistens, dass der Reichste das Land kaufen kann.

Aber man konnte nicht immer schon einfach Land kaufen. Man muss sich bewusst machen, dass man im Mittelalter, im Feudalismus, nicht einfach Boden bzw. Land an jemand anderes verkaufen konnte. Der Herrscher vergab Land an seine Fürsten für militärische oder andere Dienste und für Loyalität. „Weder Landadlige noch Pächter, geschweige denn die Bauern selbst konnten das Land nach Gutdünken übertragen. [...] Ebenso wenig konnte Land von

Gläubigern in Beschlag genommen werden. Diese konnten nur die Früchte des Bodens beanspruchen." Man muss sich diese andere soziale Ordnung bewusst vor Augen halten, damit einem klar wird, dass es nicht „natürlich" ist, dass man Land heutzutage verkaufen und kaufen kann! IM Mittelalter bis 1490 benutzte man die Begriffe „Eigentum" und „Eigentümerschaft" nicht für Land und Boden.

Heinrich VIII löste im 16 Jahrhundert die englischen Klöster auf und verkaufte deren Grundbesitz. Der Landadel erkannte schnell, dass echter Landbesitz Reichtum bedeutet. Die ehemalig gemeinschaftlich genutzten Dorfweiden zäunten die Landadligen in England und Schottland ein und schufen ausgedehnte Privatländereien.

Ab dem Ende des 17. Jahrhunderts beanspruchten die Landadligen absolute Rechte an Grund und Boden wie es das Recht zur Römerzeit verstand: Ich kann frei über das Land verfügen. Vor Gericht stritten sie mit den Bauern, den Nichtadligen, die das Land ebenso in der Vergangenheit genutzt hatten. Nicht immer gewannen die Landadligen, aber mit der Zeit konnten sie immer mehr Land ihr Eigen nennen. Wenn Bauern einen Acker brauchten, mussten sie folglich das Land pachten. Außerdem begann der Handel, ja die Spekulation mit Boden. „Die erfolgreiche Einhegung des Landes schuf die Voraussetzung für einen aufblühenden Bodenmarkt – eine radikale Veränderung in Gesellschaften […]. Die Landverkäufe stiegen seit dem späten 16. Jahrhundert stetig an und lagen 1610 um 250 % höher als 50 Jahre zuvor."

Die gleiche Geschichte hat sich in Deutschland nach der Wiedervereinigung abgespielt. Die Treuhand bot wertvolles Ackerland zum Kauf an. Die Preise für Grund und Boden sind bis heute so weit gestiegen, dass für normale Landwirte das Ackerland unbezahlbar wurde. Sie müssen vermehrt die Äcker pachten, werden dadurch abhängig und leiden unter steigenden Pachtpreisen. Aufgekauft haben die Ländereien Finanzinvestoren, große Lebensmittelfirmen, kirchliche Organisationen usw. Frankreich hat das Problem anders gelöst: Eine Gesellschaft aus Landwirtschaftsvertretern, Gewerkschaften und Behörden gestaltet den Bodenmarkt. Die Gesellschaft bewertet das Land und legt einen

Preis fest. Wenn es mehrere Interessenten gibt, entscheidet die Gesellschaft, welcher Käufer das beste Nutzungskonzept hat. Die Explosion der Landpreise ist unterbunden: In Frankreich kostet ein Hektar im Durchschnitt 6000 €, in Deutschland dagegen 27000€. (Vgl. ARD-Radio-Feature: Landraub in Deutschland. Dokumentation über die Spekulation mit Boden.)

Zurück nach England: Land als Eigentum besitzen ist für den Eigentümer gut. Besser ist es, wenn das Eigentum auch noch durch den Staat geschützt wird. Die Landadligen setzten durch, dass der Staat Wilderer, die Hecken durchbrechen und auf ihr Land unerlaubt jagen, streng mit Todesstrafe bestraft wurden. Also auch hier kann Blut des Schwächeren fließen, wie bei Nabot und Ahab.

Wie kann man aus dem Eigentum Land Geld machen? Man kann Wolle und Feldfrüchte verkaufen, man kann aber auch Kredite aufnehmen, wobei das Land als Sicherheit gilt. Dann besteht die Gefahr, dass man das Land verliert, wenn man das Geld zum Rückzahlungstermin nicht herbeischaffen kann. Aber sogar gegen diese Gefahren fanden Juristen geschickte Lösungen.

Auch die Indianer in Nordamerika kannten die Vorstellung eines Eigentums an Land und Boden nicht. Das Land nutzt man, aber man besitzt es nicht. Die Entdeckung Amerikas brachte Eroberer und Siedler ins Land. Die Juristen argumentierten: Wer das Land erstens entdeckt und zweitens durch seine Besitznahme aufwertet, dem wird das Land als Eigentum zugesprochen. „Die amerikanischen Indianer wurden in Reservate gezwungen und ihr Land wurde in Parzellen untergliedert, die in Zonen eingeteilt und als individualisierte Eigentumsrechte registriert wurden." Das Land der Indianer wurde in Kapital verwandelt. Der Eigentümer konnte nun damit Geld verdienen.

Auch heute suchen Investoren nach Agrarflächen. Ausländische Investoren kaufen größere Grundstücke in ärmeren Ländern. „In der Mehrheit der Fälle handelte es sich mehr oder weniger um Landraub. Die Geschäfte wurden ohne vorherige Aufklärung oder Einwilligung der einheimischen Bevölkerung und der lokalen Gemeinschaften durchgeführt, die dieses Land seit Generationen bewirtschafteten. Fast immer blieben die Versprechungen der

Investoren unerfüllt, dass Arbeitsplätze geschaffen werden, die Infrastruktur der lokalen Gemeinschaft verbessert und die Bauern unterstützt werden soll: stattdessen verloren viele Gemeinschaften ihr Eigentum, zerfielen oder verarmten."[85]

Was kann man gegen diese Entwicklungen tun?

Erste Möglichkeit: Grundeigentum muss besteuert werden. Denn man wird gleichsam im Schlaf, ohne Arbeit, ohne Risiko und ohne Ersparnis reicher.

Zweite Möglichkeit: Der Staat kann den Verkauf von Land lenken. Die französische Regelung habe ich schon angesprochen. Oder: Im indischen Bundesstaat Westbengalen gibt es ein Programm, durch das landlose Familien mit günstigen Preisen Land erwerben können. Ein kleines Flächenland so groß wie ein Tennisplatz ermöglicht ihnen, ein Haus zu errichten und Gemüse anzubauen und ihr Einkommen zu verdoppeln.

Dritte Möglichkeit: Der Staat kann enteignen und Land neu verteilen. Die Umverteilung von Grundeigentum haben Staaten wie Japan und Südkorea nach dem Zweiten Weltkrieg durchgeführt und damit Ungleichheit reduziert. Sichere Erbrechte für kleine Landwirte, besonders für Bäuerinnen erhöht ihre Produktion.[86]

Letztlich müssen wir das absolute Recht relativieren. Wenn ich ein Grundstück mit Wohnungen oder Büros in einer Großstadt habe, dann ist das einerseits eine tolle Kapitalanlage. Aber Städte müssen auch noch von der Stadtgesellschaft gestaltet werden können. Diese Herausforderung zeigt ein Ausschnitt der ZEIT mit der Präsidentin der Bundesarchitektenkammer Andrea Gebhard:

„ZEIT: In München war ja auch Hans-Jochen Vogel zu Hause, der ehemalige SPD-Vorsitzende und Bundesbauminister. Der hat immer gesagt, im Kern haben wir in den Städten ein Problem mit dem Eigentum am Boden. Mit Grund und Boden werde spekuliert, deshalb sei das Bauen und Wohnen so unfassbar teuer. Stimmen Sie zu?

Gebhard: Ja, man muss auch das Bodenrecht anpacken und das Vorkaufsrecht der Städte, um den Städten Zugriff auf Grundstücke zu geben, was die Preise dämpfen würde.

ZEIT: Warum geschieht das nicht?

Gebhard: Der Widerstand kommt aus dem Eigentumsrecht, aus der Haltung, Immobilien seien ein Handelsgut. Aber ich finde es schon schwierig zu sagen, ein Gebäude ist ein Produkt. Ein Gebäude ist immer auch Teil des öffentlichen Raumes. […] Sie müssen sich natürlich wirtschaftlich rechnen, und das tun sie nur, wenn Menschen auch in ihnen arbeiten oder wohnen möchten. Hier verknüpfen sich also Rendite- und gesellschaftlicher Anspruch. (ZEIT NR. 42/2023)

Vierte Möglichkeit: Almende, also Gemeinschaftsgüter wieder einrichten.

Elinor Ostrom zeigte auf, dass Almende sehr wohl gut funktionieren können. „Anhand zahlreicher Fallstudien über die gemeinschaftliche Nutzung von Ressourcen, von Südindien bis Südkalifornien, untersuchte sie und ihre Mitarbeiter, wie unterschiedliche Gemeinschaften, oft seit Generationen, erfolgreich bei der Bewirtschaftung von Wäldern, Fischgründen und Wasserwegen zusammenarbeiteten. Viele dieser Gemeinschaften verwalteten ihr Land und ihre gemeinschaftlichen Ressourcen besser als die Märkte und auch besser als vergleichbare staatliche Einrichtungen. […] Dabei zeigte sich, dass die von den Bauern verwalteten Systeme einfacher konstruiert waren, besser in Schuss gehalten worden, größere Reiserträge brachten und das verfügbare wassergerechter unter den Mitgliedern der Gemeinschaft verteilten. Dieses selbstorganisierte System funktionierte, weil die Bauern ihre eigenen Regeln für die Nutzung des Wassers aufstellten, sich regelmäßig in Versammlungen und auf den Feldern trafen, ein Überwachungssystem einrichteten und jene Mitglieder der Gemeinschaft sanktionierten, die gegen die Regel verstießen."[87]

Wo können wir solche Almende wieder neu einführen und beleben? Wo müssen wir gesellschaftlich neu verhandeln, wie die Balance zwischen dem Recht der Eigentümer, sozialer Gerechtigkeit und gesamtgesellschaftlichen Zielen neu austariert werden kann?

Ergänzungen:
Auszüge aus der bayrischen Verfassung
Art. 158

1 Eigentum verpflichtet gegenüber der Gesamtheit. 2 Offenbarer Mißbrauch des Eigentums- oder Besitzrechts genießt keinen Rechtsschutz.

Art. 160

(1) Eigentum an Bodenschätzen, die für die allgemeine Wirtschaft von größerer Bedeutung sind, an wichtigen Kraftquellen, Eisenbahnen und anderen der Allgemeinheit dienenden Verkehrswegen und Verkehrsmitteln, an Wasserleitungen und Unternehmungen der Energieversorgung steht in der Regel Körperschaften oder Genossenschaften des öffentlichen Rechtes zu.

(2) 1 Für die Allgemeinheit lebenswichtige Produktionsmittel, Großbanken und Versicherungsunternehmungen können in Gemeineigentum übergeführt werden, wenn die Rücksicht auf die Gesamtheit es erfordert. 2 Die Überführung erfolgt auf gesetzlicher Grundlage und gegen angemessene Entschädigung.

(3) In Gemeineigentum stehende Unternehmen können, wenn es dem wirtschaftlichen Zweck entspricht, in einer privatwirtschaftlichen Form geführt werden.

Art. 161

(1) 1 Die Verteilung und Nutzung des Bodens wird von Staats wegen überwacht. 2Mißbräuche sind abzustellen.

(2) Steigerungen des Bodenwertes, die ohne besonderen Arbeits- oder Kapitalaufwand des Eigentümers entstehen, sind für die Allgemeinheit nutzbar zu machen.

Maren Urner: „Raus aus der ewigen Dauerkrise"

Wir verstehen die Adventszeit normalerweise als die Vorbereitungszeit auf Weihnachten.

Erstaunlicherweise ist aber das erste Evangelium im Kirchenjahr immer ein apokalyptisches Evangelium. Und auch die Hauptperson in der Adventszeit, Johannes der Täufer, ist eigentlich ein apokalyptischer Prophet. So könnte man fragen: Warum diese seltsamen Texte in der Adventszeit?

Weil der Advent eben nicht nur Vorbereitungszeit auf Weihnachten ist. Der Advent lädt uns ein, sich mit der Zukunft allgemein zu beschäftigen. Der Advent provoziert uns zur Frage: Wenn die Zeit der Menschen nicht unendlich lang ist, sowohl des einzelnen Menschen als auch der ganzen Menschheit, was bedeutet das? Und der Advent spitzt noch zu! Er konfrontiert uns mit apokalyptischen Texten, die in der Zukunft Katastrophen voraussagen: die Völker werden bestürzt und ratlos sein über das Toben und Donnern des Meeres. Die Menschen werden vor Angst vergehen in der Erwartung der Dinge, die über die Erde kommen; denn die Kräfte des Himmels werden erschüttert werden.

Und hier wird unser Evangelium sehr aktuell. Angesichts der drohenden Klimakatastrophe und der zu geringen Reaktion der verantwortlichen Politiker auf diese größte Herausforderung bekommen viele Menschen Angst. Viele junge Leute fragen sich: Soll ich überhaupt Kinder in die Welt setzen?

Zwei Jahre waren wir mit Corona in der Dauerkrise. 2022 begann der Ukrainekrieg. In dieser und den folgenden Adventspredigten will ich die biblischen Texte mit Maren Urners Buch: „Raus aus der ewigen Dauerkrise" in Verbindung bringen und damit zeigen, wie aktuell die biblischen Texte sind.

Einladung zur Umkehr hin zu einem dynamischen Denken

Evangelium: *Lk 21,25-28.34-36*
1. Adventssonntag, Lesejahr C

Predigt:
Urner ist Medienpsychologin. Also arbeitet sie an der interessanten Schnittstelle zwischen öffentlichem Diskutieren und eigenem inneren „Seelenleben".

Die Grundthese des Buches ist: Wir befinden uns in der „Dauerkrise", weil wir die Funktionsweisen unseres Gehirns, die langfristig schädlich sind, zu sehr gefördert haben. Wir haben kurzsichtige Verhaltensweisen zu stark belohnt.

Hier erkennen wir also die Einladung des Johannes des Täufers in moderner Form: Kehrt um!

Zu welcher Umkehr lädt Urner uns ein? Das statische Denken verlassen und ein dynamisches Denken einüben! Und auch hier sehe ich eine Parallele zum NT: Auch Jesus lädt gerade die statisch denkenden Pharisäer ein, dynamisches Denken anhand seiner Gleichnisse zu lernen.

Die gute Nachricht: Unser Gehirn ist ein sich ständig verändernde Organ, wir sind lernfähig. Wir brauchen aber Stupser von außen. Das kann die Aufforderung eines Menschen sein, der es gut mit uns meint. Es können aber auch Initiativen, Gesetze oder Ideen sein. Ein gutes Buch usw. Es kann aber auch eine Krise sein, die uns existentiell herausfordert.

Um zum dynamischen Denken wechseln zu können, hilft es, paar Einzelheiten über das statische Denken zu wissen, um zu verstehen, warum es sich bei vielen Menschen ausgebreitet hat. Die verflixte Situation, die Urner herausarbeitet, ist folgende: Wir haben Tendenzen, auf Krisen und Herausforderungen so zu reagieren, dass sie eigentlich nicht gelöst werden, sondern in einem Teufelskreis kommen und größer werden.

Ein kleines Beispiel: Der frustrierte Student, der seine Examensarbeit nicht zu Ende bringt. Er verschiebt und lenkt sich ab, zerstreut sich, und so wird das Problem der verschleppten Examensarbeit immer größer. Im Großen macht das die Politik seit 50 Jahren mit dem Klimawandel. Denn schon 1970 sagten Reagan und Thatcher öffentlich in politischen Reden: Wir müssen schnell und sofort gegen die Erderwärmung handeln.

Urner nennt mehrere Teufelskreise, in die unser statisches Denken in Krisen kommen kann:

Herausforderung Nr. 1: ein faules Gehirn in einer komplexen, von Zufällen geprägten Welt Über 90 Prozent unserer Handlungen sind Gewohnheiten. Das ist einerseits gut, andererseits zu viel Gewohnheit bewirkt statisches Denken. „Das war schon immer so!" ein Todschlag-argument besonders in der Kirche.

Gewohnheiten ändern sich, wenn Menschen beginnen, den Status quo zu hinterfragen und die Frage stellen: was, wenn ich, wenn wir es wirklich wollen?

In den Niederlanden ist das Fahrradfahren weit verbreitet. Sogar der konservative Premierminister oder die Königin fahren ab und zu mit dem Rad. Der Wandel zum Fahrradland erfolgte nicht aus ökologischen Motiven, sondern aufgrund steigender Anzahl von Todesopfern durch Autos, vor allem von Kindern. Das endete die Gewohnheit der Autos-Vorrang-Mentalität!

Es gibt ein weiteres Problem mit dem faulen Gehirn: Es sucht ständig nach Zusammenhängen und Erklärungen, auch dort, wo es keine gibt. So haben wir einen Hang zum Fabulieren, Fantasieren. Die zeitliche Nähe von Ereignissen lässt uns vermuten, dass A für B verantwortlich ist. „Sind wir gestresst, fühlen uns verunsichert oder gar bedroht, steigt unser Drang, Dinge zu verstehen und damit auch kontrollieren zu können, noch mehr. Darum haben in Krisenzeiten Verschwörungserzählungen Hochkonjunktur."[88]

Herausforderung Nr. 2: die Vorhersageapparatur Gehirn in ständiger Ungewissheit

Unser Gehirn liebt 100-Prozent-Aussagen: jemand hat recht oder unrecht, es ist richtig oder falsch, gesund oder ungesund. Denn das Gehirn ist Meister im Energiesparen und liebt Pauschalaussagen für

Vorhersagen. So will unser Gehirn Ungewissheit minimieren. Und in Krisenzeiten ist die Unsicherheit am größten.

Die Ungewissheit, möglicherweise einen elektrischen Schlag zu bekommen, stresst uns mehr als die Gewissheit, definitiv einen solchen milden Schlag verabreicht zu bekommen.

Also will unser Gehirn Vorhersagen treffen. „Wir sind aber sehr oft miserabel darin, Prognosen darüber zu treffen, wie wir uns in Zukunft fühlen werden."[89] Wir glauben z. B., dass ein Lottogewinn uns glücklicher macht. Warum sind Lotto-Gewinner häufig nach einem Jahr nicht glücklicher? Studien zeigen, dass sie sich weniger an den kleinen Freuden des Alltags erfreuen können. Dieses Beispiel zeigt, dass wir uns in Bezug auf die Wirkung von Ereignissen verschätzen. Das ist ein Beispiel für Impact Bias, man könnte es mit „eingefleischte verzerrende Tendenzen" übersetzen. Wir glauben, ein Lottogewinn macht uns glücklicher, aber das Gegenteil tritt oft ein.

Ganz allgemein gilt auch: Wir überschätzen oft die Wirkung von negativen Ereignissen auf uns.

Wir haben ein psychologisches Immunsystem: Das Steinzeithirn versucht stets zu überleben und daher Negatives zu meiden. Aber die Funktionsweise dieses psychologischen Immunsystems ist uns nicht bewusst. So hindert es uns daran, mutig Neues zu wagen! „Eben weil wir die Folgen von negativen Dingen überschätzen, haben wir so große Angst, Altes aufzugeben und neue Wege zu gehen."[90]

Ein weiterer Verzerrer ist: Unsere Vorhersagen in Bezug auf Mitmenschen. Der Wunsch dazu gehören zu wollen, ist der stärkste Drang in uns Menschen. Deswegen entscheiden wir innerhalb von Millisekunden, wer dazugehört und wer nicht. So schaffen Gruppen Sicherheit, Identität aber auch Abgrenzung. Wir tendieren dann dazu, die Vorurteile der eigenen Gruppen unhinterfragt weiter zu verbreitern.

Die psychologische Forschung zeigt, dass sich alle Vorurteile durch ein Abgrenzen gegenüber einer anderen Gruppe erklären lassen. Drei Charakteristika sind dabei bezeichnend:

1. Mitglieder der Gruppe sind nahezu unfähig, die Perspektive der anderen gegnerischen Gruppe einzunehmen. Ein Beispiel: „Wenn in

den USA ein republikanischer Politiker Republikanern vom Menschen gemachten Klimawandel berichtet, glauben die Zuhörer ihm eher als einem demokratischen Politiker oder Wissenschaftler."[91]

2. Die Personen in einer Gruppe sind eher nicht in der Lage, Schmerz und Leid der anderen, der gegnerischen Gruppe, zu spüren, ihnen fällt Empathie schwer. „Beobachtet ein Christ die Hand eines anderen Christen, die einen Schmerz erfährt, ist die empathische Reaktion im Gehirn gemessen stärker, als wenn er die Hand eines Glaubensvertreters einer anderen Religion oder eines Atheisten beobachtet."[92]

3. Die Personen können schwer Schmerz und Leid von Menschen außerhalb ihrer eigenen Gruppe nachempfinden, wenn diese ihn physisch spüren. „Hellhäutige Ärzte in den USA verschreiben dunkelhäutigen Patienten seltener Schmerzmittel als hellhäutigen Patienten."[93]

Diese Tendenzen, Biases, und die daraus resultierenden Verhaltensweisen sind dem Menschen normalerweise nicht bewusst. Ärzte denken zum Beispiel nicht bewusst, oh hier ein dunkelhäutiger, der bekommt kein Schmerzmittel verschrieben. Sie tun es automatisch!

Durch diese psychologischen Forschungen sehen wir auch, wie herausfordernd Jesu Lehre von der Nächstenliebe und Feindesliebe ist!

Herausforderung N. 3: ein Gehirn gerät in Kontrollverlust
Kontrollverlust bedeutet die Trennung von einer hoffnungsvollen und sicheren Zukunft. Das Gehirn mag keinen Kontrollverlust. Deswegen lautete der Slogan der Brexit-Befürworter: Take back control! Verneinung mag es im Übrigen auch nicht.

Es ist ein gefährlicher Cocktail: unsere Tendenzen zu miesen Risikobewertungen besonders bei mittel- und langfristigem Denken plus Angst und Angst vor der Angst plus Ablehnung der Menschen, die nicht zur eigenen Gruppe gehören!

Unser Gehirn ist ein mieser Risikobewerter. So neigen wir als Weltgemeinschaft dazu, Risiken zu unterschätzen. Wie tragisch: die Bevölkerung von Ländern, die besonders vom Klimawandel jetzt schon betroffen sind, schätzen die Gefahr des Klimawandels als sehr ernstes Problem ein: 90 Prozent der Bevölkerung in Chile, Kenia oder Südafrika. Aber in Deutschland nur knapp 60 Prozent, in Schweden 50 Prozent. Die Bevölkerung ist viel zu wenig von den Folgen des Klimawandels betroffen. Der eine Straßengraben ist: Reale Gefahren zu spät oder zu wenig erkennen.

Wenn die Unsicherheit, der Kontrollverlust und die Gefahr erkannt werden, dann besteht die Gefahr, mit einfachen und schnellen Erklärungen Kontrolle wieder zu erlangen. Das führt uns dann zu Verschwörungserzählungen. Sie wollen Unsicherheiten vermeiden und Gewissheit ganz schnell wieder herstellen. Der andere Straßengraben:

Ein Gehirn im Alarmmodus will bloß noch überleben! Aber es sorgt nicht dafür, dass der Mensch gute Entscheidungen unter Berücksichtigung vorhandenem Wissen und mit langfristigen Blick nach vorne treffen kann.

Nur wenn wir diese Tendenzen verstehen, können wir gegensteuern. Deswegen ist dieses Hintergrundwissen so wichtig, um heute umkehren zu können. Nur mit diesem Wissen, können wir den verzerrenden Tendenzen, die unbewusst ablaufen, bewusst gegensteuern, umkehren! Deswegen beginnt eine echte Veränderung mit dem Sehen und Neu-Verstehen. Dann kann man anders urteilen und anders handeln. Sehen-Urteilen-Handeln sind die drei Schritte der christlichen Arbeiterjugend, die auch im II. Vatikanum angewendet wurde.

Die adventlichen Texte können gegen beide Tendenzen gegensteuern: Nehmt euch in acht, dass Rausch und die Sorgen des Alltags euch nicht verwirren. Aufrütteln, wenn wir reale Gefahren übersehen. Neuen Mut geben, auf dass wir nicht aus Angst schädlichen Lösungswegen nachlaufen, ohne es zu merken!

Was braucht es, um glücklich zu werden?

Evangelium: Lk 3,1-6
2. Adventssonntag, Lesejahr C

Predigt:
Da stehen sich zwei Gruppen gegenüber: Kaiser Tiberius, Pontius Pilatus, Herodes, Hannas und Kajaphas – also die mächtigen und reichen VIPs von damals UND ein unbedeutender Johannes, der in der Wüste das Predigen anfängt und zur Umkehr aufruft. Die VIPs interessieren Lukas nicht: Er erzählt von dem unbedeutenden Johannes!

Eine ähnlich ungewöhnliche Gegenüberstellung finden wir bei Prof Urner in ihrem Buch „Raus aus der ewigen Dauerkrise"! Sie stellt die Geschichte eines Lotto-Gewinners und die Geschichte eines Unfallopfers gegenüber.

Macht Geld glücklich? Der Texaner Harrell gewann 31 Millionen US-Dollar. Nach einer Phase der Unbeschwertheit kam es zur Scheidung, er wurde depressiv mit vielen negativen gesundheitlichen Folgen. Kurz vor seinem Tod gestand er seinem Finanzberater: Dieser Lottogewinn ist das Schlimmste, was mir jemals passiert ist. Später erschoss er sich.

Der Soldat Martinez kam bei einem Einsatz in eine Sprengfalle, lag drei Jahre im Krankenhaus. Die Narben sind wie Tattoos in seinem Gesicht. Er ist verheiratet und lebt mit seiner Familien in Texas. Er sagt über den Unfall und sein ganzes Leben „es war ein Geschenk". Ohne daraus eine allgemeine Regel zu machen: Viele erkennen erst durch etwas Schlimmes, worum es im Leben wirklich geht!

Dazu fordert uns Johannes der Täufer auch auf: Fragt Euch, um was geht es wirklich, und dann ändert Euch! Kehrt um! Bereitet dem Herrn den Weg!

Auch heute für die ganze Menschheit mit ihrer Bedrohung durch den Klimawandel stellt sich die Frage: Schaffen wir es, schon vorher etwas zu ändern, noch gerade rechtzeitig umzukehren, bevor die Entwicklung zu desaströs geworden ist? Also wie können wir rechtzeitig und präventiv handeln?

Krisis bedeutet eigentlich Entscheidung. Das Verb bedeutet trennen und unterscheiden. Krise ist ein Wendepunkt, Höhepunkt einer kontinuierlichen Entwicklung. Johannes lädt uns zu diesem Wendepunkt ein: Kehrt um! Und er lädt uns ein, bei unserem eigenen Denken zu beginnen!

Die ugandische Politikerin Byanyima sagte: „Als ich jung und clever war, wollte ich die Welt verändern, jetzt, wo ich älter und weiser bin, möchte ich mich selbst verändern."[94] Das passt zu dem Ausspruch von William James: „Die größte Revolution unserer Generation ist die Entdeckung, dass menschliche Wesen die äußeren Aspekte ihres Lebens verändern können, indem sie die inneren Einstellungen ihres Geistes verändern."[95] Das führt dann auch zu anderen Handlungsweisen.

Die Umkehr, zu der Urner uns heute in dieser unsicheren Zeit einlädt, ist: **Wenn wir uns von Stress, Angst und dem Gefühl von Machtlosigkeit überfluten lassen, können wir keine guten Entscheidungen treffen.**

Wenn wir uns dagegen sicher, befähigt und gut fühlen, können wir clevere und weitere Entscheidungen treffen. Dann sind wir lösungs- und zukunftsorientiert. Diese Entscheidungen sind nicht nur für den Einzelnen, sondern auch für die Umgebung, für die anderen Menschen positiv. Also eine WIN-WIN-Lösung, für alle besser, die Natur eingeschlossen.

Aber unser derzeitiger Stil ist eher eine Lose-Lose-Lösung: Stress, Angst und das Gefühl von Machtlosigkeit schaukeln sich gegenseitig hoch.

Wie Johannes, William James, Byanyima fragt Urner: **Was kann jeder Einzelne mit dem neuen Wissen über uns Menschen und der modernen Welt tun, um eine Umkehr einzuleiten?** Von Lose-Lose zu WIN-WIN!

Schauen wir uns einige Anzeichen an, dass wir zu einer Frustrationsspirale tendieren:

2018 bot die Psychologieprofessorin Maurie Santos den erfolgreichsten Kurs in der Yale Universität an: Psychologie und gutes Leben. Sie wollte untersuchen, warum die Studenten unglücklicher sind als noch vor 10 oder 20 Jahren. 2019 gaben 60

Prozent aller Studierenden an, dass sie das Gefühl hatten, dass die Dinge hoffnungslos seien. 90 Prozent stimmten zu bei dem Satz: ich fühle mich überfordert von dem, was ich alles zu tun habe. Warum sind junge Menschen, die das Privileg haben an einer der berühmtesten Universitäten der Welt zu studieren, so unglücklich und hoffnungslos? Natürlich ist Bedrohung durch den Klimawandel nun stärker da als noch vor 20 Jahren. Aber das erklärt die Abwärtsspirale nicht allein.

Santos fand heraus: **Wir wissen nicht, was uns glücklich macht, und gehen fatalerweise davon aus, es doch zu wissen!** Zum Beispiel Bob Harrell der Lotto-Gewinner. Er dachte, wenn er genügend Geld hat, kann er ein immer glückliches Leben führen und ist Herr seiner Probleme. Dagegen zeigen inzwischen viele psychologische Untersuchungen zum Glücklichsein: Je wohlhabender jemand ist, desto geringer seine Fähigkeiten, alltägliche positive Erfahrungen zu würdigen.

Menschen, denen mehr Zeit zur eigenen Verfügung, für sich, für Familie, für Freunde wichtiger ist als die Anhäufung von Reichtum, sind durchschnittlich zufriedener mit ihrem Leben als Menschen, die darauf orientiert sind, Reichtum anzusammeln. Ich finde es interessant, wie die moderne Glücksforschung hier die Warnungen des Evangeliums bestätigt, dass Geld allein nicht glücklich machen kann. **Zwei weitere wichtige Erkenntnisse zum Glücklichsein:**

- Zufriedenheit empfinden ist wie ein löchriger Reifen, der immer wieder neu aufgepumpt werden muss. So sind die kleinen Freuden im Alltag quasi die Luftpumpe des eigenen Glücksempfindens.

- Wer sein Leben als bedeutsam und sinnvoll betrachtet, lebt im Durchschnitt glücklicher und gesünder. Vielen jungen Menschen fehlt leider das Gefühl von Bedeutung und Sinnhaftigkeit. Eltern erleben häufig in ihren Kindern, dass ihr Leben bedeutsam wird. Und sie wachsen über die Belanglosigkeiten und das Eigeninteresse hinaus.

Gesamtgesellschaftlich müssen wir aber auch eine Umkehr vollziehen: Wir müssen erkennen, dass es fatal ist, dass Insekten, Bienen, Regenwürmer, saubere Luft, Elternschaft, Freundschaft,

Solidarität alle keinen Preis in unserer Marktwirtschaft also keinen wirtschaftlichen Wert haben!

Unsere Wirtschaft ist somit zu sehr auf kurzfristige Profite ausgerichtet. Man erschafft Produkte, von denen die Leute noch gar nicht wissen, dass sie sie angeblich unbedingt brauchen! Hier treffen sich die persönlichen und gesellschaftlichen Irrwege: Denn diese Marschrichtung bewirkt, dass wir glauben zu wissen, was wir wollen, was uns eigentlich dann die Werbung erzählt.

Eine **zweite falsche Vorstellung** gab es zu den Zeiten des römischen Reiches ebenso wie zu unserer Zeit: Rücksichtslosigkeit, Gewissenlosigkeit, dreckige Machtkämpfe, Skandale und Intrigen gab es schon bei Pilatus, Herodes und den Hohenpriestern. Die größten Treter und Ellenbogenmenschen haben den meisten Erfolg! Aber ist das ein ewiges Gesetz? Die Coronakrise lehrte uns etwas anderes: Vor allem Staaten mit Staatslenkerinnen, die Empathie, schnelles Handeln und Vertrauen in die Wissenschaft aufwiesen, kamen am besten durch die Pandemie.

Wir müssen umkehren und das Lagerdenken, wir gegen die anderen, überwinden. Es kann nur eine Gerechtigkeit geben. „Wir müssen unsere In-Groups, also die Gruppen, zu denen wir uns zugehörig fühlen, neu definieren. Weg vom statischen, hin zum dynamischen Denken. Das kann damit beginnen, dass wir uns mehr auf das Verbindende als auf das Trennende und Fremde konzentrieren. So wird aus dem Fan des gegnerischen Fußballklubs ein Fußballfan, aus dem Menschen aus einem anderen Land ein Mensch, der vielleicht genau wie wir auch Elternteil ist, unseren Musikgeschmack teilt oder im gleichen Berufsfeld wie wir tätig sind. So wird das Unbekannte zum Bekannten – dem wir offener und hilfsbereiter begegnen.“[96] [Urner beschreibt hier, was Spinoza die Bildung von Gemeinbegriffe nennt. Siehe dazu z. B. Pflaum: Spinoza und Rosenberg]

Dafür müssen wir die unbewussten ersten Tendenzen, die verzerrenden Tendenzen, die ich letzten Sonntag ausführlich erläutert habe, verstehen und aktiv dagegen steuern, also umkehren. Johannes´ Aufforderung umzukehren ist heute hochaktuell!

Sieben Empfehlungen für eine Umkehr

Evangelium: Lk 3,10-18
3. Adventssonntag, Lesejahr C

Predigt:
Urner ruft eindringlich zur Umkehr auf wie Johannes: „Wenn wir so weitermachen wie bisher und uns die Funktionsweisen unseres Steinzeithirns kontrollieren, die nur an kurzfristigem überleben interessiert sind, dann haben wir verloren. Dann verpassen wir die Chance zu erkennen, welche Denk- und Verhaltensweisen uns wirklich gesund und glücklich machen. Ja, wenn wir so weitermachen wie bisher, dann schaffen wir uns selbst ab."[97]
Und die Menschen fragen Johannes den Täufer ganz konkret: Was sollen wir tun? Wie sollen wir umkehren? Johannes gibt ganz konkrete Tipps! Diese Frage stellen wir uns heute auch! Wie können wir vom statischen zum dynamischen Denken wechseln?
Eine erste Empfehlung: Entwickeln wir mehr Neugier!
Ein Schüler, der neugierig in einem Bereich ist, lernt schneller und besser in allen anderen Fächern. Wenn wir neugierig sind, dann lernen wir nicht nur das besser, was uns interessiert, sondern alles, was uns in diesem Zustand der Neugier sonst noch begegnet.[98]
Neue Information ist wie eine Belohnung für das Gehirn. Dinge, die wir lernen, wenn wir neugierig sind, speichern wir auch besser. Teilweise lässt sich Neugier erlernen: Indem wir uns immer wieder in den Zustand „neugierig sein" versetzen, wechselt unser Gehirn irgendwann automatisch in den Neugier-zustand.
Wie können wir mit der Komplexität unserer Welt besser umgehen, als uns falschen einfachen Erklärungen von Verschwörungserzählungen hinzugeben? Die Antwort: Mit Neugier Schritt für Schritt immer wieder kleine komplexe Zusammenhänge besser verstehen.
Eine zweite Empfehlung: Psychologische Flexibilität oder anders gesagt Unsicherheit aushalten
„Wenn wir realisieren, dass nichts gewiss ist, können wir all das Drama überspringen und unmittelbar auf die Akzeptanz

zusteuern."[99] Wenn ich dagegen das Ideal einer Stabilität habe, reibe ich mich umso mehr an der Unsicherheit.

Neben Neugier ist auch eine gewisse Naivität hilfreich: „Nur wenn wir naiv sind und naive Fragen stellen, können wir unsere alten (Denk-)Gewohnheiten überwinden und im nächsten Schritt aktiv hinterfragen."[100] Denken wir an die naiven Fragen von Kindern, die uns Erwachsenen zum Denken anregen!

Wenn wir in gewisser Weise naiv bleiben, sind wir flexibler: Wir sagen dann nicht schnell das geht nicht! Sondern der Naive fragt: warum nicht? So wird mein Möglichkeitsraum erweitert. Ich werde psychologisch flexibler.

Eine dritte Empfehlung: Beim dynamischen Denken stellen wir bessere Fragen

Das statische Denken ist gegen etwas: Ich bin dagegen! Nieder mit! Abschaffung von!

Es ist ein echter Paradigmenwechsel: Häufiger für etwas zu sein statt gegen etwas! Und dies auch positiv so formulieren!

Denn das Reden über Probleme schafft Probleme, das Reden über Lösungen schafft Lösungen! So wird das Gehirn in einen anderen Zustand versetzt, in den Nach-vorne-Modus! Wie unterschiedlich verlaufen Gespräche, wenn sich Beteiligte auf mögliche Lösungsansätze statt auf Probleme, auf mögliche Sündenböcke und Verteidigungsmodi usw. fokussieren. Diese Umkehr ist wahrlich sehr schwer und muss immer neu vollzogen werden. Viele von uns haben folgende unbewusste Dogmen gespeichert:

Bekommen wir immer wieder gesagt, wir können nichts verändern, dann werden wir den Versuch auch nicht wagen. Erhalten wir umgekehrt die Botschaft, dass wir etwas verändern können, dann werden wir uns mit sehr viel größerer Wahrscheinlichkeit ans Werk machen und genau das versuchen.

Wenn wir davon ausgehen, dass ein Mensch eine bestimmte Intelligenz mitbekommen hat, die er nicht mehr verändern kann, wenn wir meinen, dass Fähigkeiten und Talente statisch sind, dann werden wir vorsichtig agieren, Herausforderungen meiden.

Wenn wir davon ausgehen, dass Training und Herausforderungen uns wachsen lassen, dann wagen wir mehr, suchen wir uns beim

Schachspiel einen stärkeren Gegner, um an ihm zu lernen, probieren wir ein schwereres Stück auf dem Klavier usw.

Auch unsere Fähigkeit, empathisch zu sein, können wir verändern. Durch Freundschaften, Meditation oder sogar das Lesen von Romanen kann man die Empathiefähigkeit erhöhen. Wir trainieren sie wie ein Muskel. Das führt uns zur nächsten Empfehlung

Eine vierte Empfehlung: Sich andere Geschichten erzählen

Beim dynamischen Denken erzählen wir uns neue Geschichten.

Der Mensch ist ein Geschichtenerzähler. Je emotionaler etwas ist, desto intensiver reagiert unser Gehirn. Was mein Leben ausmacht, sind die Geschichten, die ich mir und anderen über mich erzähle. Wir erschaffen gedankliche Welten, nicht nur in Romanen. Eigentlich ist jede Wissenschaft und jede Kultur, jede gesellschaftliche Regelung Gedankenwelt. Und gerade gute Geschichten verändern uns! Jesu Gleichnisse zum Beispiel sind solche Geschichten, die neue Impulse geben, falsche Glaubenssätze entlarven, ermutigen usw.

Urner gründete 2016 Perspective Daily, das erste werbefreie Online Magazin für konstruktiven Journalismus. Sie will damit auch positive Impulse für heute setzen!

Eine fünfte Empfehlung: Falsche Menschenbilder beseitigen

Z. B. Die Trennung von Körper und Geist über Bord werfen

Wir dürfen nicht die Ratio, das vernünftige Denken, über die Gefühle stellen. Emotionen zeigen uns an, welche Werte gerade auf dem Spiel stehen. Und evolutionär betrachtet war die Ankunft von Gefühlen in Lebewesen gleichzeitig die Ankunft eines Bewusstseins. Erst Gefühle ermöglichten die Entwicklung höherer kognitiver Fähigkeiten. Wenn in Hirnregionen die emotionale Verarbeitung durch einen Unfall beschädigt ist, sind diese Menschen entscheidungs- und handlungsunfähig geworden.[101]

Wenn Urner einen Workshop anbietet mit dem Titel „Alles ist subjektiv und emotional (und das ist gut so)" so lechzen die Teilnehmer danach, eine Erklärung dafür zu finden, warum Emotionen kein Zeichen von Schwäche sind, sondern fundamentales Entscheidungskriterium für sowohl rationales als auch irrationales menschliches Handeln.

„Jetzt lasst uns mal sachlich und nicht emotional diskutieren" kann bedeuten: Bitte lasst euch nicht völlig von euren Gefühlen überschwemmen. Dann ist dieser Satz sinnvoll. Wenn jemand damit meint, man könne Gefühle komplett ausschalten, und das sei der beste Weg, um zu guten Entscheidungen zu finden, zeugt das nur davon, dass er keine Ahnung vom Menschen hat.

Eine sechste Empfehlung: sich selbst hinterfragen

Manche Menschen, zum Beispiel Hypochonder, versuchen sich verzweifelt gegen sämtliche Gesundheitsgefahren abzusichern. Sie gehen der Angst vor ständiger Ungewissheit des Steinzeithirns voll auf den Leim. Hier muss jemand lernen, dass das Gehirn sich selbst hinterfragen kann!

Doch „müssen wir uns Frieden damit machen, dass wir unser Gehirn zwar in jedem Moment verändern (ob wir wollen oder nicht), es aber bestimmte grundlegende Funktionsweisen in unserem Oberstübchen gibt, die wir nicht loswerden können. Egal wie sehr wir es versuchen."[102]

Es ist also eine lebenslange Aufgabe, gewisse Biases, verzerrende Tendenzen besser zu verstehen, um dann im zweiten Schritt gegenzusteuern. „Denn niemand kann die tief in uns verankerte Tendenz ablegen, Aussagen eher nachvollziehen zu können, wenn sie ins bisherige Weltbild passen. Niemand kann die Tendenz, alles Negative schneller, besser und intensiver zu verarbeiten, vollständig abstreifen."[103]

Urner selbst schreibt über sich: „Obwohl ich diese Phänomene bereits unzählige Male beschrieben und anderen Menschen erläutert habe, geht auch mir, wenn ich am Ende eines langen Tages mit vielen positiven Rückmeldungen im Bett liege, die eine negative Stimmen nicht aus dem Kopf. Wird mir das bewusst, muss ich nicht selten über mich selbst lachen. Das sind die Momente, in denen sich die Chance offenbart, um die es hier geht: wir können lernen, uns zu hinterfragen vielleicht ist genau das sogar die wichtigste Lektion des kritischen Denkens. Doch sich zu hinterfragen ist anstrengend. Es kostet Kraft, mentale Kraft. Und es braucht vor allem eins: Neugier"[104]

Eine siebte Empfehlung: Nachrichten-Junkfood fasten

Kennen Sie das auch, dass Sie im Internet eine Nachricht nach der anderen anklicken und dabei darin versumpfen? Danach fühlen Sie sich deprimiert und ohnmächtig. Beim nach dem Sprengstoffanschlag auf den Stadtmarathon von Boston 2013 fand man heraus: „Jene, die am Bildschirm mehrfach und wiederholt Medienberichte zu dem Attentat verfolgt hatten, wiesen stärkere Stresssymptome auf als die Menschen, die direkt vor Ort waren." (ZEIT NR. 44/2023) Neudeutsch Doomscrolling: Also Unheilsnachrichten (doom) weiterblättern (scrolling) und weiterlesen. Heutzutage bekommen wir schon im Bus und der U-Bahn Nachrichten angezeigt. Wir müssen also aktiv gegensteuern.

Am besten gilt wie beim Essen weniger dafür bessere Qualität, also gehaltvolle Informationen. Denn Hintergrundinformation kann eher unsere Selbstwirksamkeit erhöhen, also das Gefühl, selbst etwas bewirken zu können. Das „ist das beste Mittel gegen dunkle Gefühle wie Angst, Ohnmacht und Hilflosigkeit. Dabei geht es weniger darum, gleich die ganze Welt zu retten. Vielmehr kommt es darauf an, im eigenen Umkreis etwas zu tun, das für andere hilfreich ist." (ZEIT NR. 44/2023)

Also mal bewusst Nachrichten-Junkfood fasten, medienfreie Zonen im Alltag, stattdessen gezielt etwas aus dem Bereich ausführlicher Journalismus und/oder konstruktiver Journalismus konsumieren.

Johannes gab den Menschen von damals konkrete Tipps, im Alltag immer wieder umzukehren. Und genau dies gilt für uns auch heute.

Für einen fairen Umgang miteinander

Evangelium: Lk 1,39-45
4. Adventssonntag, Lesejahr C

Predigt:
Maria geht zu Elisabeth. Sie hilft der älteren Verwandten. Maria sagt nicht egoistisch. Ich bin selber schwanger, ich muss an mich denken. Nein, sie ist kooperativ und wird reich belohnt. Die beiden Frauen wertschätzen sich gegenseitig, schenken sich gegenseitig Liebe!

Wir müssen ein schlechtes Menschenbild über Bord werfen: der Mensch als rein egoistischen Kämpfer auf dem freien Markt. Es ist Zeit zu kapieren: Survival of the Wisest! Nicht der Egoistische, sondern der Weisere, der Kooperative, überlebt!

Wir sind am erfolgreichsten, wenn wir kooperativ sind. Es ist nicht nur besser oder moralisch richtig, zu kooperieren, sondern ein echter Überlebensvorteil.

Eine Studie der Harvard University zeigt, was ein glückliches und gesundes Leben ausmacht: „Nicht Ruhm, nicht Geld, nicht der IQ und nicht unsere Gene sind der wichtigste Faktor, sondern gute menschliche Beziehungen."[105]

Wir können das im Alltag pflegen, z. B. **bei zufälligen Begegnungen**: Wir unterschätzen die kleinen Freundlichkeiten im Alltag: ein zaghaftes Lächeln, ein freundliches Dankeschön usw. so zeigte eine Studie: Reisende, die gezwungen waren, mit Fremden ins Gespräch zu kommen, waren am Ende der Fahrt laut eigener Aussage glücklicher und weniger trauriger als die der anderen Gruppe, die entweder gezwungen waren allein zu sitzen oder so zu reisen, wie sie es immer taten.

Dankbarkeit Wenn man sich der kleinen schönen Dinge im Alltag bewusst macht und sie nochmal mit einem Dankbarkeitstagebuch reflektiert, erhöht das die Gesundheit. Nach drei Monaten mit einem Dankbarkeitstraining sind bei Depressiven und Angstpatienten die Unterschiede in der Hirnaktivität im präfrontalen Kortex messbar!

Geben ist seliger denn nehmen Keine andere Thematik offenbart unser Unwissen darüber, was uns wirklich gut tut, so sehr wie die des Gebens. Nicht Geld für sich ausgeben macht uns langfristig glücklicher. Geld für andere ausgeben macht uns glücklicher. Egal, ob wir spenden oder für andere Geschenke kaufen, ob wir uns ehrenamtlich engagieren, in der Nachbarschaft helfen. Auch hier zeigen psychologische Untersuchungen, dass Menschen, die mehr als der Durchschnitt geben, glücklicher sind.

Daraus ergibt sich ein Ausweg aus einer Abwärtsspirale: Mehr soziales Verhalten bewirkt mehr positive Gefühle und Zufriedenheit und umgekehrt mehr positive Gefühle und Zufriedenheit fördern wiederum das soziale Verhalten und steckt andere an. Hier folgt man Voltaire: Ich habe beschlossen, glücklich zu sein, denn es ist förderlich für die Gesundheit. So stößt man einen positiven Kreislauf an: „Positive Gefühle werden vor allem – direkt oder indirekt – durch den Austausch mit anderen Menschen ausgelöst. Gleichzeitig sorgen positive Gefühle für mehr „soziales Verhalten" im weitesten Sinne."[106]

Schon Kleinkinder wissen, dass Geben glücklicher macht als nehmen. Kleinkinder sorgen sich generell um andere Menschen und sind bedingungslos hilfsbereit.

Aber in den sozialen Medien haben sich gefährlich destruktive Tendenzen breit gemacht. Der Ethiker Pollmann wünscht sich mehr Nachsicht bzw. Wohlwollen, Verständnis statt mutwilliger Fehldeutung, die inzwischen zu einer zerstörenden Taktik in unserer Gesellschaft geworden ist. Kein kommunikativer Trend ist so auffällig wie die rechthaberische Fehlinterpretation, die sich in den sozialen Medien, in Talkshows und auf Demos austobt.[107]

Die erste Strategie ist taube Ohren, den Subtext überhören: Man weigert sich, „zwischen den Zeilen" zu lesen, nimmt jedes Wort für bare Münze. Damit geht jegliche Doppelbödigkeit des Gesprächs verloren, auch alles Hintergründige und vor allem jede Ironie. Im Streit um populäre SatirikerInnen ist das zum Schreien unkomisch. Ironische Wortbeiträge werden als Tatsachenbehauptungen gedeutet. Dabei sagt man bei Ironie das Gegenteil von dem, was man meint. Und das muss man schon heraushören *wollen*. Sonst will man böswillig die Ironie nicht hören!

Die zweite Taktik ist die gezielte Falschinterpretation. Audi wirbt mit einem Kind vor dem Kühler, das eine Banane isst. Die Werbung soll andeuten, dass sich auch Kinder auf die neue Bremstechnologie verlassen können. Der Shitstorm im Netz kulminiert in dem Vorwurf: „Ich sehe hier eine pädophile Anzeige. Und Kindesmissbrauch. Ekelhaft und verwerflich". Glaubt ernsthaft jemand, bei Audi würden pädophile Neigungen ausgelebt?

Die dritte Technik ist die Überinterpretation. Das ist auf Twitter oft zu finden: Wer die Absage einer Hygiene-Demo begrüßt, ist Anhängerin der Merkel-Diktatur, wer auf die Demonstrationsfreiheit pocht, ist ein „Covidiot". Und wer Kant gegen den Vorwurf des Rassismus verteidigt, verteidigt zugleich auch den Rassismus. Die attackierte Position wird bis zur Unkenntlichkeit überzeichnet, um sie nicht mehr ernst nehmen zu müssen. Dieser Mangel an Lesekompetenz ist gewollt: Man will der Blase beweisen, auf der richtigen Seite zu stehen. Das eigene Weltbild wird stabilisiert, indem das irritierende Contra ignoriert, verfälscht oder karikiert wird.

Ob man das „Cancel Culture" oder „Political Correctness" nennt, ist egal. Traurig ist, dass die Tugend um Verständnis und Wohlwollen dem Laster des Generalverdachts weicht: Man ist sich stets sicher, und zwar rechts wie links, dass das Gegenüber ein viel schlechterer Mensch ist, als das aus seinen manifesten Äußerungen hervorgeht. Deshalb will man ihn nicht mehr verstehen. Allerdings schadet man sich selbst. Verweigertes Verstehen macht freudlos und verbissen. Hier gilt: Willst Du Rechthaben oder Glücklichsein? Beides zugleich geht nicht!

Diesen drei Sackgassen können wir drei Umkehrungen entgegenstellen, die zu kooperativen Beziehungen führen, wie sie Maria und Elisabeth uns vorgelebt haben:

Wenn Maria und Elisabeth sich wie Internet-Trolle benommen hätten, müssten wir in der Bibel Sätze lesen wie z. B.:

Maria zu Elisabeth: In Deinem Alter noch ein Kind bekommen, das ist total verantwortungslos und gefährlich. Ein Kind möchte doch nicht mit so alten Knackern aufwachsen.

Und Elisabeth zu Maria: Wer im Glashaus sitzt... Du bist ja noch nicht einmal verheiratet und bist schwanger. Was für eine Schande! Stattdessen erleben wir gegenseitigen Respekt, Mitfreude, Wertschätzung, Hilfsbereitschaft.

Also statt tauber Ohren, gezielte Falschinterpretation und Überinterpretation empfehlen uns Maria und Elisabeth:

1. Offene Ohren und Hirne, um zwischen den Zeilen zu lesen und Ironie als solche anzuerkennen.

2. Wohlwollende Absichten beim anderen annehmen, um lösungsorientierte Diskurse führen zu können.

3. Komplexität berücksichtigen, um viele Grautöne kennen zu lernen, die sich zwischen Schwarz und Weiß befinden.

Wenn es Schwierigkeiten mit anderen Menschen gibt, empfiehlt Frau Urner die drei Ns:

- Neugier
- Naivität
- Nachsicht

Denn es ist wahres Eigeninteresse, kooperativ zu sein. Wir erkennen, dass Selbstliebe und Nächstenliebe wirklich sich gegenseitig ergänzen und gegenseitig stärken können.

Verantwortlicher Umgang mit Wissen

Evangelium: *Lk 5,1-11*
5. Sonntag im Jahreskreis, Lesejahr C

Predigt:
Wie gehen wir mit Wissenschaft um? Das ist eine Frage der Verantwortung, die jeden von uns betrifft. Gerade die Coronakrise hat doch gezeigt, dass jedeR sich irgendwie zu Wissenschaft verhalten hat.

Schon die Frage: Lass ich mich impfen oder nicht? Und wenn ja, welchen Impfstoff nehme ich? Den, der mir einfach angeboten wird, oder will ich einen bestimmten Impfstoff?

Am Anfang der Pandemie fragte man sich: Was muss man alles desinfizieren? Mit Desinfektionsmittel, oder reicht Seifenlauge? Plastik um Mikrofone, als ob Viren vom Mikrofon aus in den Rachen springen könnten… Einige Vorschriften entbehrten auch schon am Anfang der Pandemie keiner fundierten wissenschaftlichen Grundlage!

Ein verantwortungsvoller Umgang von uns Bürgern und von der Politik mit Wissenschaft muss sich einiges klar machen und einige Straßengräben und falsche Vorstellungen durchschauen!

Der erste Straßengraben ist die Wunschvorstellung der reinen Objektivität. Wir haben immer gewisse unbewusste verzerrende Tendenzen in uns. Jede unserer Wahrnehmungen, Erinnerungen und Unterscheidungen unterliegt zahlreichen Einflüssen. Ein einfaches alltägliches Beispiel: was für den einen Menschen zu laut ist, ist für den anderen Menschen kein Problem. Sogar in der Farbwahrnehmung können sich Menschen unterscheiden. Ein bestimmtes Kleid, dessen Foto im Internet Berühmtheit erlangte, sahen 57 Prozent als schwarz und blau an, 30 Prozent als Weiß und Gold und elf Prozent als blau und braun und zwei Prozent mit einer anderen Farbkombination.[108]

Aber nun darf man nicht das Kind mit dem Bade ausschütten. So kommen wir zum **zweiten Straßengraben: die Verwechslung von Meinungen und Fakten.** „Den subjektiven Charakter jeder

Wahrnehmung und Entscheidung eines Menschen anzuerkennen, bedeutet nicht, dass alles willkürlich ist und es keine Fakten gibt."[109] Es ist z. B. keine Meinung, anzugeben, wie viele Stühle in einem Raum X stehen. Die Diskussionen zum Klimawandel wurden oft so dargestellt, als ob es um Glauben geht. Aber Glauben und Faktenwissen sind nicht dasselbe. Die Wissenschaft hat genügend Fakten gesammelt, die die wissenschaftliche Folgerung belegen, dass der Klimawandel größtenteils durch den Menschen verursacht ist.

Dritter Straßengraben: Vermeintliches Wissen von Amateuren. Menschen mit geringem Wissen meinen, sie hätten ein Wissen, und verkünden dieses vermeintliche Wissen in ihrem Bereich, in sozialen Medien usw. Wie entsteht so ein vermeintliches Wissen? Gerade in unserer heutigen Zeit sehr schnell. Nehmen wir z. B. das ganze Thema Virus, Ansteckung, Impfstoffe. Sind wir ehrlich: Die meisten Menschen haben nie ein Biochemiebuch, ein Zellbiologiebuch oder ein medizinisches Buch über Physiologie oder Virologie gelesen. Aber trotzdem gab es in der Coronakrise genügend Menschen, die meinten, gut informiert zu sein: Ob BionTech besser sei als Moderna usw.

Was passiert da psychologisch? Wenn wir am Fuß des Gipfels stehen, wissen wir, dass wir gar nichts wissen, dass wir totale Anfänger und Ignoranten sind. Wer keinen Führerschein hat, glaubt nicht, dass er Formel-1-Weltmeister werden könne. Wer in der Schule Physik abgewählt hat, denkt nicht, dass er Schwarze Löcher erklären könne… Aber wenn wir uns vom totalen Anfänger zum Amateur hocharbeiten, kann es schnell passieren, dass wir meinen, uns sehr gut auszukennen, obwohl wir noch gar nicht so weit auf den Berg des Wissens hochgestiegen sind. Wir meinen vermeintlich und arrogant, schon sehr gut Bescheid zu wissen.

Diese Tendenz zu durchschauen und trotz einigen Lernerfolg weiterhin bescheiden zu sagen, dass man noch nicht soviel verstanden hat, fällt vielen schwer!

Ein Beispiel aus der Musik: Man lernt relativ schnell auf der Gitarre einige Griffe und kann dann einen Beatles Song begleiten. Aber so leicht man zu diesem Niveau kommt, ist es bei weitem nicht leicht, ein Meister im Gitarrenspiel zu werden, der auch schwere Flamencostücke spielen kann.

Dieses vermeintliche Wissen der Amateure ist problematisch, sowohl für die Einzelnen als auch für die Gesellschaft. Denn viele dieser sich überschätzenden Amateure entscheiden aus vermeintlichem Wissen falsch, beeinflussen andere Unwissende oder Amateure im Internet und hören auch echte Experten nicht richtig zu, denn sie meinen, es besser zu wissen!

Es gibt noch einen **vierten Straßengraben**. Für diesen ist der problematische Wirtschaftswissenschaftler von Hayek verantwortlich, einer der Gründerväter des Neoliberalismus. Er kritisierte alle, die empfahlen, steuernd in den Markt einzugreifen. Der Markt, die unsichtbare Hand des Marktes kann am besten alles zu einem guten Gleichgewicht wieder bringen. Jedes Eingreifen ist Anmaßung. Um jegliches Planen und Eingreifen in den Markt schlecht zu machen, polemisierte Hayek gegen jedes zielgerichtete Denken und Handeln, gegen Wissen, Vernunft und Wissenschaft als solches. **Wissen könne sich nicht bei Experten ansammeln, sondern Wissen sei wie viele Tausende Splitter auf die ganze Menschheit verteilt.**

Dass diese Wissenschaftsskepsis heute noch wirksam ist, erkennt man an vielen Aussagen von FDP-Politikern, die durch den Liberalismus von Hayek beeinflusst sind. Sie sind häufig wissenschaftsskeptisch. Die FDP hatte die zweithöchste Quote an Impfskeptikern, 47 %, nach dem Spitzenreiter AfD mit 66 Prozent.[110]

Passend zu unserem Thema helfen unsere zwei biblischen Texte uns, einen verantwortungsvollen Umgang mit Wissenschaft zu lernen. Schauen wir uns die Texte an: Paulus war eigentlich völlig überzeugt, Recht zu haben. Die Christen müssen verfolgt und vernichtet werden, weil sie nicht mehr dem wahren Glauben Israels folgen. Aber die Begegnung mit dem auferstandenen Christus veränderte sein Denken völlig. Er lernte dazu, erkannte sein ehemaliges Unwissen und bekannte: Als letzten von allen erschien er auch mir, dem Unerwarteten, der „Mißgeburt"!

Auch im Evangelium erleben wir einen Lernprozess: Simon Petrus erwidert Jesus: „Wir haben die ganze Nacht gearbeitet und nichts gefangen!" Nun, sie sind Fischer und nicht unerfahren. Aber obwohl er Fischen als Beruf ausübt, sagt er zu Jesus, salopp gesprochen: Ich glaube zwar nicht, dass es was bringt. Aber auf den Rat hin, probieren wir es. Schaden kann es ja nichts… Petrus bleibt nicht in seiner Meinung gefangen, sondern zeigt sich bereit, über sein Erfahrungswissen hinaus zu experimentieren.

Lernbereitschaft, selbstkritische Reflexion, Neugier, alte Gewissheiten bei neuer Erkenntnis hinter sich lassen … All das zeigen Paulus und Petrus! Das sind die Tugenden, die auch redliche Wissenschaftler weiter bringen. Es sind aber auch die Tugenden, die helfen, dass wir nicht in die vier Straßengräben fahren, die ich aufgezeigt habe. Das Gespräch mit Experten suchen, nicht jedem Gerede im Internet glauben. Auch auf eine leise innere Skepsis hören, die neugierig weiter fragen will.

Ein Beispiel zum Schluss: Im Bekanntenkreis gab ein Physiker einem Informatiker Recht, dass man wirklich nicht genau wisse, ob sich der RNA-Impfstoff nicht doch evtl. in den Zellkern von menschlichen Zellen einlagern kann. Mir erschien diese Gefahr nicht plausibel. Ich wusste noch vage aus meinen Lektüren verschiedener Biochemiebücher und Biologiebücher, dass man genau zwischen RNA und DNA unterscheiden müsse. Also fragte ich einen promovierten Chemiker, der auch Promovenden an der Uni betreut, also einen Experten. Dieser bestätigte mich. Der Impfstoff ist ein RNA-Strang, um einen Teil der Hülle des Virus zu bauen, und RNAs schwimmen immer nur im Zellwasser, werden nach paar Tagen abgebaut und kommen nie in den Zellkern. Mit einem Bild gesprochen: Die DNA ist der Originalbauplan, der in der Bibliothek, dem Zellkern, liegt. Nach draußen kommt nie das Original, die DNA, sondern nur Kopien, die RNAs. Und die Kopien können auch nicht in die Bibliothek, den Zellkern eindringen. Das hat die Natur aus Sicherheitsgründen schon so organisiert. Wenn ich nicht bei einem Experten nachgefragt hätte, wäre ich vielleicht auch einer unnötigen Angst erliegen…

Zwei Predigten zu Franziskus´ Enzykliken

Die Enzyklika „Fratelli tutti" und die Menschheitsliebe in Bergsons Philosophie

Evangelium: Mt 5,38-48 oder Lk 6, 27-38
7. Sonntag im Jahreskreis, Lesejahr A oder
7. Sonntag im Jahreskreis, Lesejahr C

Predigt:
Papst Franziskus veröffentlichte im Jahr 2020 seine Enzyklika „Fratelli tutti" heißt „Alle Brüder". Sie passt zu unserer heutigen Lesung und Evangelium.
Für den Papst ist der heilige Franziskus ein Vorbild für eine Liebe zu allen Menschen. Im Mittelalter war das etwas Besonderes: denn es war nicht klar, ob sich die Nächstenliebe nur auf die anderen Christen oder auch auf alle Menschen beziehen soll. Obwohl Jesus gerade am barmherzigen Samariter zeigte, dass Mitleid und Nächstenliebe immer Religionsgrenzen überschreiten soll. **So beginnt der Papst seine Enzyklika mit den Worten:**
1. „Fratelli tutti" schrieb der heilige Franz von Assisi und wandte sich damit an alle Brüder und Schwestern, [also alle Menschen]. Von seinen Ratschlägen möchte ich den einen herausgreifen, mit dem er zu einer Liebe einlädt, die alle politischen und räumlichen Grenzen übersteigt. Er nennt hier den Menschen selig, der den anderen, „auch wenn er weit von ihm entfernt ist, genauso liebt und achtet, wie wenn er mit ihm zusammen wäre". Mit diesen wenigen und einfachen Worten erklärte er das Wesentliche einer freundschaftlichen Offenheit, die es erlaubt, jeden Menschen jenseits des eigenen Umfeldes und jenseits des Ortes in der Welt, wo er geboren ist und wo er wohnt, anzuerkennen, wertzuschätzen und zu lieben.
2. Dieser Heilige der geschwisterlichen Liebe, der Einfachheit und Fröhlichkeit, der mich zur Abfassung der Enzyklika Laudato si'

anregte, motiviert mich abermals, diese neue Enzyklika der Geschwisterlichkeit und der sozialen Freundschaft zu widmen. In der Tat wusste sich der heilige Franziskus, der sich als Bruder der Sonne, des Meeres und des Windes verstand, noch viel tiefer eins mit denen, die wie er von menschlichem Fleisch waren. Er säte überall Frieden aus und ging seinen Weg an der Seite der Armen, der Verlassenen, der Kranken, der Ausgestoßenen und der Geringsten.

3. Es gibt eine Begebenheit in seinem Leben, die uns sein Herz ohne Grenzen zeigt, das fähig war, den Graben der Herkunft, der Nationalität, der Hautfarbe und der Religion zu überspringen. Es handelt sich um seinen Besuch bei Sultan Malik-al-Kamil in Ägypten.

Franziskus ging zum Sultan, ohne die Schwierigkeiten und Gefahren einer solchen Begegnung zu verkennen. Es berührt mich, wie Franziskus vor achthundert Jahren alle dazu einlud, jede Form von Aggression und Streit zu vermeiden und auch eine demütige und geschwisterliche „Unterwerfung" zu üben, sogar denen gegenüber, die ihren Glauben nicht teilten.

4. Er führte keine Wortgefechte, um seine Lehren aufzudrängen, sondern teilte die Liebe Gottes mit. 5. Wenn mir bei der Abfassung von Laudato si' eine Quelle der Inspiration durch meinen Bruder, den orthodoxen Patriarchen Bartholomaios, zuteilwurde, der sich nachdrücklich für die Sorge um die Schöpfung eingesetzt hat, so habe ich mich in diesem Fall besonders vom Großimam Ahmad Al-Tayyeb anregen lassen, dem ich in Abu Dhabi begegnet bin. Dort haben wir daran erinnert, dass Gott „alle Menschen mit gleichen Rechten, gleichen Pflichten und gleicher Würde geschaffen und sie dazu berufen hat, als Brüder und Schwestern miteinander zusammenzuleben".

Ja Menschheitsliebe, eine Freundschaftsliebe, die die Grenzen von Nationen, Völkern, Religionen und Kulturen übersteigt.

Die neunte Sinfonie von Beethoven ist nicht nur deswegen so beliebt und wird auf der ganzen Welt gerne zu Neujahres-konzerten gespielt, weil es tolle Musik ist. Nein der **Text von Schiller „Ode an die Freunde" besingt hymnisch genau diese**

Menschheitsliebe, die aus einer Begeisterung stammt, aus einer göttlichen Liebe, die unsere Herzen entflammt und die Angst vor dem anderen verbrennen lässt. Hier der Anfang:

Freude, schöner Götterfunken, // Tochter aus Elysium,
Wir betreten feuertrunken // Himmlische, dein Heiligtum.
Deine Zauber binden wieder, // Was der Mode Schwert geteilt;
Bettler werden Fürstenbrüder, // Wo dein sanfter Flügel weilt.
Seid umschlungen, Millionen! // Diesen Kuß der ganzen Welt!
Brüder – überm Sternenzelt // Muß ein lieber Vater wohnen.
Wem der große Wurf gelungen, // Eines Freundes Freund zu sein;
Wer ein holdes Weib errungen, // Mische seinen Jubel ein!
Ja – wer auch nur eine Seele // Sein nennt auf dem Erdenrund!
Was den großen Ring bewohnet, // Huldige der Sympathie!
Zu den Sternen leitet sie, // Wo der Unbekannte thronet.

Wenn Gott Jona in eine fremde Stadt Ninive als Prophet schickt, wenn Jesus seine Jünger zu Menschenfischer machen will, dann erkennt man, dass die frohe Botschaft von der Liebe Gottes an alle Menschen gerichtet ist und alle Menschen zu Schwestern und Brüder macht.

Es ist einerseits wichtig, sich von der Begeisterung für die Menschheitsliebe anstecken zu lassen, ob durch die Bibel, Jesu Vorbild, dem heiligen Franziskus, Schiller, Beethoven oder Papst Franziskus´ Enzyklika. Aber wir müssen uns bewusst machen, dass die Menschheitsliebe eine besondere Qualität hat.

Dies hat besonders **Bergson in seinem Buch „Die beiden Quellen der Moral und der Religion"** betont: Unser normales Empfinden ist gegenüber den Leuten der eigenen Gruppe aufgeschlossen und freundlich und gegenüber fremden Menschen eher etwas zurückhaltend, vorsichtig, auf Habacht-Stellung, in Verteidigungshaltung. Dieses Empfinden bringen wir schon aus der Steinzeit mit. Und ein Kleinkind durchläuft eine Phase, in der es gegenüber fremden Personen fremdelt, weil die Eltern vertraut sind und Sicherheit bieten und der Fremde nicht. Wir wachsen in eine soziale Gemeinschaft hinein, deren Spielregeln wir lernen, verinnerlichen und in der wir uns sicher fühlen: die Familie, die Nachbarschaft, die Schule, der Stadtteil bis hin zur Nation. All das sind geschlossene Gesellschaften. Wenn ich mich an die Spielregeln der Gruppe/Gemeinschaft halte, gehöre ich dazu.

Aber die Menschheit ist nicht einfach eine noch größere Gruppe! Sie ist ein offenes Ganzes. Eine Gemeinschaft, z. B. eine Stadt oder eine Nation ist eine geschlossene Gemeinschaft, weil sie eine Grenze hat und jenseits der Grenze ist eine andere Gemeinschaft, eine andere Stadt oder Nation. Die anderen belacht man vielleicht, wie die Nürnberger die Fürther. Oder man fürchtet die anderen und baut eine Mauer auf, um die Fremden aufzuhalten.

Die Menschheitsliebe ist anders als die Liebe zu meinesgleichen! Jesus stellt provozierend den Unterschied fest: „Wenn ihr nur eure Brüder grüßt, was tut ihr damit Besonderes? Tun das nicht auch die Heiden?" (Mt 5,47) Damit wir uns also zur Menschheitsliebe, die die Feindesliebe notwendigerweise mit beinhaltet, aufschwingen können, braucht es einen Sprung. Wir brauchen Vorbilder, die uns begeistern und zum Sprung in die Menschheitsliebe animieren! Bergson nennt sie „Helden der Seelen, die sich allen Seelen verwandt fühlten und die statt in den Grenzen der Gruppe zu bleiben, sich in einem Aufschwung der Liebe der ganzen Menschheit zuwandten."[111]

Papst Franziskus hat mit der Umweltenzyklika und der Menscheitsliebe-Enzyklika die zwei entscheidenden Zeichen der Zeit angesprochen, die außerdem zusammenhängen:

Nur wenn wir mehr und mehr eine Grenzen überwindende Solidarität und tätige Menschheitsliebe entwickeln, können wir die Klimakrise bewältigen!

Die drei Ökologien und die Enzyklika „Laudato si"

Evangelium: Lk 13,1-9
3. Fastensonntag, Lesejahr C

Predigt:
Der Philosoph und Psychotherapeut Felix Guattari schrieb ein kleines Büchlein mit dem Titel: **„Die drei Ökologien".** Darin führt er aus, dass wir drei ökologische Bereiche haben:
- Der Bereich der Natur, den wir normalerweise mit Ökologie und ökologisch bezeichnen.

Aber es gibt eben auch noch zwei andere Ökologien:
- Die Ökologie der sozialen Beziehungen, das Zwischenmenschliche, die Gesellschaft.
- Die Ökologie in meinem Inneren, in meinem Seelenhaushalt.

Diese drei Ökologien hängen für Guattari zusammen. Verschmutzung und Ausbeutung der Natur, Verrohung der sozialen Beziehungen und Verarmung des Inneren, fehlende Sorge um sich selbst hängen – wenn auch sehr komplex – miteinander zusammen. Meine Gedanken, Gefühle und Stimmungen, Wünsche und Ängste entwickeln sich nur im Kontakt mit meiner Umwelt. Das soziale Leben in meiner Familie oder in meinem Viertel lässt sich nicht von größeren Zusammenhängen menschlicher Ereignisse abtrennen. Man lebt nie auf einer Insel. Und all das ist nochmals eingebettet in die Ökosysteme der Natur und diese in geologische und klimatische Systeme. Denn allgemein gilt: Die Ökologie untersucht die Beziehungen zwischen den lebenden Organismen und der Umwelt, in der sie sich entwickeln. (Laudatosi 137)
Diesen Gedanken hat Guattari schon 1989 formuliert. Denselben Gedanken hat 26 Jahre später Papst Franziskus in seiner Enzyklika Laudato si geäußert. Auch er erkannte die drei Ökologien und mahnte, dass wir in allen drei Bereichen gegen Ausbeutung, Verschmutzung, Verrohung und Verarmung vorgehen müssen. So schrieb der Papst: Entscheidend ist es, ganzheitliche Lösungen zu

suchen, welche die Wechselwirkungen der Natursysteme untereinander und mit den Sozialsystemen berücksichtigen. Es gibt nicht zwei Krisen nebeneinander, eine der Umwelt und eine der Gesellschaft, sondern eine einzige und komplexe sozio-ökologische Krise. Die Wege zur Lösung erfordern einen ganzheitlichen Zugang, um die Armut zu bekämpfen, den Ausgeschlossenen ihre Würde zurückzugeben und sich zugleich um die Natur zu kümmern. (Laudato si 139)

Wir müssen in allen drei Bereichen wirklich entscheidende Schritte weiterkommen.

Am 28. Februar 2022 erschien der zweite Teil des sechsten Weltklimaberichts. Er warnt vor einem weiter so! Er plädiert eindringlich für einschneidende Kursänderungen. Ansonsten werden in 30 oder 40 Jahren große Landstriche für Menschen gar nicht mehr belebbar sein. Die Konsequenz wären Hungersnöte, Verteilungskämpfe, Kriege um Wasser, Nahrung, Lebensbereiche, noch größere Flüchtlingsströme.

Am 24. Februar 2022 begann Putin, die Ukraine anzugreifen. Die ganze öffentliche Meinung versucht Putin in Russland zu kontrollieren und zu lenken.

Am 20. Januar 2022 wurde das Münchner Missbrauchsgutachten vorgestellt. Vier Kardinäle haben in ihren Amtszeiten als Erzbischöfe in München Freising fahrlässig in mehreren Fällen zugelassen, dass teilweise sogar verurteilte Täter weiterhin als Priester in Pfarreien tätig sein durften.

Diese drei schlimmen Ereignisse entsprechen den drei Ökologien:

Die Menschheit zerstört weiterhin wenig gebremst biologische Ökosysteme.

Kriege zerstören menschliches Zusammenleben, nicht nur in der Ukraine, auch in Syrien, Jemen usw.

In der Kirche, die eigentlich für Seelsorge zuständig ist, wurden Seelen durch sexuellen Missbrauch zutiefst verwundet. Und wenn die Betroffenen sich meldeten, wurde ihnen zu selten geglaubt und wirklich geholfen.

Aber die drei Bereiche, so unterschiedlich sie sind, haben noch etwas anderes gemeinsam.

Nämlich **Wegschauen und Laxheit und Zeit verstreichen lassen**. Alle drei Ereignisse stehen für jahrzehntelanges Wegschauen, Laxheit und Zeit verstreichen lassen.

Wir hätten in den letzten 10 oder 20 Jahren in Deutschland, in Europa in viel größerem Maße zum Beispiel Photovoltaik ausbauen können, Moore vernässen können usw.

Wir hätten uns in den letzten 20 Jahren schon früher und unabhängiger von Russlands Gas machen können. Z. B. durch intensiven Ausbau der Photovoltaik. Wir hätten deutlicher die Menschenrechtsverletzungen in Georgien und bei der Krim Annexion verurteilen können.

Wir hätten in den letzten 10 oder 20 Jahren intensiver auf betroffene Opfer zugehen können.

Ich sage Wir, weil nur das Wir deutlich macht, dass wir alle, wenn auch nicht persönlich verantwortlich, so doch strukturell in diese Versäumnisse mit verheddert sind.

Wenn wir in das Evangelium schauen, bekommen wir kein Wohlfühlevangelium. Und deswegen erlaube ich mir auch heute, keine Wohlfühlpredigt zu halten.

Leute kommen zu Jesus und berichten von erschreckender Gewalt durch den Herrscher Pilatus. Fromme Galiläer werden von Pilatus umgebracht, so dass sich ihr Blut mit dem Blut ihrer Opfertiere vermischt. Pilatus herrscht durch Grausamkeit und Gewalt, die nicht nachvollziehbar ist.

Auch damals gab es wie heute Katastrophen wie zum Beispiel den Einsturz des Turms von Schiloach. Heute schauen wir entsetzt auf Waldbrände, Überschwemmungen, Hitzewellen.

Jesus ermahnt knallhart: Ihr alle werdet genauso umkommen, wenn ihr euch nicht bekehrt.

Heute gilt: Wenn die Menschheit nicht wirklich umkehrt, werden die Ökosysteme so sehr zerstört, dass menschliches Leben immer weniger möglich wird!

Papst Franziskus betont: die Schwierigkeit, diese Herausforderung ernst zu nehmen, hängt mit dem ethischen und kulturellen Verfall zusammen, der den ökologischen Verfall begleitet. (Laudato si 162)

Die verhängnisvollen Prognosen dürfen nicht mehr mit Geringschätzung und Ironie betrachtet werden. Wir könnten den nächsten Generationen zu viel Schutt, Wüsten und Schmutz hinterlassen. Der Rhythmus des Konsums, der Verschwendung und der Veränderung der Umwelt hat die Kapazität des Planeten derart überschritten, dass der gegenwärtige Lebensstil, da er unhaltbar ist, nur in Katastrophen enden kann, wie es bereits periodisch in verschiedenen Regionen geschieht. Die Abschwächung der Auswirkungen des derzeitigen Ungleichgewichts hängt davon ab, was wir jetzt tun, vor allem, wenn wir an die Verantwortung denken, die uns von denen zugewiesen wird, die die schlimmsten Folgen zu tragen haben. (Laudato si 161)

Predigten zum Thema Komplexität

Kontraktionsebenen

Evangelium: Lk 12,49-53
20. Sonntag im Jahreskreis, Lesejahr C

Predigt:
Ich beginne mit einem sehr interessanten Satz:
„Freiheit heißt, die Ebene wählen."[112]
Anhand einiger Beispiele kann man diese These erläutern. Z. B.
macht es einen Unterschied, ob ich bei einem Streit mit einer Person
alle Verletzungen und Enttäuschungen, die ich mit ihr erlebt habe,
hochkommen lasse oder ob ich nur auf diese jetzige Situation
schaue. Oder bei Lebensentscheidungen, wie Berufswahl oder
Partnerwahl: Will ich die ganze Geschichte meiner Familie, ihre
Traditionen usw. mit einbeziehen oder will ich eine ganz andere
Ebene wählen? Bei adligen Familien z. B.: Will ich eine adlige
Person heiraten, weil ich mich der ganzen adligen Geschichte
verpflichtet fühle? Oder will ich mir erlauben, mich ganz offen auch
in bürgerliche Personen zu verlieben, weil ich die ganze Historie
meiner Familie nicht als Last mitschleppen will?
**Mir wurde mit der Zeit klar, dass die Ebene wählen eine zentrale
Aufgabe von Leitung ist.** Ich möchte dies an einigen Beispielen
ausführen. Bei einem Jugendzeltlager gibt es verschiedene Phasen:
Beim Aufbau und Abbau muss man sehr konzentriert und
koordiniert zusammenarbeiten. Die Leitung muss die Aufgaben
verteilen und alle Fäden in der Hand haben. Aber ein Zeltlager lebt
natürlich auch von Zeiten, in denen man gechillt zusammensitzt.
Hier kann und muss die Leitung eine Entspannung zulassen. Aber
dies klappt umso mehr, wenn klar ist, dass durch bestimmte Zeichen
ein Kontraktionswechsel angesagt ist: Die Glocke läutet zum
Mittagessen. Dann ist es wichtig, dass sich alle auch zum Essenszelt
begeben. Oder der Pfiff ertönt zum Holzholen. Es untergräbt die

Solidarität, wenn dann einige bei solchen Gemeinschaftsaufgaben ausbüchsen.

Sie können sich die verschiedenen Ebenen so vorstellen: Nehmen Sie einen Kegel. Sie können mit einem Messer an verschiedenen Stellen den Kegel durchschneiden und Sie bekommen unterschiedlich große Kreise. An der Spitze ist alles sehr kontrahiert, der Kreis wird zu einem Punkt. Auf der anderen Seite ist der Kegel ein sehr weiter Kreis. Die Ebene wählen heißt in diesem Bild: Entscheiden, wo ich durchschneide.

Es gibt extreme Kontraktionssituationen: Ein erfahrener Pfleger in der Notfallstation erzählte mir von seinen Erlebnissen, als er zufällig bei einer Autofahrt bei einem Unfall vorbei gekommen ist. „Meine Frau sagt: Dann legst Du einen Schalter um!" Hochkonzentriert und fokussiert auf eine Aufgabe, nämlich Leben retten, kommandierte er in solchen Situationen unerfahrene Rettungssanitäter. Kein Raum für Diskussionen und lange Abwägungen. Das ist also so eine Situation, die dem der Spitze am Kegel entspricht.

Wenn dagegen jemand zu einem Seelsorgegespräch kommt, kann ich als Seelsorger weiten Raum geben. Ich kann dem Ratsuchenden erlauben, die Ebene und die Tiefe auszuwählen. Aber es kann dann auch sinnvoll sein, wenn er ständig springt oder noch an der Oberfläche herumkratzt, dass ich ihn einlade, auf einer Ebene zu bleiben oder eine Ebene tiefer zu gehen.

Was hat das alles mit unserem seltsamen Evangelium zu tun: Nein, ich sage euch, ich bin nicht gekommen, Frieden auf Erden zu bringen, sondern Spaltung. Drei werden gegen zwei stehen usw.? Nun im Kontext von Jesu Leben ist das sehr nachvollziehbar:

Jesus zerriss faktisch Familien. Junge Menschen schlossen sich ihm als Jünger an und hinterließen ein Loch in ihrer Familie. Sie entschieden: das Reich Gottes jetzt zu suchen ist mir wichtiger als der Familientradition treu zu bleiben. Erinnern Sie sich an das Adligenbeispiel… Kein Wunder, dass es dann in einer Familie Zoff gab! Freiheit heißt, die Ebene wählen. Die Jünger wählten: Jetzt Reich Gottes suchen. Nicht: die Familientradition fortsetzen. Ein bewusster Wechsel der Kontraktionsebene!

Wechsel der Ebenen bringt immer wieder Konflikte mit sich: Die Leitung hat die Aufgabe, die Ebene zu wählen und passend die Ebene zu wechseln. **Nun kann es über die Wahl der Ebene Konflikte zwischen Leitung und Gruppenmitglieder geben.** Oder gewisse Gruppen oder Personen wollen eine andere Ebene wählen als die Leitung: Meistens wollen sie eine weitere Ebene, die die Geschichte und jeden Einzelnen mit seinen individuellen Wünschen mehr beachtet usw. Aber diese weitere Ebene kann das Vorankommen des Ganzen blockieren, was diejenigen, die die Leitung nicht innehaben, oft nicht überblicken können.

Wir haben dies im Großformat in der Coronakrise erlebt. Die Politik musste immer neu die Kontraktionsebene wählen bzw. verändern. Strengere Regeln, wieder lockere Regeln usw. Und sie musste schnell handeln, denn das Virus wartete nicht.

Zum Thema „schnelles Reagieren in der Coronakrise" schrieb Mark Schieritz in der ZEIT: „Man muss nicht immer endlos mit allen reden, manchmal braucht es klare Ansagen. Das ist nicht totalitär, sondern ein Wesensmerkmal einer repräsentativen Demokratie." (ZEIT 44/2021) In einem anderen Artikel schrieb Schieritz: „Wer jeden mitnehmen will, kommt nicht vom Fleck." (ZEIT Nr. 47/2021) Er betont in diesem Artikel, dass es fatal ist, wenn man wie Rousseau das Volk als eine organische Einheit ansieht. Wir kennen dies von Paulus, wenn er sagt, dass die Gemeinde ein Leib sei, bei dem alle Glieder harmonisch zusammenarbeiten. Entspannender und realitätsnäher ist folgende Sichtweise: „Eine pluralistische Demokratie ist keine organische Gemeinschaft, sondern ein permanenter Aushandlungsprozess, in dem unterschiedliche Interessen aufeinanderprallen: Arm gegen Reich, Ost gegen West, Alt gegen Jung. Insofern spaltet praktisch fast jede politische Maßnahme die Gesellschaft. Wenn die Rente steigt, dann profitieren die Alten, während die Jungen die Rechnung bezahlen. Wenn sie fällt, ist es umgekehrt. Die Einführung einer Impfpflicht wäre in dieser Sichtweise keine Spaltung, sondern schlicht die Anwendung einer Entscheidungsregel. In diesem Fall: des Mehrheitsprinzips." (ZEIT 47/2021)

Die GfK empfiehlt, dass man alle Bedürfnisse aller Beteiligten hört, damit man so tragfähige Lösungen finden kann. Bei überschaubaren Gruppen kann man das durchführen. Und vielleicht ist das auch ein blinder Fleck der GfK: Sie hat in ihrer Praxis keine Reflexion darum, dass jemand die Ebene wählen muss. Sie tut so, als ob alles eine Ebene wäre. Aber das ist es nie. Wenn ich nach Bedürfnissen frage, kann ich sehr stark in den Resonanzraum meiner persönlichen Geschichte gehen. Ich kann sogar anfangen, mit meinen inneren Teilen zu sprechen und deren Bedürfnisse kennenzulernen. Wenn ich dagegen nur in einem aktuellen Streit vermittle, ist die Ebene sehr fokussiert auf die Gegenwart.

Aber für größere Gruppen und Organisationen kann die Leitung nicht bei jeder Entscheidung die weiteste Ebene für die Entscheidungsfindung wählen, denn dafür reicht öfters die Zeit nicht.

Missbrauch und ungünstige Ebenenwahl können in beiderlei Richtungen geschehen: Evtl. wählt die Leitung eine zu enge Kontraktionsebene bzw. kann oder will nicht zur weiteren Entspannungsebene wechseln. Ebenso können Gruppen die Leitungskompetenz sabotieren, indem sie gegen die Kontraktionsebene, die die Leitung gewählt hat, meutern. Und es kann auch sein, dass die jeweilige Kontraktionsebenenwahl zu wenig kommuniziert wurde. All das kann Konflikte bewirken.

Diese Probleme spitzen sich in unserer Gesellschaft zu. Nehmen wir nur ein Beispiel: Damit der Verkehr klimaverträglicher wird, muss die Bahn Trassen erweitern. In Angermund z. B. kämpft eine Bürgerinitiative gegen die Erweiterung von zwei auf vier Trassen. Ihnen genügt der erweiterte Schallschutz nicht. Sie fordern, dass die Schienen unterirdisch verlaufen sollen. Das würde die Stadt nicht teilen. „Wie soll solche eine radikale Wende funktionieren in einem Land, in dem sich jede Gemeinde und jede Initiative immer noch selbst die Nächste ist?" (ZEIT 22/2021) So vergeht wertvolle Zeit, die wir alle eigentlich nutzen müssten, um unseren Verkehr klimaverträglicher zu machen. Lokale Wünsche und globale Notwendigkeiten sind im Widerstreit. Leitung, hier die Politik, muss dann für das Gemeinwohl auch gegen Widerstand eine Kontraktionsebene festlegen!

Wichtig erscheint mir folgendes:

- Leitung muss akzeptieren und innerlich bejahen, dass sie die Ebenen wählt und verändert.

- Sie muss damit rechnen, dass dann auch harter Gegenwind kommen kann, ob in einer Pfarrei, einer Institution, einer Firma, in einer Stadt, in einem Land.

- Sie muss flexibel die Ebenen wechseln. Nach einer Zeit, in der eine enge Kontraktionsebene nötig war, ist es gut, wieder lockerer zu lassen. Dann kann man auch wieder mehr die Vielfalt der Stimmen aufnehmen, Diskussionen und Verständnisprozesse fördern usw.

- Was gerade die Impfdiskussionen und die vielen aggressiven Anti-Corona-Demonstranten gezeigt haben: Man kann als Leitung nicht alle mitnehmen, so sehr man sich auch bemüht.

Das hat Jesus sehr wohl durchschaut. Ja er hat es leidvoll erlebt. Er wurde von Judas verraten. Die Hohenpriester verweigerten sich seiner neuen Rede von Gott und hielten ihn für eine Gefahr für das Volk. Er flüchtete nicht sondern ging seinen Kreuzweg und verzieh seinen Gegnern.

Eine Friede-Freude-Eierkuchen-Harmonie ist nicht erreichbar, so sehr wir uns das auch wünschen!

Gegen Monopolisten, für Vielfalt und Balance

Evangelium: Mk 9,30.37
25. Sonntag im Jahreskreis, Lesejahr B

Predigt:
Ich höre gerne beim Autofahren heruntergeladene Sendungen aus dem Rundfunk, die sich mit Wissen, Kultur, Politik usw. beschäftigen. Es ist quasi niveau-volles Zeitung-lesen während des Autofahrens. Einmal hörte ich mir eine bestürzende Dokumentation und Analyse von Mega-Waldbränden im Süden von Europa an. Natürlich merkt man den Klimawandel in diesen Waldbränden: Weniger Regen im Sommer, heißere Temperaturen fördern Waldbrände.

Dominanter Verbreitung Aber ein anderer wichtiger Faktor ist die Dominanz von Eukalyptusbäumen in Landstrichen von Portugal. Teilweise ist eine Monokultur entstanden. Der Eukalyptusbaum ist kein einheimischer Baum. Bei einem Waldbrand brennen die Blätter länger, das Öl des Eukalyptus brennt heiß, der Funkenflug der brennenden Blätter schafft eine Hitzewolke, die Samen explodieren bei Brand regelrecht. Einer der größten Brände ist durch eine Sünde der Fahrlässigkeit verursacht worden: die Eukalyptusbäume waren zu nahe an den Stromleitungen. Sicherheitsabstände wurden nicht mehr kontrolliert und durch Baumbeschneidung eingehalten. So konnte ein Stromschlag zwischen Stromleitung und Eukalyptusbaum den Waldbrand auslösen!

Die Gegenmaßnahme in Portugal ist nun unter anderem, wieder vermehrt einheimische Baumarten anzupflanzen und Vielfalt im Wald zu stärken. Diese halten einem Waldbrand besser stand und entfachen auch nicht so heiße sich ausbreitende Brände.

Als ich das hörte, dachte ich mir: Wie oft und auf wieviel Ebenen erlauben wir durch Trägheit, Fahrlässigkeit, Bequemlichkeit, Angst oder Nichtwissen, dass sich Monopolisten ausbreiten, obwohl Vielfalt gut wäre. Und mir fielen ganz verschiedene Beispiele ein, aus ganz verschiedenen Bereichen.

Nehmen wir z. B. Amazon. Amazon ist einfach zu groß und zu bedeutend geworden. **Amazon hat ein Quasi-Monopol**. Innerhalb seiner Webseite können viele Verkäufer ihre Produkte anbieten und verkaufen. Spricht das nicht gegen meine These? Aber diese Verkäufer, die auf Amazon verkaufen, müssen unter Amazon-Bedingungen verkaufen. Amazon ist gerade dadurch so dominant geworden, weil er nicht nur verkauft und ein großes digitales Warenhaus neben anderen digitalen Warenhäusern ist, sondern weil er selber weltweiter digitaler Marktplatz geworden ist. Und diese Dominanzstellung nutzt Amazon aus.

Dominanz der Finanzmärkte Ich will noch ein anderes Beispiel aus der Wirtschaft bieten: Der spekulative Markt der Börsen ist nicht mehr dienend den realen Märkten. Sondern vielmehr sind die Geldmengen, die an den internationalen Finanzmärkten gehandelt werden, übergroß und übermächtig. Spekulationen können Existenzen von ganzen Bereichen bedrohen, ja vernichten. Der berühmte Wirtschaftswissenschaftler Keynes sagte einmal: „Spekulanten mögen als Luftblasen auf einem steten Strom des Unternehmertums keinen Schaden anrichten. Aber die Lage wird ernst, wenn das Unternehmertum die Luftblase auf einem Strudel der Spekulation wird. Wenn die Kapitalentwicklung eines Landes das Nebenerzeugnis der Tätigkeiten eines Spielkasinos wird, wird die Arbeit voraussichtlich schlecht getan werden."

Solche Dominanzen und Monopol-Entwicklungen haben wir auch im internationalen Handel. Mit dem Beginn des Ukrainekrieg waren wir moralisch und geopolitisch gezwungen, die Monopolstellung Russlands als Gaslieferant Nr 1 für Deutschland zu beenden. Inzwischen versucht man international, die Dominanzstellung Chinas in vielen Produktionsschritten von wichtigen Produkten zu vermindern. Aber solche Dominanzen, Monopolstellungen gibt es nicht nur in der Natur, in Ökosystemen, in der Wirtschaft. Es gibt diese Monopolstellung auch in der Kirche.

Ein Freund verwies mich auf eine bedenkenswerte Dominanz in der Kirche: Die **Dominanz der Liturgie**, die andere Vollzüge von Kirche zu kurz kommen lassen, wie z. B. Lehre, Gemeinschaft, Caritas, politisches Engagement, Jugendarbeit, Erwachsenenbildung usw. Lothar Zenetti entlarvte diese Dominanz mit folgendem Test: Was ist das Wichtigste in der Kirche? Die Eucharistiefeier! Was ist das Wichtigste in der Eucharistiefeier? Die Wandlung! Also ist das Wichtigste in der Kirche die Wandlung! Nein, um Gottes Willen, es muss so bleiben, wie es war! Dazu gehört besonders die Monopolstellung, dass nur geweihte Männer der Eucharistiefeier vorstehen dürfen. Das ist genauso eine ungesunde Monopolstellung. Und die Dominanz der Liturgie und besonders der Messfeiern sollte man ähnlich kritisch betrachten wie Keynes die überbordende Spekulation gegenüber der realen Produktionswirtschaft! Vielleicht sollten wir eine neue Strophe dichten für das Lied „Jetzt ist die Zeit": Der Herr wird nicht fragen, wieviel Messen hast du mitgefeiert? Sondern er wird fragen, welchen Nächsten hast du geliebt?

Ja ein letztes Beispiel. **Auch innerpsychisch kann es Dominanzen und Monopole geben:** Wenn z. B. mein Genießerteil sich angewöhnt, täglich eine Packung Zigaretten zu rauchen, dann ist in mir ein Teil zu dominant geworden. Bei dieser Dominanz ist das Ungesunde offensichtlich. Aber es kann auch ganz andere Dominanzen geben. Z. B. gibt es Menschen, die durch Meditation letztlich aus der Welt flüchten. Hier gibt es innerpsychisch Teile, die mich in einen pseudo-friedlichen Zustand versetzen, den ich für mein höheres spirituelles Selbst halte, aber ich erliege hier eher einer Illusion. Wenn ich dann in Herausforderungen in der realen Welt überreagiere und Konflikte eher vergrößere statt löse, merke ich oder andere an mir, dass ich Meditation eher als Flucht benutzt habe.

Die Beispiele sind sehr unterschiedlich. Und sicherlich muss man jedes Beispiel in seiner Eigenheit nochmals besonders betrachten, was in dieser Predigt nicht möglich ist. Trotzdem zeigte diese Vielfalt der Beispiele etwas: unterdrückende Dominanz und Monopolismus zahlt sich langfristig nicht aus!

Deswegen steuert Jesus gegen diese Tendenz mit dem Satz: **Wer von Euch der Erste sein will, soll der Diener aller sein.** Die Jünger unterhalten sich auf dem Weg nach Jerusalem, wer von ihnen der Größte sei. Sie wollen Dominanz erreichen. Jesus weiß um die Gefahren der unterdrückenden Dominanz und des Monopolismus. Wir sollten seinem Rat folgen und gegensteuern!

Der bewusste Geist weiß nicht, was die Zellen alles tun und wie es ihnen geht

Lesung: 1 Kor 12,12-31a
3. Sonntag im Jahreskreis, Lesejahr C

Predigt:
„Der Kopf kann nicht zu den Füßen sagen: Ich brauche euch nicht. Im Gegenteil, gerade die schwächer scheinenden Glieder des Leibes sind unentbehrlich." (1 Kor 12, 21b-22)
Stellen wir uns unseren ganzen Organismus wie eine große Firma vor, wie einen Großkonzern, in dem Manager, Arbeiter, Kontrolleure, Abteilungsleiter, Reinigungskräfte, Fahrer, Vertreter, Bürokräfte, Entwickler, Ingenieure arbeiten.
Ist nicht unser Körper auch so eine große Firma? Die vielen Zellen arbeiten in sehr unterschiedlichen „Abteilungen". Wer sich ernsthaft in ein Biochemiebuch, ein Zellbiologiebuch, ein Physiologiebuch vertieft, kann ins Staunen kommen: Wie viele unüberblickbare, vernetzte, komplexe Prozesse? Es ist erhaben, es überschreitet unser geistiges Fassungsvermögen!
Auch wenn Spinoza zu seiner Zeit kein modernes Biochemiebuch oder Physiologiebuch lesen konnte, ahnte er schon, wie viel wir Menschen über unseren Körper eigentlich nicht wissen: „Freilich, was der Körper vermag, hat bisher noch niemand festgestellt, das heißt niemand hat sich bisher durch Erfahrung darüber unterrichtet, was der Körper nach dem bloßen Gesetzen der Natur, sofern diese bloß als körperlich betrachtet wird, zu tun vermöge, und was er nicht vermöge, wenn er nicht vom Geiste dazu bestimmt wird. Denn bisher kennt noch niemand die Werkstätte des Körpers so genau, dass er alle seine Funktionen erklären könnte, geschweige denn dass man bei Tieren vieles beobachtet, was die menschliche Sinnesschärfe weit überragt, und dass Nachtwandler im Schlafe mancherlei tun, was sie im wachen Zustand niemals wagen würden. Das zeigt zu Genüge, dass der Körper an sich nach den bloßen Gesetzen seiner Natur vieles kann, worüber sich sein eigener Geist

verwundert." (Spinoza: Ethik, Erläuterung zum 2.Lehrsatz im 3. Buch)

Wir sind entsetzt, wenn wir in der Zeitung lesen, wie viel der Vorstand einer Aktiengesellschaft verdient. Wir schütteln den Kopf über die Eskapaden mancher Manager und ihre Abgehobenheit. **„Die da oben haben doch keine Ahnung, wie es dem kleinen Arbeiter geht."**

Aber unser Umgang mit unserem Körper ist ähnlich. Wir bevorzugen unseren Verstand, unser Gehirn. Ein Extremes aber auch alltägliches Beispiel: Durch Drogen geben viele dem Gehirn Belohnung, obwohl es das gesunde Gleichgewicht der Arbeiterzellen durcheinander-bringt. Ein Raucher ignoriert das leise Aufbegehren seines Körpers, die Müdigkeit, die Schlappheit, die Erschöpfung. Wir verhalten uns wie ein Vorstand, dem es egal ist, wie es seinen Arbeitern im Großkonzern geht.

Gehirn und bewusster Geist sollten eigentlich dem Körper dienen. Aber wenn ich drei Brötchen esse, bekommt das Gehirn zwei Brötchen an Energie. Das Gehirn wird vom Rest des Körpers bedient, und oft ist der bewusste Geist mit Wolkenschlössern beschäftigt.

Aber wir könnten mal folgende **Demutsübung** vollziehen: Wenn ich mich über einen anderen Menschen ärgere, über eine Bemerkung aufrege… Dann schaue ich mal auf meinen und seinen Körper: Millionen von Zellen machen fleißig und treu ihre Arbeit. Das alles passiert genauso wie bei mir im Körper. So viel Ähnlichkeiten zwischen uns. Doch der bewusste Geist konzentriert sich auf eine kleine Lappalie. Sind wir Menschen nicht wie zwei Vorstände zweier Großfirmen, die sich um Einzelheiten streiten? Und die Arbeiter, Angestellten oder Abteilungsleiter in der mittleren Ebene beider Firmen schütteln nur den Kopf.

Wie oft bin auch ich mit Details beschäftigt, ärgere mich, anstatt zu staunen: Millionen von faszinierenden Zellen, die biochemisch genial arbeiten – und ich habe keine Ahnung wie genial. Ich habe so was und er/sie auch. Und ich weiß nichts von der Komplexität und er/sie auch nicht… Über Körper staunen und demütig werden! Übungen wie Qigong, Yoga, Meditation usw. bringen uns dieser

Welt der Zellen näher und schaffen wieder eine Verbindung zwischen ihnen und dem bewussten Geist.

Der Philosoph Guattari schrieb ein Büchlein über die drei Ökologien: die Ökologie der Umwelt, der Ökosysteme mit Pflanzen und Tieren, die innerpsychische Ökologie eines einzelnen Menschen; die soziale Ökologie. Und in allen drei Bereichen passiert es, dass viele Abertausende MitarbeiterInnen übersehen werden!

Ich habe mit dem eigenen Körper angefangen und aufgezeigt, dass der bewusste Geist fast nichts weiß, wie es den einzelnen Zellen geht, und dass er sich oft wie ein arroganter Chef in der Chefetage verhält, der kommandiert, aber sich nicht um sein Personal kümmert.

Die menschliche Gesellschaft mit ihrem kapitalistischen Wirtschaftssystem betreibt ebenso Raubbau an den Ökosystemen. Wir wissen einfach nicht, was die Ökosysteme leisten, was Insekten und Würmer, Bakterien und Phagen, Pflanzen und Pilze, Vögel und Säugetiere, Einzeller und Viren alles leisten.

Eine Studie zur Biodiversität für die britische Regierung 2021 zeigt auf, wie stark unser gesellschaftlicher Stoffwechsel von der Natur durchwachsen ist. **Drei Arten von Ökosystemdienst-leistungen schenkt uns die Natur.**

1. Die Bereitstellung von Materialien und Energie, die wir als Nahrung, Süßwasser, Holz, Fleisch, Blüten für Arzneien usw. benutzen.

2. Die Ökosysteme erhalten sich selbst durch interne Regulierung. All das spielt sich im Hintergrund ab. So der Kohlendioxidkreislauf, die Reinigung von Wasser, die Kompostierung von Abfällen durch Mikroorganismen, die Sauerstoffproduktion der Pflanzen, das Nährstoffrecycling.

3. Wieder bewusster ist uns die kulturelle Dienstleistung die die Natur und schenkt: Räume für Erholung, Inspiration, religiöse Rituale und spirituelle Erfahrungen. Wir wissen einfach nicht, wie Organismen bestäuben, zersetzen, filtern, spülen, transportieren, umwandeln, neu sortieren können. Wir sind stolz darauf, dass sich das globale Bruttoinlandsprodukt in den Jahren zwischen 1992 und 2014 pro Kopf verdoppelt hat. Und übersehen, dass der Vorrat, der

uns pro Kopf an der Natur zu Verfügung steht, im selben Zeitraum 40 % geschrumpft ist.[113]

Den Pflanzen, Tieren und Mikroorganismen in den belasteten Ökosystemen geht es nicht anders als den Mitarbeitern von Goldman Sachs. Diese berühmteste Investmentbank verspricht eine glänzende Karriere. Allein 3 der letzten 10 amerikanischen Finanzminister kamen von dieser Bank, ebenso wie der Chef der europäischen Zentralbank Mario Draghi.

Aber im Februar 2021 verschickte eine Gruppe junger Banker, die gerade ihr erstes Arbeitsjahr bei Goldman & Sachs begonnen hatten, an ihre Vorgesetzten eine PowerPoint-Präsentation. Es war das Ergebnis einer Umfrage, wie zufrieden sie mit Goldman & Sachs als Arbeitgeber waren. Fast alle Jungbanker arbeiteten 100 Stunden pro Woche und mehr, schliefen nur 5 Stunden pro Nacht und schafften ihre Arbeit trotzdem nicht. Die ihnen gestellten Abgabefristen hielten alle für unrealistisch. Hatten sie zu Beginn ihres Jobs ihre physische und mentale Gesundheit auf einer Skala von 1-10 mit etwa 9 eingestuft, waren sie nach einem Jahr fast alle unter 3 gefallen. Einer erklärte: arbeitslos zu sein macht mir weniger Angst als die Frage, was aus meinem Körper wird, wenn ich diesen Lebensstil fortführe.[114]

Wir wissen einfach zu wenig, wie es unseren Zellen geht, wie es unseren Ökosystemen geht, wie es unseren Mitmenschen geht...

Und in allen Bereichen zeigt sich: „gerade die schwächer scheinenden Glieder des Leibes sind unentbehrlich."

Hinhören ist der erste Schritt etwas zu ändern... Bewusste Kurskorrektur ist dann ein folgender Schritt..., um den vergessenen Teilen mehr Raum, Leben und Würdigung zu schenken!

Predigten zu Putin und Ukrainekrieg

Putins Feindbild: „Faschistische Ukrainer"

Lesung: 2 Thess 2,1-12

Predigt:
Sind Sie auch etwas erschrocken über die heftigen Begriffe, die Paulus hier verwendet?

„Denn das Geheimnis der Gesetzwidrigkeit ist schon am Werk; nur muss erst der beseitigt werden, der es jetzt noch zurückhält. Dann wird der gesetzwidrige Mensch offenbar werden. Jesus, der Herr, wird ihn durch den Hauch seines Mundes töten und durch das Erscheinen seiner Ankunft vernichten. Der Gesetzwidrige aber wird bei seiner Ankunft die Kraft des Satans haben. Er wird mit großer Macht auftreten und trügerische Zeichen und Wunder tun. Er wird jene, die verloren gehen, mit allen Mitteln der Ungerechtigkeit täuschen."

Der Gesetzeswidrige Ein großer Kampf zwischen dem absolut Gutem und dem absolut Bösem beschreibt hier Paulus. Wir genießen solche Szenarien in Comic-Verfilmungen. Aber die Wirklichkeit betrachten wir hoffentlich etwas differenzierter.

Nicht so in Putins Russland. Dort werden die Begriffe Antichrist, der Gesetzeswidrige, der gegen Jesus Christus steht, wieder aktiv benutzt. Bevor Putin den Krieg gegen die Ukraine begann, hat er mit seiner Propaganda die Ukraine als Feinde Russlands dargestellt.

De-Nazifizierung? Viele in Deutschland waren erstaunt, warum Putin bei Kriegsbeginn eine De-Nazifizierung und De-Militarisierung der Ukraine fordere, um die Bande von Drogensüchtigen und Neonazis als Regierung in der Ukraine abzuschaffen. Aber für russische Ohren war das bekannt. Die Nachtstudio-Sendung des bayrischen Rundfunks „Einen Feind schaffen – Russlands Umschlag in den Faschismus" lässt einen kritischen russischen Journalisten von der Genese des Feindbildes erzählen: „Es wurde in der Schule immer gelehrt, dass die

Westukrainer mit dem Feind, mit den Faschisten, also den Nazis zusammengearbeitet haben und dass sie dies nie abgelegt haben. Die ganze Geschichte der Ukraine wurde nie aus humanem Blickwinkel und als Tragödie des 20. Jahrhunderts betrachtet. Es ist auch nie der Versuch unternommen worden, Versöhnung zu suchen. Es gab nur das eine Narrativ: Die Deutschen wurden besiegt und haben bereut. Aber die Ukrainer haben nie bereut! Es liefen ununterbrochen Kriegsfilme, als es noch gar keine Hinweise auf einen Krieg zwischen Russen und der Ukraine gab. In diesen Filmen wurden die West-Ukrainer immer nur als Verbündete der Faschisten gezeigt."

Feind-Opfer-Retter-Weltbild In diesem Weltbild gibt es klare Feinde, böse Feinde, unschuldige Opfer und man selber ist der einzig wahre Retter. Die extreme Propaganda in all diesen Komponenten Feind, Opfer, Retter muss man mit Originalzitaten hören, weil man ansonsten die Dimension der Übertreibung und Verdrehung als westlicher Mensch im 21. Jahrhungert nicht erahnen kann.

Dmitri Medwedew Vorsitzender des Sicherheitsrates Russlands sagte wortwörtlich über die Ukrainer: „Sie sind Bastarde und Abschaum. Sie wollen uns Russen tot sehen. Solange ich lebe, werde ich alles tun, um sie verschwinden zu lassen." Bei der Waffenruhe zu Weihnachten schrieb Medwedew: „Selbst das ungebildete Weib Baerbock und eine Reihe weitere Aufseher im europäischen Schweinestall haben es geschafft, darüber zu meckern, dass es nicht eine weitere Waffenruhe gibt. Schweine haben keinen Glauben und kein angeborenes Dankbarkeitsgefühl. Sie verstehen nur rohe Gewalt und fordern quickend von ihrem Herrn Fressen."

Für uns ist klar: **Wer so ein Feindbild erschafft, ist selber faschistoid**. Wenn Putin von der Ent-Nazifizierung der Ukraine redet, dann ist das **Schizo-Faschismus**. So schreibt der Schriftsteller Prochanow, Gründer eines nationalistischen Thinktank in Russland: „Der ukrainische Faschismus ist diese schreckliche und mysteriöse Realität, die wie eine rotglühende Fontäne aus der Unterwelt entwich und eine Kraft ist, die die restliche Welt mit ihrem schwarzen Sperma befruchtet."

Was für eine Eskalation der Sprache! Und der russische Fernsehmoderator Wladimir Solowjow verkündet: „Russland hat es mit dem absoluten Satanismus, mit dem absoluten Bösen zu tun, mit Dämonen. Wir haben den Sieg als Volk verdient. Wir sind im heiligen Krieg."

Das absolute Böse ist eigentlich der Westen. Als der Ukrainekrieg nicht so verlief, wie Putin und seine Leute sich das vorstellten, präsentierte die Chefredakteurin von Russia today folgende Erzählung: „Die Ukraine haben wir in den ersten Tagen des Krieges komplett besiegt. Aber dann hat der Krieg mit der NATO angefangen auf dem Territorium der Ukraine. Dieser Krieg ist wichtiger als der II. Weltkrieg. Denn wir haben keine Verbündeten. Wenn wir diesen Krieg gewinnen, besiegen wir die ganze westliche Welt."

Die Kinder des Donbass Welche Opfer will Retter Russland erlösen? Besonders die Kinder des Donbass. Seit 2014 also mit Beginn des Krieges in der Ostukraine wird dieses Narrativ hochgehalten. Damals erschien ein Video im Internet mit einem Interview einer angeblichen Augenzeugin, die berichtete, dass ein dreijähriger Junge von Ukrainern gekreuzigt wurde und seine Mutter an einen Panzer gefesselt über den Platz geschleift wurde. Später stellte sich heraus, dass die angebliche Augenzeugin eine bezahlte Schauspielerin war. Aber die Lüge war schon verbreitet und wirkte. Weiter wird behauptet, dass es tausendfache Kindsentführungen durch Ukrainer aus dem Donbass gebe. In Schulen wurde vor dem Krieg Geld für die Kinder im Donbass gesammelt.

Kinder des Donbass sind die Lieblinge der russischen Propaganda: Nichts triggert Zorn mehr als unschuldig leidende Kinder. Unerwähnt bleibt, dass Russland selbst die humanitäre Krise im Donbass geschaffen hat, unter der die Kinder faktisch leiden!

Mit den **vier Taktiken Abqualifizieren, Ablenken, Verzerren, Erschrecken** schaffen russische Medien **verkehrte Welten**, in denen Putin als Erlöser dasteht. Aus einem Zerstörer wird der Retter, aus Erfindungen werden Fakten, aus tausende tote Zivilisten der russischsprachigen Donbass-Bevölkerung werden befreite Menschen und aus dem faschistoiden Aggressor der Erlöser vom Faschismus.

Moskau ist das dritte Rom Ja es geht in Putins Darstellung um diesen heiligen Kampf, den Paulus im Thessalonicherbrief vorausgesagt hat. 1510 formulierte ein russischer Mönch folgende Ideologie: Moskau ist das dritte Rom, nach Konstantinopel und ein viertes wird es nicht geben. Putin übernimmt diesen Alleinherrschaftsanspruch: die russische Religion und Kultur ist der einzige legitime Erbe des christlichen Roms des Kaiser Konstantin. Der christliche Bekehrer Russlands, der Heilige Vladimir ließ sich in Chersones auf der Krim taufen. Putin schwelgte in einer Rede auf der Krim: Genau hier ist ein sakraler Ort, aus dem sich die russische Nation entwickelte. Das ist heiliges Land für Russland.

Wenn Russland das wahre Christentum ist, dann ist der **Westen der „Gesetzeswidrige"**, wie ihn Paulus nennt. Genauer hat das der Chefideologe Alexander Dugin ausformuliert. Freier Markt und postmoderne Werte wie LGTBQ, Feminismus, Cancel-Culture, Gender-Politik zerstöre die christliche Religion und mache sich selbst zu Gott: Das bringt Dekadenz und Zerfall des Westens. Weil Russland diesem Gesetzeswidrigen widersteht, darf sich Russland ausbreiten – ja bis nach Lissabon – und ein offenes Eurasien errichten. Die Ähnlichkeiten zu Hitlers Wahngebilden vom Tausendjährigen Dritten Reich sind erschreckend.

Die Bevölkerung richtet sich in dieser Putin-Blase ein. Ansonsten müssten sie erkennen, dass die Regierung verbrecherisch ist. Wer sich gegen diese angeblichen Wahrheiten stelle, fühle sich schnell als Außenseiter, erklärt der Soziologe Gudkow, der Umfragen in Russland immer noch durchführt. "Die Vorstellung, aus der Gemeinschaft ausgestoßen zu werden, jagt den Menschen Angst ein." Letztlich, das ist Gudkows Fazit, unterstützen viele Russen den Krieg gegen die Ukraine vor allem aus Angst vor dem Verlust einer kollektiven Identität.[115]

So folgt die Bevölkerung der Deutung, dass der jetzige Krieg eine innere Verbindung mit der Verteidigung der UdSSR gegen die Nazis im II. Weltkrieg habe. Ein russischer Komiker imitierte Ursula von der Leyen, als würde sie wie Hitler reden und meinte: „Das junge Ukraine-Reich dient dem Deutschen Reich."

Glaubt Putin wirklich daran oder benutzt er diese religiösen Vorstellungen, um an der Macht zu bleiben? Man hat den Eindruck, dass er wirklich daran glaubt. Schon in seiner Dresdner Zeit hat Putin linksradikale Terroristen wie die RAF und Neonazis unterstützt, um die westlichen Demokratien zu destabilisieren und die auf demokratischen Werten beruhende Weltordnung zu untergraben. (Vgl. ZEIT 30/2022 Interview mit Belton) Putin wollte immer verhindern, dass die Menschen in Russland eine liberale Demokratie attraktiv finden. Dafür ist ihm jedes Mittel recht, sogar Kriege gegen Tschetschenien, Georgien und jetzt die Ukraine.

Wenn man die Erschaffung des Feindbildes „faschistische Ukrainer" mit den Entwicklungen hin zu einem Völkermord wie dem Genozid der Hutus an den Tutsis vergleicht, dann findet man erschreckende Parallelen.

Dann zeigt sich: Putin ist nicht derjenige, der das Böse zurückhält, sondern er gehört zur Gruppe der Gesetzeswidrigen, vor denen Paulus eindringlich gewarnt hat.

Predigt an Sebastiani zur Putin-Analyse aus Krastev/Holmes: „Das Licht, das erlosch"

Die Geschichte des Heiligen Sebastian haben Sie sicherlich schon oft in einem solchen Gottesdienst zu Sebastiani gehört. Deswegen will ich heute einen anderen Blick auf diese Geschichte und seine Geschichte den Analysen zu Putin und Russland, die der Politologe Krastev in seinem Buch „Das Licht, das erlosch", gegenüberstellen. Deswegen beginne ich mit einem Vergleich: **Was hat das römische Reich mit der Sowjetunion gemeinsam?** Beides sind Großreiche und Großreiche umfassen viele Völker. Deswegen besteht immer die Gefahr, dass Unruhen die Einheit erschüttern.

Der Hl. Sebastian lebte zur Zeit des Kaisers Diokletian, der endlich wieder Ruhe in das römische Großreich bringen wollte, nachdem es eine Zeit gab, in der sich die Kaiser durch Putschversuche regelmäßig abwechselten, die Zeit der Soldatenkaiser.

Die Kommunisten konnten auch nach der Revolution das große Zarenreich in seiner Ausbreitung erhalten und sie verteidigten die Sowjetunion mit vielen Menschenleben im II. Weltkrieg.

Aber im Jahreswechsel 1991/1992 geschah etwas Unerhörtes:
Dieses große Reich Sowjetunion wurde sang- und klanglos aufgelöst. Nach 1989 bemühte sich keiner ernsthaft, diesen großen Staat zu verteidigen, für den so viele gestorben waren. „Jedenfalls trat kein einziger Funktionär aus Protest zurück, als Gorbatschow Jelzins Drängen auf eine Auflösung der Union nachgab."[116] Wir feiern 1989 als Befreiungsereignis, weil die unterdrückenden kommunistischen Regierungen gefallen waren. Für die Russen gibt es aber zwei Ereignisse: Sie sind froh, dass die kommunistische Zeit zu Ende gegangen ist. Aber durch den Zerfall der Sowjetunion haben sie ihr Vaterland verloren. Ein Großreich, das Weltbedeutung hatte, zerfiel ohne Krieg über Nacht! Krastev stellte an den Statistiken fest, dass die Bevölkerung geschockt und traumatisiert war. Wie bei einem Volk nach einem Krieg sank die Lebenserwartung der Russen in den neunziger Jahren von 70 Jahre auf 64 Jahre, die Suizide, der Drogen- und der Alkoholmissbrauch stiegen an.

Demokratiefassade Welche Staatsform sollte nun Russland nach dem Kommunismus annehmen? Der Westen empfahl eine liberale Demokratie. Aber in Russland fehlte eine Zivilbevölkerung, die Demokratie aufbauen konnte. So begann man Demokratie quasi zu spielen, zu inszenieren, aber eigentlich regierten in dem Chaos reiche Clans. Diese chaotische Jelzinzeit endete 2000 mit der Wahl von Putin.

Putin benutzte Wahlen dazu, um den Bürgern zu zeigen, dass es keine sinnvolle Alternative zu Putin und seiner Regierung gibt. Mit Wahlen konnte er geschickt seine Leute einsetzen und unliebsame beseitigen. „Statt aktiven Bürgern eine Mitsprache bei der Machtausübung zu geben, sollten sie die Macht des Kremls über im Wesentlichen passive Bürger stärken."[117]

Aber was fürchtete Putin am meisten? Demokratische Revolutionen wie z. B. die orangene Revolution in der Ukraine. **Das hat Putin mit Diokletian gemeinsam: Angst vor unberechenbaren Demonstrationen, die das Großreich erschüttern.**

Als sich Putin 2011 wieder zum Präsidenten wählen ließ und dafür die Verfassung ändern ließ, gingen viele Russen auf die Straße. Denn jeder wusste, dass die Wahlen eine Farce sind. Aber nun hatte es Putin übertrieben!

Putin musste sich eine neue Strategie ausdenken, um die Russen an sich zu binden. Zwei neue Strategien setzte er dafür ein: Kleinere Kriege an symbolischen Orten wie der Krim beginnen und brutal erfolgreich durchführen, um bei der Bevölkerung Begeisterung für Kriegsgewinne zu wecken.

Im Bezug zum Westen änderte Putin auch seine Taktik: Er tat nicht mehr so, als ob Russland wie eine schöne Demokratie funktioniere. Er imitierte nicht mehr eine ideale Demokratie. Sondern er ging dazu über, die zweischneidigen Aspekte der westlichen Außenpolitik perfide nachzuahmen.

Damit wollte er den Russen wie den westlichen Staaten demonstrieren: Ihr im Westen mit euren Demokratien und Menschenrechten, seid nicht glaubwürdig. Ihr kämpft auch nur für Eure eigenen Interessen und verdeckt das mit moralischer Fassade. „Wie die NATO 1999 die Territorialität Serbiens verletzte, missachtete Russland 2008 die territoriale Integrität Georgiens. [...] Wie Amerikaner und Europäer den Zerfall der Sowjetunion feierten, feiern Russen nun den Brexit und den möglichen Zerfall der EU. [...] Und wie die USA das Militär der Ukrainer unterstützen (traditionell in Moskaus Einflussbereich), so unterstützt Russland das Militär Venezuelas (traditionell in Washingtons Einflussbereich)."[118] Putin wendet also ganz aktiv und bösartig das Wort Jesu vom Splitter im Auge des anderen und vom Balken im eigenen Auge an.

Das Tragische ist, das Putins makabre Nachmach-Strategie für Russland selbst keine langfristig förderliche Strategie sein kann. „Interventionen in Syrien und der Ostukraine, die zeigen sollten, dass ein erneuertes Russland alles tun kann, was Amerika auch tut, haben das russische Militär in blutige Kämpfe verwickelt, die ganz offenbar nichts zur nationalen Sicherheit des Landes beitragen. Dabei ist weder ein klar umrissenes Ziel noch eine Exit-Strategie zu erkennen."[119]

Keine Ausweg-Strategie Das zeigt sich noch deutlicher nun im Verlauf des Ukrainekriegs. Welchen „Sinn" kann der Ukrainekrieg für Putins Politik haben? Auf diese Frage hat die Politikwissenschaftlerin Olivia Lazard eine erstaunliche Antwort. Putin weiß, dass auf dem Territorium der Ukraine viele besondere Rohstoffe unter der Erde zu finden sind, die nun für die Energiewende dringend benötigt werden. „Lithium, Kobalt, Titan, Beryllium und eine Reihe von Seltenen Erden. Der Wert der Vorkommen wird derzeit auf 6,7 Billionen Euro geschätzt." (ZEIT Nr. 49/2022) Im Juli 2021 hat die Europäische Union mit der Ukraine eine strategische Partnerschaft über kritische Rohstoffe geschlossen. Ein halbes Jahr später erfolgt der russische Angriff. Wenn Putin die Ukraine angreift, kann er sowohl die Rohstoffe für sich erobern als auch Europa schwächen. „Der Kreml geht davon aus, dass die Welt – auch aufgrund des Klimawandels – in die instabilste Phase der Menschheits-geschichte eintreten wird und Russland sich sicherheits- und geopolitisch darauf vorbereiten muss. Vor allem in den Bereichen Energie, Landwirtschaft, Wasser und Technologie." (ZEIT Nr. 49/2022)

Der Heilige Sebastian ist gegen die Machtpolitik eines Diokletian und eines Putins ein hoffnungsvoller Gegenpol. Er denkt nicht an seine eigenen Interessen. Er besucht als römischer Soldat die Christen im Gefängnis und versorgt sie.

Diokletian sieht die Christen als Bedrohung an, ähnlich wie Putin Menschen, die für Freiheit und Gerechtigkeit demonstrierend auf die Straße gehen, als Bedrohung versteht.

Aber wie ging die Geschichte mit Sebastian weiter? Zwei Mal hat Diokletian Sebastian ermordet. Aber nach ihm kam Konstantin an die Macht und der Kaiser wurde selbst Christ. Die Christenverfolgung hatte ein Ende. Die Christen hatten so viel positive Ausstrahlung, dass sie die Gesellschaft veränderten, sogar den Kaiser umstimmten!

Immer wieder gab es in der Geschichte solche positiven Veränderungen nach einer dunklen Zeit: Nach dem II. Weltkrieg wurde Deutschland eine funktionierende Demokratie mit einer sozialen Marktwirtschaft, geprägt von Christen wie Konrad Adenauer, und Deutschland versöhnte sich mit Frankreich.

Wer weiß, wie sich Russland nach Putin entwickelt, die Zukunft ist offen...

Predigten zur gefährdeten Demokratie

Grundthesen des Buches „Das Licht, das erlosch"

Evangelium: Mk 5, 1-20
Montag, 4. Woche im Jahreskreis

Predigt:
Wir alle lernen durch Nachahmung. Als Kinder ahmen wir die Erwachsenen nach. Aber auch große Genies lernen durch Nachahmung und kommen so zu ihrem eigenen Stil. Schubert und Brahms haben in ihren ersten Klaviersonaten Beethoven nachgeahmt und fanden durch Nachahmung und Veränderung zu ihrem Stil. Die einfachste Nachahmung findet heute im Internet millionenfach statt. Ein Freund schickt mir ein Video, das er gut findet. Ich finde es auch gut und schicke es weiter. So verbreitern sich heute Informationen durch Nachahmung, durch Weiterleiten.

Ich kann aber auch einem Artikel widersprechen und eine gegensätzliche Meinung im Kommentar äußern und dann den Artikel an Freunde weiterleiten, die vielleicht alle mir zustimmen. Dann stoße ich eine Nachahmung des Gegenteils an. Man kann dies auch unter Geschwistern feststellen: Der eine jüngere will den ältesten nachahmen, der andere jüngere rebelliert und will einen gegensätzlichen Weg gehen, und der jüngste hält sich vielleicht raus und macht noch etwas anderes.

Nachahmung, Verbreitung von Nachahmung, Neuschaffung und Gegensätze sind für den **Soziologen Gabriel Tarde** die Grundprozesse zwischen uns Menschen. Was Tarde vor über 100 Jahren darlegte, kann man heute in den sozialen Medien bestätigt finden.

Aber es war schon immer so, dass der Buschfunk funktionierte, wie das heutige Evangelium zeigt. „Die Hirten flohen und erzählten es in der Stadt und in den Dörfern. Darauf eilten die Leute herbei, um zu sehen, was geschehen war." Mk 5,14 Und später wieder Verbreitung: „Da ging der Mann weg und berichtete im ganzen

Gebiet der Zehn Städte, was Jesus für ihn getan hatte. Und alle staunten." Mk 5,20

Aber noch etwas anderes kommt bei der Nachahmung hinzu: Wir treten in Konkurrenz zueinander. Gehen wir zurück in die Wiege der Demokratie, nach Griechenland. Viele bewarben sich um das Amt des Staatsmannes. Wer kann Hirte der Menschen sein? Der Arzt meinte, dass er heilen kann und die Menschen kennt. Der Hirte von Schafen behauptete, er könne eine größere Herde zusammenhalten. Aber auch der Kaufmann und der Ackerbauer bewarben sich. Wenn man wählt, wird dann wirklich der geeignetste gewählt? **Platon** stellte sich dem Problem und entwickelte daraus **seine Ideenlehre**: Es gibt ein Ideal, eine Idee eines guten und wahren Hirten der Menschen. Wer von den Kandidaten diese Idee am besten verwirklicht, soll als Staatenlenker gewählt werden. Man muss also die wahren Bewerber von den falschen aussortieren. Aber was machen die, die verlieren, die nicht besonders gut dem Ideal entsprechen? Was meinen Sie? Überlegen Sie kurz!

Sie können sich **anpassen**, noch mehr bemühen, Sie können aber auch **rebellieren** und das Ideal selber attackieren. Sie können ein **neues Ideal erschaffen** oder einfach **ohne Ideal** nur ihren eigenen Interessen folgen. Platon warf z. B. den Sophisten vor, dass sie überhaupt keinen Idealen mehr folgen. Dann gilt nur noch das Recht des Stärkeren. Diese Position vertrat z. B. der Sophist Kallikles. Sie können sich auch so in Gegensatz setzen, dass Sie keine Hilfe annehmen. China z. B. wollte auf keinen Fall die mRNA-Impfstoffe gegen das Coronavirus aus dem Westen bestellen. Man wollte einen eigenen Impfstoff entwickeln.

Und so sind wir bei dem Thema des Buches **„Das Licht, das erlosch" von Krastev und Holmes** gelandet. Sie untersuchen die Entwicklung der osteuropäischen Staaten Ungarn und Polen, die Entwicklung Russlands nach 1989 und die Entwicklung der USA mit Trump. In allen drei Fällen zeigen sie, dass man diese Entwicklungen besser versteht, wenn man sie als frustrierte Nachahmungsprozesse versteht.

Beginnen wir mit den **osteuropäischen Staaten**: Sie wollten nach 1989 so werden wie Frankreich oder Deutschland – eine liberale

Demokratie im Konzert der europäischen Union, die durch wirtschaftliche Leistung Wohlstand hervorbringt. Wenn man heute auf das Ungarn von Orban oder auf Polen in der 8-jährigen Regierungszeit der nationalistischen PiS schaut, merkt man, dass aus dem Nachahmungseifer Frust, teilweise sogar Hass geworden ist. Die Nachahmungsbegeisterung schlug ins Gegenteil um: Wir machen unser eigenes Ding gegen Europa. Wie konnte es dazu kommen? Drei Gründe sind sicherlich besonders wichtig:

Erstens die Abwanderung: Viele Ungarn oder Polen blieben nach 1989 nicht im Land, um ihr Heimatland mit anderen zu einer liberalen Demokratie umzubauen. Sie zogen gen Westen und bauten sich in Deutschland oder Frankreich eine neue Existenz auf. Es ist einfacher und schneller, gleich zum Vorbild zu gehen, anstatt mühsam das eigene Heimatland gemäß dem Ideal zu formen. Aber dadurch verloren diese Länder wertvolle Menschen. Junge Menschen haben in Ungarn oder Polen studiert, diese Länder haben ihre Ausbildung unterstützt, und dann fehlen sie.

Zweitens düstere Zukunftsaussichten: Mit der Finanzkrise 2008, der Coronakrise, der immer größer werdenden Schere zwischen arm und reich und der Bewusstwerdung der Megaproblematik Klimawandel ändert sich in der Bevölkerung die Gesamteinschätzung. Die meisten Menschen gehen nicht mehr davon aus, dass in Zukunft alles besser wird sondern dass in Zukunft vieles problematischer und gefährlicher wird.

Drittens Demütigung nur Kopie zu sein: Angesichts dieser schweren Bedingungen, junge Leute fehlen, die Zukunft erscheint düster, ist es zusätzlich frustrierend, wenn man ein Ideal nachahmen soll und dann den Eindruck hat, man wird von ausländischen Gutachtern, Prüfern, z. B. aus Berlin oder Brüssel, nicht wirklich ernst genommen. Sie verstehen die Realitäten vor Ort nicht richtig und verteilen hochnäsig dann schlechtere Noten.

All das führte zu einer Abkehr vom Ideal liberale Demokratie, hin zu Populismus und Nationalismus und dem Aufbau von Feindbildern: das böse Brüssel oder das böse Berlin. Aber die Abwahl der PiS im Oktober 2023 lässt hoffen, dass die Chance besteht, dass Polen seinen eigenen Weg zu einer stabilen liberalen Demokratie finden kann.

Putins Entwicklung habe ich in einer anderen Predigt ausführlich dargestellt (Sebastiani). Nur kurz das Wesentlichste: **Putin** benutzt Wahlen als Fassade, um seine eigene Macht zu festigen. Er ahmt eine Demokratie oberflächlich nach, um seine Diktatur zu verdecken. Nach den Demonstrationen 2011 wählt Putin eine andere Strategie: Ausgehend von der These „Der Westen ist heuchlerisch, hält Demokratie und Menschenrechte hoch, aber folgt selber nicht diesen Werten, sondern verfolgt egoistisch eigene Interessen" verfolgt Putin nun eine perfide Nachahmungspolitik. Wenn sich der Westen in Serbien oder arabischen Staaten einmischt, dann kann ich auch mich in Georgien einmischen und die Krim erobern. Für Putin gilt letztlich das Weltbild von Kallikles: Die Stärkeren sollten sich durchsetzen. Und Russland steht über den dekadenten Westen

Das führt uns nun zu **Trump**: Eigentlich war die USA die ganzen Jahrzehnte vor Trump stolz darauf, Prototyp einer erfolgreichen liberalen Demokratie zu sein. Deutschland selbst ahmte nach 1945 Amerika nach und schaffte es mit Unterstützung der Amerikaner und ihrem Marshallplan, eine stabile Demokratie zu werden.

Trump ist der erste Präsident der USA, der das Weltbild vertritt: Uns Amerikaner schadet es, wenn wir Vorbild sein wollen oder sein sollen für andere. Wir haben dadurch mehr Nachteile. Ein Beispiel ist für ihn die Autoindustrie: Die Deutschen haben die Autoindustrie von Ford nachgeahmt und VW, BMW oder Mercedes sind erfolgreicher und haben den amerikanischen Markt überschwemmt und die amerikanische Autoindustrie in Detroit zerfiel. Deswegen forderte Trump schon in den 1990er Jahren eine extra Steuer für Mercedes-Autos in Amerika.

Mit einem *Vergleich* wird es deutlicher, was Trump meint: Trump und seine Anhänger verhalten sich wie aufmüpfige Teenager, die Kinder von einem Pfarrerehepaar sind. *Das Pfarrhaus und die Pfarrfamilie soll eigentlich moralisches Vorbild sein. Und die aufmüpfigen Teenager-Kinder rebellieren.* Sie wollen genauso wie die anderen Kinder ohne moralische Skrupel über die Stränge schlagen. Die Pfarrerskinder wollen nicht mehr Vorbild sein. Außerdem werden sie ja eher von den anderen bemitleidet, weil sie nicht ungehindert ausflippen dürfen. Trump ist der erste Präsident der amerikanischen Geschichte, der nicht daran glaubt, dass die anderen von Amerika lernen können! „America first" ist dazu kein Widerspruch. Mit dem Pfarrhauskinder-Vergleich wird das deutlich: Erst wenn die Pfarrhauskinder die Rolle der moralischen Vorreiter ablegen, können sie bei einer Party zeigen, dass sie den meisten Alkohol trinken können, oder bei einer Schlägerei ungehindert zuschlagen und zeigen, dass sie die Stärkeren sind. Trumps Devise ist also: „Gewinnen ist das Gegenteil von Führen durch Vorbild." Trump denkt wie Kallikles.

Die Nachahmung wird nun umgekehrt: Ungarn, Russland und andere illiberale Regime sollen zukünftig das normale Modell sein. Trump möchte die USA zu einem illiberalen Staat machen. Er ahmt Ungarn und Russland nach! Wenn es darum geht, die internationale liberale Weltordnung zu zerstören, dann ist es nur folgerichtig, dass Trump seine liberalen demokratischen Verbündeten brüskiert und autoritäre Herrscher wie Putin lobt, die den USA Heuchelei vorwerfen.

Soweit die Grundzüge der Gedanken von Krastev und Holmes in ihrem Buch „Das Licht, das erlosch"

Was folgt aus dieser Analyse? Nachahmung kann zu einem eigenen Stil führen. Das können wir bei Schubert und Brahms sehen, die Beethoven nachgeahmt haben. Das sehen wir auch im heutigen Evangelium: Jesus gibt dem geheilten Gerasener den Auftrag, seiner Familie zu berichten. Er aber verkündigt in der ganzen Dekapolis, also in zehn Städten südlich und östlich des See Genezareth. Er macht also sein eigenes Ding und ahmt in seinem Stil Jesus nach.

Ich bin überzeugt, dass die liberale Demokratie mit ihren Grundfesten wie Menschenrechte, Gewaltenteilung, freien Wahlen, freier Presse usw. die beste Weise ist, unsere heutigen Probleme zu meistern. Aber jedes Volk und jedes Land sollte seinen Stil finden, dies zu leben. Das Demokratie-Werden kann sehr unterschiedlich sein. Wir haben nach 1945 zum Glück auch nicht eins zu eins das amerikanische Modell übernommen. Sondern die Verfasser des

Grundgesetzes haben die Realitäten vor Ort, z. B. unsere vielfältigen und verschiedenen Bundesländer, aufgenommen.

Diese Vielfalt von Verwirklichung von Demokratie müssen wir bejahen und fördern! Das wäre für mich eine zentrale Konsequenz aus dieser Analyse!

Wir müssen den Spagat zwischen Anspruch und Kompromissen aushalten und offen benennen. Ansonsten machen sich die liberalen Demokratien unglaubwürdig.

„Nur ein Beispiel: Wenn Deutschland als Reaktion auf den Angriffskrieg Russlands gegen die Ukraine sein Gas jetzt aus Katar bezieht, einem Land, das […] zu den wichtigsten Unterstützern der Hamas gehört, dann drückt das ziemlich genau die Ohnmacht und Abhängigkeit aus, in der sich der Westen inzwischen befindet. […] Was der Westen auch tut, die Spielregeln bestimmen die anderen" (ZEIT Nr 44/2023) Nur durch ehrliches Ansprechen dieser Zwickmühlen, können die liberalen Demokratien ihre Glaubwürdigkeit stärken.

Whistleblower – Propheten heute

Evangelium: Lk 11,47-54
Donnerstag 28. Woche im Jahreskreis

Predigt:

Wer sind die heutigen Propheten, die verfolgt werden und denen später Denkmäler errichtet werden? Wer sind heute die Mutigen, die wie Amos im Alten Testament Korruption und Machtmissbrauch aufdecken? Wer sind die Verfolgten, die wie Jesus hartnäckig ausgefragt werden, in die Enge getrieben werden, damit sie sich in den eigenen Worten verfangen?

Die Propheten von heute sind z. B. Whistleblower. Und sie werden, wie Jesus im Lukasevangelium anprangert, auch heute oft erst verfolgt und später mit Denkmälern geehrt.

Amos prangerte z. B. folgende Missstände an: „Hört zu, die ihr die Armen unterdrückt und die Bedürftigen zugrunde richtet! Ihr sagt: „Wann ist das Neumondfest endlich vorbei? Wann ist die Sabbatruhe bloß vorüber, damit wir die Kornspeicher wieder öffnen und Getreide verkaufen können? Dann treiben wir den Preis in die Höhe: Wir verkleinern das Getreidemaß und machen die Gewichte auf der Waage schwerer, wo die Käufer ihr Silbergeld abwiegen. Auch die Waage selbst stellen wir falsch ein. Bestimmt können wir sogar noch den Getreideabfall verkaufen!" Wer euch Geld schuldet, den macht ihr zum Sklaven, ja, ihr verkauft einen Armen schon, wenn er ein Paar Schuhe nicht bezahlen kann." Amos 8,4-6 (kann auch die Lesung im Gottesdienst sein)

Gier Heute sind die Verbrechen komplizierter, die Gier nach Macht und Reichtum aber leider dieselbe. Whistleblower Jeffrey Wigand erklärte in der Sendung "60 Minutes" im Jahr 1996 einem geschockten Millionenpublikum, dass sein Arbeitgeber, Tabakhersteller "Brown & Williamson", gezielt den Tabakgehalt von Zigaretten manipuliert habe, um Menschen abhängig zu machen.

Tödlich kann es für Propheten bzw. Whistleblower auch heute noch enden: Die Gewerkschaftsaktivistin Karen Silkwood prangerte ihren

160

früheren Arbeitgeber "Kerr-McGee" für die die Verletzung gesetzlicher Sicherheitsbestimmungen an und stellte belastendes Material gegen den Energiekonzern zusammen. Auf dem Weg zu einem Treffen mit Reportern der "New York Times" wurde die Whistleblowerin in einen tödlichen Autounfall verwickelt, das Beweismaterial verschwand aus ihrem Fahrzeug. Trotzdem kam es in der Folge zu umfangreichen Untersuchungen, das Atomkraftwerk von "Kerr-McGee" wurde komplett geschlossen.

Festgenommen, verhört und gnadenlos verurteilt werden heutige Propheten immer noch: Internetaktivist Aaron Swartz wurde 2011 von der Kampuspolizei des "Massachusetts Institute of Technology" verhaftet, weil er Beiträge eines kostenpflichtigen Onlinearchivs für wissenschaftliche Arbeiten gedownloadet und illegal veröffentlicht haben soll. Er wurde strafrechtlich verfolgt und zu einer Strafe von 35 Jahren Gefängnis sowie rund 944.000 Euro verurteilt. Schon kurz nach der Urteilsverkündung begann Aaron Swartz Selbstmord. Sein Einsatz für allgemeinzugängliches Wissen lebt jedoch weiter und zahlreiche Änderungen im Bereich des unbeschränkten und kostenlosen Zugangs zu wissenschaftlicher Information für alle Menschen an jedem Ort werden auf ihn zurückgeführt.

Es gibt auch deutsche Whistleblower, die Nachteile nach ihrer Offenbarung erleben, als **Nestbeschmutzer** beschimpft werden usw.: Altenpflegerin Brigitte Heinisch muss an ihrem Arbeitsplatz, 2 Pflegeheime des Unternehmens Vivantes, z.B. feststellen, dass Heimbewohner bis zum Mittag in Urin und Kot lagen, dass andere ohne richterlichen Beschluss in ihren Betten fixiert wurden. Sie machte zunächst ihre Vorgesetzten mehrfach auf Missstände in so genannten Überlastungsanzeigen aufmerksam. Ohne Erfolg. Im nächsten Schritt stellte sie über ihren Rechtsanwalt Strafanzeige. Die Staatsanwaltschaft stellte das Verfahren ein. Dafür reagierte ihr Arbeitgeber mit Kündigung. Als sie mit Kollegen und Kolleginnen auf gewerkschaftlicher Ebene über den "alltäglichen Wahnsinn in unseren Pflegeheimen" zu diskutieren begann, war auch die Presse dabei, um zu berichten. Sofort erhielt sie eine fristlose Kündigung. Brigitte Heinisch klagt durch alle möglichen Instanzen und verliert. Ähnlich erging es Andrea Würtz. Sie arbeitete im Gesundheitsamt und stieß bei Coronareihentestungen auf ein Heim am Schliersee, wo Menschen extrem verwahrlosten. Sie ging an die Öffentlichkeit. Aber erst als ein Todesfall aufgrund der mangelnden Pflege eintrat, wurde das Heim geschlossen. Andrea Würtz hat nach der Öffentlichmachung viele Zuschriften von KollegInnen bekommen, die ihr ähnliches berichteten. Aber warum kommt nicht mehr an die Öffentlichkeit?

Diese Beispiele zeigen, **dass noch kein ausreichender Rechtsschutz für Whistleblower besteht**. Den eigenen Arbeitgeber zu kritisieren oder gar anzuzeigen, um Missstände abzustellen, ist leider ein großes Risiko. Man wird von uneinsichtigen Arbeitgebern gemobbt und gekündigt. Heinisch hat heute zum Glück einen neuen Job, eine neue Aufgabe, in der sie sich genauso engagiert.

Auch **Angehörige können unter Druck gesetzt**. Z. B. Brandon Bryant hat im Untersuchungsausschuss des Deutschen Bundestags ausgesagt. Er, ehemaliger Drohnenpilot der US Airforce, erzählte den Abgeordneten, wie zentral der Stützpunkt Rammstein für den Drohnenkrieg der USA ist. Einige Tage später besuchen zwei Agenten seine Mutter und erzählen ihr, ihr Name sei durch ein Missgeschick auf der Todesliste des Islamischen Staates gelangt. Die USA hat also Deutschland wichtige Informationen über das, was in Rammstein passiert, verheimlicht. Als ein Whistleblower das Abgeordneten erzählt, setzen Agenten die Mutter mit einer erfundenen Geschichte unter psychischen Druck. Die Mutter leidet nun unter Alpträume und Angst verfolgt sie im Alltag. 2015 bekam Brandon Bryant den internationalen Whistleblower-Preis.

Besonders bedeutsam ist der **Fall Julian Assange**. Er ist ein australischer investigativer Journalist und Gründer sowie Sprecher der Enthüllungsplattform WikiLeaks. Diese hat sich zum Ziel gesetzt, geheim gehaltene Dokumente allgemein verfügbar zu machen, sofern sie unethisches Verhalten von Regierungen, Unternehmen oder militärischen Einrichtungen betreffen und somit von öffentlichem Interesse sind. Die Plattform sammelt Dokumente von Regimekritikern und Whistleblowern aus vielen Ländern der

Welt und stellt sie online zur Verfügung. Dafür erhielt Julian Assange zahlreiche Auszeichnungen.

Im Jahr 2010 publizierte WikiLeaks gemeinsam mit der New York Times, dem Guardian und dem Spiegel Auszüge aus Militärprotokollen, die unter anderem Kriegsverbrechen der USA während der Kriege in Afghanistan und im Irak belegten, wie z. B. Folter, Hinrichtung von mutmaßlichen Terroristen ohne Gerichtsverhandlungen usw.

Feiert man ihn? Nein, Assange steht derzeit in den USA unter Anklage. Auf die Anklagepunkte der US-Anklageschrift steht eine kumulierte Strafe von bis zu 175 Jahren Haft, schlimmstenfalls die Todesstrafe. Das Auslieferungsverfahren aus Großbritannien in die USA dauert seit mehreren Jahren an. Julian Assange kann seit 10 Jahren nicht frei leben, nicht für seine Frau und Kinder da sein. Er hat nur investigativen Journalismus betrieben.

Vor der Wahl forderte Annalena Baerbock die Freilassung von Assange. Seit sie Außenministerin ist, hört man diese Forderung leider nicht mehr.

Was haben Whistleblower schon aufgedeckt? Fleischskandale, Gammelfleisch an Dönerbuden verkauft. Millionenfaches Ausspähen der NSA auch von befreundeten Nationen, sogar das Handy der Bundeskanzlerin Merkel. Durch die Panama Papers 2016 erfuhren wir von Steuer- und Geldwäschedelikte, Steuerschlupflöcher, Briefkastenfirmen, Steueroasen also von systematischer Steuerhinterziehung mithilfe von Banken.

Whistleblower deckten Kriegsverbrechen der US-Streitkräfte auf, menschenunwürdige Vorgänge in Altersheimen, Gebührenverschwendung beim öffentlichen Rundfunk rbb, psychische Folgen von sozialen Medien.

Whistleblower bringen brisante, geheime Informationen an die Öffentlichkeit, die Korruption und Machtmissbrauch aufzeigen, die für die Gesellschaft wichtig sind, die öffentliche Diskussionen und Veränderungen bewirken. Whistleblower werden meistens angefeindet, bedroht, zum Staatsfeind erklärt, verlieren ihre Jobs und kommen öfters auch vor Gericht

Wenn also Demokratien wie die USA so mit Whistleblowern umgehen, stellt dieses Verfolgen von Whistleblowern Grundwerte einer Demokratie in Frage! In einer Demokratie muss die Öffentlichkeit von geheimen korrupten Vorgängen erfahren können – z. B. durch guten investigativen Journalismus oder durch BürgerInnen, die sich trauen, Missstände öffentlich anzusprechen. Demokratien müssten eigentlich Whistleblower gesetzlich schützen und als HeldInnen der Demokratie würdigen und nicht verfolgen und verunglimpfen.

Der Umgang mit Whistleblowern zeigt, wie ernst es eine Demokratie wirklich mit der Demokratie hält! Wenn Regierungen Whistleblower verfolgen, verlieren sie massiv an Glaubwürdigkeit gegenüber ihrer eigenen Bevölkerung und gegenüber anderen nicht-demokratischen Staaten.

Whistleblower müssen besonders gesetzlich geschützt werden. Teilweise gibt es inzwischen Verbesserungen, aber sie sind noch nicht ausreichend.

Das **Hinweisergeberschutzgesetz** trat im Juli 2023 in Kraft. Es ist ein Schritt in die richtige Richtung, aber es reicht nicht aus. Es setzt zu sehr auf interne Meldewege und schützt Kritiker in Ämtern und Behörden kaum. Der Bereich, auf den sich das Gesetz bezieht, muss ausgeweitet werden: es darf nicht nur Straftaten umfassen, sondern auch gravierende Missstände, die noch nicht Straftaten sind. Und man müsste den Bereich der Akten, die Verschlusssache sind, viel enger fassen. Sonst ist es schwer, Missstände im öffentlichen Dienst aufzudecken. Also alles, was im öffentlichen Interesse ist, muss ein Whistleblower ohne Gefahr an die Medien weitergeben können.

Ansonsten sind wir nicht viel besser als das heuchlerische System, das Jesus anprangerte: Ihr baut Denkmäler für die Propheten, die von euren Vorfahren umgebracht wurden.

Warum kämpfen Menschen für ihre Knechtschaft?

Evangelium: *Mk 10, 35-45*
29. Sonntag im Jahreskreis, Lesejahr B

Predigt:
Jesus beschönigt nichts: Die Herrscher unterdrücken die Völker und die Mächtigen missbrauchen die Macht über die Menschen. Er will nicht erreichen, dass er und seine Gruppe die Herrschaft erreichen, damit sie über andere herrschen können. Er will vielmehr, dass Menschen insgesamt miteinander anders umgehen. Nicht unterdrückerisch, sondern gegenseitig wertschätzend und hilfsbereit. Deswegen mahnt er: Wer bei euch der Erste sein will, soll mit gutem Beispiel vorangehen und „Sklave", „Diener" sein. **Aber warum lassen die Menschen das mit sich machen?** Warum jubelt das Volk dem Kaiser zu, wenn er durch den Triumphbogen reitet? Merken sie nicht, dass sie unterdrückt werden? Oder haben sie Angst, dass sie Strafe und Gewalt erfahren, wenn sie nicht jubeln? Es gibt wohl beides: die einen merken es nicht, andere trauen sich nicht. Und es gibt noch eine weitere Erklärung: Wenn die Religion den Glauben vermittelt, dass der Kaiser, der König von Gottes Gnaden ist, dann stimmt man der Unterdrückung zu, weil man ja dann dem göttlichen Willen folgt, und in die Hölle möchte man ja nicht gelangen.

Heute sagen wir: es ist ein **Aberglaube**, dass der Kaiser oder der König von Gottes Gnaden ist und somit immer göttlichen Willen umsetzt.

Natürlich kann Unterdrückung und Machtmissbrauch auch umschlagen: Wenn zu viele Menschen leiden, beginnen sie zu rebellieren. Der Philosoph Spinoza schreibt: „Nichts beherrscht die Menge wirksamer als der Aberglaube. So kommt es, dass sie sich unter dem Schein der Religion leicht dazu verleiten lässt, bald ihre Könige wie Götter zu verehren, bald sie zu verfluchen und gleich einer Pest der Menschheit zu verabscheuen." (Vorrede TPT)

Spinoza geht also einen Schritt weiter als Jesus. Jesus stellt nüchtern fest: Die Herrscher unterdrücken die Völker und die Mächtigen missbrauchen die Macht über die Menschen. Spinoza geht noch einen Schritt weiter und sagt, dass nicht selten die **Untergebenen** **„für ihre Knechtschaft kämpfen, als sei es für ihr Heil"**.[120] Menschen jubeln ihren Unterdrückern zu. Wie ist das heute? Jubeln Menschen heute ihren Unterdrückern zu?

Für die Philosophen Deleuze und Guattari, die in den 70 er und 80er Jahren gemeinsam Bücher verfasst haben, ist es die wichtigste Frage der politischen Philosophie: Warum kämpfen Menschen für ihre Knechtschaft, als wäre es für ihr Heil?

Ich merke, dass die Frage im 21. Jahrhundert mindestens genauso aktuell ist.

Warum haben Menschen Donald Trump gewählt oder Bolsonaro oder die PiS-Partei in Polen? Warum jubeln Menschen schon seit über 20 Jahren Putin zu? Warum wählen Menschen AfD? Keiner kann doch ernsthaft glauben, dass Wohlstand und friedliches Zusammenleben mit der AfD mehr gedeihen. Also diese Spinoza-Frage, warum kämpfen Menschen für ihre Knechtschaft, als sei es für ihr Heil, ist heute ebenso aktuell!

Einige Gründe finden wir schon bei Spinoza:

1. irgendein Aberglaube, also eine verzerrte Deutung der Wirklichkeit.

2. Gefühle wie Hoffnung, Hass und Zorn treiben Menschen an

3. „nur das kann dem Volk gefallen, was noch neu ist und es noch nicht betrogen hat"

4. das Volk verweilt weiterhin im Elend

Russland Wir können diese vier Gründe in der Entwicklung von Russland vorfinden: Die Russen hatten mit Gorbatschows Glasnost und Perestroika zuerst sehr viel *Hoffnung*. Aber Gorbatschow *enttäuschte* sie. Die Wirtschaft wurde instabiler, die Menschen *hungerten*. Gorbatschow wartete zu lange, bis er Hilfsgüter aus dem Ausland besorgte. Und dann zerfiel über Nacht die Sowjetunion, die Heimat, die Weltmacht neben den USA. So schlug ihre Hoffnung in *Zorn* um. Die Russen glaubten nach dem Scheitern von Gorbatschow nicht mehr an Demokratie und akzeptierten Jelzin und Putin, die geschickt die Lage stabilisierten. Putin wusste und weiß, dass nur durch eine *verzerrte Erzählung*, also durch Aberglauben die

Menschen langfristig ihm zujubeln. Z. B. in der Ukraine herrschen Nazis und Faschisten, die die Bevölkerung unterdrücken.

USA All diese Gründe finden wir auch bei der Erklärung von Bernie Sanders, dem anderen Präsidentenkandidaten neben Joe Biden bei den Demokraten in den Vorwahlen, warum Menschen Donald Trump gewählt haben und seine Fans wurden.

Seine Grundthese ist: Die amerikanischen ArbeiterInnen haben auf die Demokraten *gehofft*, dass sie ihre Lage verbessern. Z. B. mehr Lohn, eine Krankenversicherung für alle, bessere Aufstiegschancen usw. Aber die demokratischen Präsidenten wie Clinton oder Obama haben nicht die Treue zu den ArbeiterInnen gehalten. Die Hoffnung wurde *enttäuscht*, die Situation der ArbeiterInnen *verschlechterte* sich. Sie folgerten: der neue demokratische Präsident hat uns betrogen. Die Hoffnung schlägt in *Zorn* um. Trump greift den Zorn auf und verbreitet mit seinen *Lügengeschichten* Aberglauben und schürt den *Hass* an. In dieser Grundthese stecken alle vier Gründe von Spinoza drin. Etwas ausführlicher im Originalton.

Die ZEIT stellt direkt Sanders die Spinoza-Frage, sogar in verwandelter Form zwei Mal:

„ZEIT: Noch mal: Warum setzen so viele Menschen angesichts dieser Misere auf die Republikaner?

Sanders: Viele Arbeiter fühlen sich getäuscht. Viele von ihnen, deren Eltern und Großeltern noch für die Demokraten gestimmt haben, haben heute das Gefühl, sie seien schlechter dran als ihre Eltern früher. Hinzu kommt eine geschickte Taktik der Republikaner: Sie kämpfen zwar für Steuererleichterungen und Kürzungen der Sozialleistungen. [Also gegen die ArbeiterInnnen] Doch das kaschieren sie, indem sie die Kulturkämpfe unserer Zeit anheizen. [also Aberglauben verbreiten] Früher haben sie sich über Rassismus profiliert, heute bedienen sie frauenfeindliche Ressentiments, Sexismus, Homophobie und natürlich die Angst vor Migranten. [also Hass schüren] Was leider oft gerade bei den Menschen ankommt, die sich zurückgelassen fühlen.

ZEIT: Und warum ist Donald Trump so populär – trotz aller Anklagen?

167

Sanders: Seine simple Botschaft lautet: "Wenn ihr – wie ich – glaubt, dass das System euch im Stich lässt, dann bin ich auf eurer Seite." Und diese Botschaft verfängt.

ZEIT: Was sollten die Demokraten anders machen?

Sanders: Die Demokratische Partei muss endlich zu einer Partei der Arbeiterklasse werden, die den Mut aufbringt, sich gegen die mächtigen Sonderinteressen einiger weniger Superreicher zu stellen. Wer nicht über die Gier und die Übermacht der herrschenden Klasse spricht, die für so viele Probleme in unserem Land verantwortlich ist, hinterlässt ein gefährliches Vakuum – auch für jemanden wie Donald Trump. Aber Reden allein hilft nicht. Die Demokraten müssen endlich liefern. Wenn die Demokratische Partei morgen die Gesundheitsversorgung für jeden Mann, jede Frau und jedes Kind garantieren würde, wenn wir die hohen Kosten für verschreibungspflichtige Medikamente senken und das Rentenprogramm verbessern könnten, ich verspreche Ihnen: Dann würden die Demokraten gewinnen." (ZEIT Nr. 43/2023)

Was empfiehlt Sanders? Er setzt eigentlich nur Jesu Empfehlung in die heutige politische Situation um: Wer der Erste sein will, soll Diener aller sein. Wenn die Demokraten gewinnen wollen, sollen sie die Ärmeren im Land durch gerechte und soziale Reformen unterstützen. Dafür müssen die Demokraten auch bescheidener werden, glaubwürdig solidarisch mit den Menschen. Das zeigt auch der folgende Ausschnitt:

„ZEIT: Viele Trump-Wähler sagen, sie hätten für ihn gestimmt, weil er ihnen das Gefühl gebe, ihr Leben sei in Ordnung, so wie sie es leben: Fleisch essen, auf die Jagd gehen, Waffen besitzen, einen Pick-up fahren. Warum gelingt es den Demokraten nicht, ein ähnliches Gefühl zu vermitteln?

Sanders: Ein Grund ist wohl, dass viele Demokraten die Politik aus einer elitären Perspektive betrachten. So was spüren die Menschen. Vor allem Leute aus dem ländlichen Amerika fühlen sich von den Demokraten vernachlässigt.“

Neid schüren und die Demokratie entkräften – Warnungen vor der AfD

Evangelium: Mt 20,1-16
25. Sonntag im Jahreskreis, Lesejahr A

Predigt:

Dieses Evangelium mögen viele Menschen nicht. Sie haben den Eindruck, dass der Gutsbesitzer nicht gerecht vorgeht. In den letzten Jahren, wenn dieses Evangelium an einem Sonntag gelesen wurde, habe ich es spirituell gedeutet. Der eine Denar bedeutet, dass man im Reich Gottes ist. Und da das Reich Gottes die Fülle bei Gott ist, kann es gar keine zwei oder drei Denare Lohn geben. Unendlich mal unendlich ist unendlich. Man kann nicht doppelt im Reich Gottes sein. Diese Deutung finde ich immer noch sehr passend.

Trotzdem wage ich heute eine weitere Interpretation. Bei dieser beginne ich mit einem Gedanken des Soziologen Max Weber, der am Anfang des 20. Jahrhunderts lebte und wirkte.[121]

Das vermeintliche Recht auf besseren Status Menschen in besseren Positionen meinen, sie verdienen es, dort zu sein, wo sie sind, es sei ihr gutes Recht, besser dazustehen, und die anderen in schlechterer Position verdienen es, dass sie Unglück erleben, sind selbst schuld daran, dass sie auf niedrigem Niveau leben.[122]

Daraus folgern sie: Wenn jetzt jemand, der angeblich selbst schuld ist, dass er auf niedrigem Niveau ist, z. B. vom Staat gefördert wird, ist das in der Sichtweise der anderen, die meinen, einen besseren Status verdient zu haben, ungerecht. Sie beginnen zu grollen und werden neidisch.

Genau das führt uns zu dem Bild, das Trump-Anhänger und AfD-Anhänger gemeinsam haben, wie die Soziologen Hochschild und Dörre herausfanden.

Man steht in einer großen Warteschlange vor einem Berg, dem Sehnsuchtsberg des Erfolgs. Jeder wartet brav, bis er an die Reihe kommt und versucht durch Fleiß und Einhaltung der Regeln nach vorne zu kommen. In dieser Warteschlange stehen die weißen

Menschen weiter vorne. Aber nun passiert es, dass Menschen, die hinten stehen, schwarze Menschen, Einwanderer, Frauen, Behinderte sich nach vorne drängeln und die treuen und geduldigen weißen Männer überholen. Der Staat ermöglicht, dass diese an den anderen vorbeigeschleust werden.[123]

Bemerken Sie die Ähnlichkeit zwischen unserem Evangelium und diesem Warteschlangen-Bild? Die Männer, die im Gleichnis elf Stunden gearbeitet haben, fühlen sich genauso ungerecht behandelt wie die Trump- und AfD-Anhänger. Sie meinen: Sie haben ein Recht auf mehr Erfolg und haben es nicht bekommen. Deswegen grollen sie.[124]

Trump und die AfD rufen diesen Menschen zu: Ihr habt Recht, dass ihr grollt. Wenn ihr uns wählt, kämpfen wir gegen Ausländer, Migranten, Frauen, Schwule und Lesben usw., die sich mit der Hilfe des Staates nach vorne drängen wollen.

Was würde die AfD tun, wenn sie an der Macht wäre? Behinderte dürften nicht mehr in normalen Betrieben mitarbeiten. Das Kirchenasyl würden sie als allererstes verbieten usw.

Aber jetzt ist hochinteressant, was der Gutsbesitzer erwidert: **„Mein Freund, dir geschieht kein Unrecht. Bist du neidisch, weil ich zu anderen gütig bin?"**

Was ist also das Reich Gottes, nach diesem Gleichnis? Im Reich Gottes legt man den Neid ab und meint nicht, man habe ein Recht auf einen erfolgreicheren Status. Im Reich Gottes freut man sich, wenn Schwächere gefördert werden „So werden die Letzten die Ersten sein". Im Reich Gottes ist man dankbar für das, was man hat. Stellen Sie sich mal vor, wie die Welt wäre, wenn der Neid auf Migranten, Frauen usw. einfach weg wäre! Ja eine Welt ohne Neid wäre sehr nahe am Reich Gottes!

Soll man dann gar nicht mehr über **soziale Gerechtigkeit** reden? Keineswegs. Maria singt im Magnifikat: er stützt die Mächtigen vom Thron und erhöht die Niedrigen. Die Hungernden beschenkt er mit seinen Gaben und lässt die Reichen leer ausgehen. Die katholische Soziallehre hat deswegen immer betont, dass übermäßiger Reichtum in den Händen von wenigen ungerecht ist und nicht dem Reich Gottes entspricht. Die Schere zwischen arm und reich ist in

Deutschland wie den USA in den letzten Jahrzehnten stark auseinander gegangen. Eine stärkere Besteuerung der Superreichen und eine stärkere Unterstützung der Ärmsten ist nur sozial gerecht. Aber jetzt kommt der entscheidende Unterschied zwischen dem Evangelium bzw. der katholischen Soziallehre und der AfD und Trump.

Aufhetzen Die AfD und Trump reden gar nicht über die eigentliche soziale Ungleichheit zwischen Superreichen und Ärmsten. Sie dagegen hetzen die untere Mittelschicht gegen die sozial noch schwächer gestellten auf und schüren den Neid dieser unteren Mittelschicht. Damit lenken sie von der eigentlichen Ungerechtigkeit ab. Und das ist perfide. Sie schüren den Neid, sagen der unteren Mittelschicht „Ihr habt mehr Recht auf Erfolg" und verdecken die wahren sozialen Ungerechtigkeiten: sie bauen das Gegenteil vom Reich Gottes auf! Ein Anti-Reich, ein Reich der Spaltung und des Neides!

Dagegen schaut die Wirklichkeit in Bayern recht positiv aus: Die Arbeitslosenquote in Bayern bei Ausländern betrug Dezember 2022 8,1 % und bei ausländischen Frauen 10,2 %. Das ist doch erstaunlich niedrig. Die Integration in den Arbeitsmarkt gelingt besser als vermutet.

Verschwörungserzählungen light Aber die AfD ist noch perfider als bis jetzt dargestellt: Für das aktuelle Umfragehoch der AfD gibt es in der Regel zwei große Erklärungsansätze. Der eine dreht sich um das Was, also den Inhalt. Demnach steht die Partei deswegen so hoch im Kurs, weil viele Menschen am liebsten die Grenzen dichtmachen, die EU radikal umgestalten oder die Waffenlieferungen an die Ukraine einstellen würden. Der andere Ansatz nimmt hingegen das Wie in den Blick, sieht den Grund für den Höhenflug der Partei darin, dass sie durch ihre aggressive wie passgenaue Kommunikation in Medien und sozialen Netzwerken als Protestpartei für Unzufriedene funktioniert.

Beides stimmt. Es gibt aber noch einen dritten Erklärungsansatz. Die AfD – ähnlich wie viele andere rechtspopulistische Parteien – hat eine spezifische Art des Denkens im Angebot: Hinter allen gesellschaftlichen Großphänomenen verbirgt sich eine andere, verdeckte Wahrheit. Der Krieg in der Ukraine? Kein Überlebenskampf einer angegriffenen Nation, sondern ein Stellvertreterkrieg der USA, um neue Waffen zu testen! Die Corona-Maßnahmen? Kein Versuch des Bevölkerungsschutzes, sondern ein biopolitischer Angriff der Systemparteien auf Freidenker! Migration? Keine schwierige, komplexe politische Herausforderung, sondern Teil einer „großen Umvolkung": Eliten wollen die Einheimischen verdrängen!

Man mag derlei nun schlicht unter dem Stichwort der Verschwörungstheorie verbuchen. Teile von AfD-Funktionären und -Wählern hängen diesen an. Doch oft kommt die Verschwörungserzählung sanft verpackt daher. Nach dem Motto: Schuld am Ukraine-Krieg haben doch vor allem die USA! Das ist in der Sache falsch, aber eben auch noch keine Verschwörungstheorie.[125]

Alle radikalen Bewegungen, Klimawandelleugner, Gegner von Schwulen, Lesben und queere Menschen, Coronaleugner und Impfgegner, Frauenhasser, rassistische Bewegungen haben sich mit der AfD verbündet. Das konnte die Extremismusforscherin Julia Ebner in ihrem Buch „Massenradikalisierung" zeigen.

Warum kann also ein Christ die AfD nicht wählen?

1.   Die AfD betreibt Geschichtsverdrehung und Schuld-umkehr der deutschen Geschichte siehe AfD-Chefin Weidel will am Jahrestag des Kriegsendes „die Niederlage des eigenen Landes nicht befeiern". Ein anderer ranghoher AfD-Politiker geht jetzt sogar in Richtung Leugnung von NS-Verbrechen.

2.   Die AfD leugnet den Klimawandel, also die größte Herausforderung der Menschheit im 21. Jahrhunderts leugnet sie einfach!

3.   Die AfD kämpft nicht für mehr soziale Gerechtigkeit, stattdessen betreibt sie Elitenhetze gegen demokratische Politiker, gegen Wissenschaftler, die der Öffentlichkeit den Klimawandel oder Corona erklären, gegen Journalisten, die ihre Machenschaften aufdecken.

4.   Die AfD möchte wie Orban oder Trump unsere Demokratie, Gewaltenteilung, Pressefreiheit, also letztlich unser Grundgesetz

angreifen. Christen haben nach dem II. Weltkrieg das Grundgesetz geschrieben. Heute gilt es dies wieder zu verteidigen.

5.		Die AfD möchte die NATO verlassen. Das würde uns in die Arme von Putin treiben.

6.		Die AfD möchte Deutschland aus der EU führen. Das würde die ganzen wirtschaftlichen, sozialen, politischen, menschlichen Vernetzungen zwischen uns und den anderen europäischen Staaten schädigen. Wir, gerade die deutschen Unternehmen, haben insgesamt immer von der EU profitiert.

7.		Die AfD wird vom Verfassungsschutz beobachtet. Thüringens AfD-Vorsitzender Björn Höcke muss sich vor Gericht verantworten, weil er in einer Rede eine verbotene Losung der Sturmabteilung (SA) der NSDAP verwendet hat.

8.		Die AfD fördert letztlich Gewalttaten wie die Stürmung des Reichstages und verstärkt die Gefahren von Spaltung und Bürgerkrieg.

9.		Auch wenn manche ultrakonservative Christen die AfD unterstützen. Die AfD verbreitet so viel Groll und Neid und widerspricht damit völlig dem Geist und der Botschaft Jesu Christi.

Die Sehnsucht nach einem sicheren Hafen - Warum wählen Menschen die AfD

Evangelium: Mk 4,35-41
12. Sonntag im Jahreskreis, Lesejahr B

Predigt:

Unser Papst Franziskus hat dieses Evangelium vom Seesturm gewählt, als er in der Hochphase der Coronapandemie am leeren Petersplatz eine Andacht mit Predigt hielt, die in alle Welt übertragen wurde. Viele Menschen haben sich so gefühlt: unsicher, ohnmächtig, verwirrt, nicht-wissend in einen Sturm, mit Angst vor unbekannten Gefahren, in einem Boot, das hin und her schwankt, kein fester Boden unter den Füßen. Papst Franziskus wies darauf hin, dass Christus da ist, auch im schwankenden Boot, uns beisteht, auch wenn wir meinen, er schläft.

Wir Menschen wollen Gefahren meiden, ganz klar. Aber wir Menschen wollen auch nicht gerne undurchschaubare Situationen aushalten. Deswegen tendieren wir dazu, die unübersichtliche Lage mit einer klaren Erklärung aufzulösen. Das geschah schnell in der Coronapandemie. Verschwörungserzählungen kamen auf, dass Corona nur ein normaler Grippevirus ist, dass aber dunkle Mächte durch die Impfung uns einen Chip implantieren wollen, um uns zu überwachen. Warum folgen Menschen so einem Unsinn?

Weil wir Menschen Nicht-Wissen, Ohnmacht und Verwirrung nicht lange aushalten wollen. Die Verschwörungserzählung beendet nämlich all dies: die klare Erklärung von allem beendet die Verwirrung und das Nicht-Wissen. Vielmehr gehört man jetzt zu den Eingeweihten, die alle Zusammenhänge durchschauen. Man ist schlauer als die anderen. Mit dem Wissen hat man mehr Macht und widersetzt sich dem Impfen, ist also nicht mehr ohnmächtig.

Ich habe mal in einer Pfingstpredigt Nicht-Wissen, Ohnmacht und Verwirrung als drei Gaben des Heiligen Geistes bezeichnet. (Siehe zweiter Impuls am Anfang des Buches.) Denn nur wenn wir diese drei unbequemen Gaben des Heiligen Geistes in Krisen aushalten, lernen wir dazu, gelangen wir zu weisen Entscheidungen. Das zentrale Zeichen unseres Glaubens, das Kreuz, ist Zeichen der *Ohnmacht!* Die Jünger waren total *verwirrt:* Wie kann ihr Heiland am Schandpfahl enden? Sie *wussten* am leeren Grab *nichts* von der Auferstehung. Nur so waren sie offen für das Wunder der Auferstehung!

Das gilt noch heute: Jesus Christus ist durch seinen Heiligen Geist bei uns, wenn wir in einer Krise im Boot sitzen und der Sturm uns herumwirft. Paradoxerweise wirkt gerade durch Ohnmacht, Verwirrung und Nicht-Wissen der Heilige Geist in uns. Wenn wir das aushalten, dann lehrt er uns die nächsten Schritte zu guten Lösungen. So ist Jesus im Sturm bei uns!

Wir haben also die Wahl: Halte ich die Unsicherheit aus und vertraue dem Heiligen Geist? Oder folge ich der Neigung, irgendeiner schnellen Erklärung für alles und einer Pseudolösung hinterher zu rennen?

Wir können das auch mit dem Bild des Bootes auf der See so ausdrücken: Ich kann akzeptieren, dass ich auf See bin und das Boot auf hoher See umbauen. Oder ich gebe mich dem Wunsch hin, das Boot ans Land zu bringen und dort alles ganz neu aufzubauen. Um diese zwei Alternativen stritten sich Philosophen in den 20er Jahren des 20. Jahrhunderts. Kann man eine reine Wissenschaftssprache entwickeln, also die unreine Alltagssprache auf dem Festland komplett umbauen, so dass man Beobachtungen von Experimenten sauber und klar protokollieren kann? Otto Neurath widersprach: Nein das geht nicht. Wir sind mit unserer Alltagssprache wie ein Schiff auf dem Meer. Wir können unsere Sprache nur auf dem Meer korrigieren und verbessern. Wir müssen das Schiff auf dem Meer umbauen.

Nun komme ich zu meiner eigentlichen **Hauptthese** in dieser Predigt. Ich glaube, einer der Hauptgründe, warum Menschen AfD wählen, einer der Hauptgründe (nicht der einzige) liegt in einem **illusorischen Wunsch: Unser ganzes gesellschaftliches Zusammenleben von Grund auf neu aufbauen.** Unsere ganze Demokratie – in den Augen der AfD-Anhänger ein marodes Schiff auf stürmischer See – ans Festland bringen, das marode Schiff verlassen und dann ein perfektes anderes Schiff an Land bauen. Aber man muss einfach klar mit Otto Neurath sagen: Das funktioniert nicht! Und wenn man es probiert, verursacht man viel Leid und Zerstörung. Wieviel Zerstörung von Wirtschaftskraft würde allein Deutschland bescheren, wenn es aus der EU austreten würde!

Aber warum erscheint dieser illusorische Wunsch so attraktiv? Um diese Frage zu beantworten, greife ich auf das schon Erläuterte zurück: Wir Menschen tun uns schwer damit, komplexe Situationen, die in ihrer Gänze nie völlig verstehbar sind, auszuhalten. Wir mögen Nicht-Wissen, Ohnmacht, Verwirrung nicht!

Wir mögen es nicht, im Sturm das Schiff auf hoher See umzubauen! Aber genau das ist die Herausforderung heute: Angesichts von Klimawandel, Artensterben, Kriegen, Flüchtlingen, notwendigen Transformationen der Wirtschaft hin zur Nachhaltigkeit, Mangel an Fachkräften, der zu großen Schere zwischen arm und reich usw. ist es schwer, in zähen unübersichtlichen demokratischen Prozessen zu guten nächsten Schritten und zu Lösungswegen zu kommen. Da gibt es nicht schwarz-weiß, da gibt es keine klaren Gegensätze mehr: Die Partei ist richtig, die Gegenpartei ist falsch.

In den 90 er Jahren musste der Osten gewaltige Transformationen durchstehen. Sie erlebten den Umbau auf hoher See im Sturm.

Nemann in der ZEIT meint, „dass die Wucht, mit der die globale Transformation in den Neunzigerjahren den Osten erfasst hat, nun auch vom Westen Besitz ergreift und ihn aus dem Gleichgewicht bringt. Und das führt zu Anpassungsstörungen, die man im erfolgsverwöhnten Westen nicht gewohnt ist. […] Denn auch der Westen muss auf einmal erfahren, was es heißt, wenn Sicherheiten von einem auf den anderen Tag wegbrechen, Ideale wie Freiheit, Fortschritt und Demokratie nicht mehr vorbehaltlos von allen geteilt werden, Wohlstandsverluste drohen und die eigenen Vorstellungen durch Fake-News oder populistische Wegelagerer oder neue KI-Technologien unterwandert werden. Die schleichende Abwicklung seiner alten Industrien. Die plötzliche Entwertung seiner einstigen Idole. Seine Historisierung." (ZEIT 44/2023)

Weil man diese Komplexität und diese Unsicherheit nicht aushalten will, neigt man zu einfachen Erklärungen und Lösungen. Unbewusst oder bewusst passiert dann oft folgendes: Das eigentliche, zu große, zu komplexe Problem wird verdrängt, dafür wendet man sich einem kleineren Problem mit viel Getöse zu. Dieses Problem ist dann oft verzerrt dargestellt, damit man DIE Lösung präsentieren kann. So leugnet die AfD den menschengmachten Klimawandel, dafür machen sie Migranten für fast alle Übel unseres Landes verantwortlich.

Ja alle unsere demokratischen Parteien und ihre Vertreter, die Verantwortung innehatten und haben, haben Fehler begangen. Teilweise waren es vermeidbare sehr teure, peinliche Fehler, z. B. Andreas Scheuers Autobahnmaut-Debakel. Manche Fehler wurden leider nie ganz klar aufgeklärt, z. B. die Rolle von Scholz bei den Cum-Ex-Geschichten. Manche Entscheidungen stellten sich im Nachhinein als zu einseitig und problematisch heraus: Die Hartz-IV-Gesetze der Schröder-Regierung hat unseren Sozialstaat eher geschwächt und die SPD hat auch deswegen an Bedeutung verloren. Merkel hat zu sehr die Abhängigkeit Deutschlands vom russischen Öl zugelassen und andererseits die weitere Förderung von Photovoltaik gebremst. All diese verschiedenen Fehler können wütend machen. Der fehlende Bürokratie-Abbau lässt Firmen verzweifeln.

Aber es muss uns eins klar werden: **Wir können das Schiff demokratische Gesellschaft nur auf See umbauen.** Wir können nicht in die Werft fahren und ein komplett neues Schiff aufbauen.

Wenn die AfD oder Trump gegen die hochnäsigen Eliten wettern, dann geht es untergründig genau auch um diese Frage. Wissenschaftler und Politiker machen Fehler, korrigieren sich, ändern Positionen – das mag verwirren. Aber all das ist allzu menschlich, wenn wir uns klar machen, dass sie in hochkomplexen und unberechenbaren Situationen reden und handeln. Sie wissen, dass sie das Schiff im Sturm umbauen müssen.

Trumps Arroganz dagegen bietet seinen Fans folgendes an: Ich verstehe alles, mit mir habt ihr sicheren Boden unter den Füßen. Ich mache Amerika wieder groß. Und das gleiche bietet die AfD an: Einfache Erklärungen und einfache Lösungen.

Aber komplexe Herausforderungen sind einfach nun mal komplex! Beten wir um weise und geschickte PolitikerInnen und Regierungen, die das Schiff auf dem Meer gut umbauen.

Ergänzungen:
Auch die kirchliche Verkündigung in den Sonntagspredigten muss sich kritisch fragen: Haben wir zu wenig betont, dass wir in der Welt nie Sicherheit haben können? Haben wir die Menschen eingelullt oder innerlich gefestigt? Den Thessalónichern schreibt Paulus: „Wenn sich die Leute in Sicherheit wiegen und sagen werden: „Überall ist Ruhe und Frieden", wird sie das Ende so plötzlich überfallen wie die Wehen eine schwangere Frau. Es wird für niemanden mehr einen Ausweg aus dem Verderben geben." (1 Thess 5,3) Die Predigtaussage „Gott beschützt Dich" soll die Menschen nicht in eine falsch verstandene Sicherheit hineinlullen, sondern uns fähig machen, auf dem Schiff auf offenem Meer zu leben und sinnvoll zu handeln.

Ein Text von Karl Rahner und ein Gebet vom Hl. John Henry Newman sind nüchtern realistisch:

Wir sind gehalten, weiter zu pilgern und zu laufen und nie zu meinen, wir hätten es erreicht. Denn wir sind noch unterwegs zum Abendmahl des ewigen Lebens, wo der Herr aufstehen und sich gürten wird um uns den Wein der unsagbaren Freude zu reichen. Weil wir noch unterwegs sind, brauchen wir uns nicht zu wundern, dass unser Herz immer wieder müde und zornig über seine enttäuschten Hoffnungen weint und klagt, dass wir immer wieder den Eindruck haben, auf der Flucht aus der gestorbenen Hoffnung in eine tote Lehre zu sein. Auch auf solchen Wegen kann verborgen der Herr als das Erbarmen Gottes mit uns gehen. Auch solche Wege können nach dem Haus unseres Lebens führen, wo wir beim Brotbrechen den Herrn erkennen.
Karl Rahner

Führe mich, freundlich Licht,
mitten in Dunkelheit,
für mich hinan!
Schwarz ist die Nacht,
weit bin ich noch vom Heim,
für mich hinan!
Halt meinen Fuß;
ich will ja nichts fernes schaun, fernes Gefild,
ein Schritt nur genügt.
So tat ich früher nicht,
kannte die Bitte nicht,
dass du mich leitest.
Suchte mir selbst den Pfad,
trotzend der Furcht,
Stolz lenkte meinen Weg –
doch jetzt gib du Geleit.
John Henry Newman[126]

Lernen und Frusterfahrungen

Evangelium: Lk 12,49-53
20. Sonntag im Jahreskreis, Lesejahr C

Predigt:
Ein hartes Wort Jesu. Wir wünschen uns doch Frieden. Und dann prophezeit uns Jesus Spaltung, sogar in der Familie. Wie können wir daraus einen aufbauenden Impuls für uns heute herausziehen?
Dafür möchte ich mit einem neuen Schlagwort beginnen: **Rasenmäher-Eltern.** Dahinter steht das Bild von Eltern, die den Rasen mähen und jede Unebenheit beseitigen, damit das eigene Kind ohne Hindernisse und Unfallgefahr, also problemlos vorangehen kann. Es ist also ein Begriff für überbehütet, überumsorgend.
Kinder aus solchen Elternhäusern fallen aber dann öfters im Kindergarten oder in der Schule auf: Sie kennen nur den Lebensmodus, dass Hotel Mama alles bestens bereitet. Aber in der KiTa und in der Schule gibt es noch andere Kinder und es gibt Regeln, an die sich jeder halten muss. Dann ist es vorbei mit dem Frieden…
Wie lernen wir Menschen? Besonders durch Herausforderungen. Was passiert bei einer Herausforderung? Unsere üblichen Strategien funktionieren nicht. Frust stellt sich ein, weil wir erst einmal scheitern. Unsere Fähigkeiten, unsere Vermögen werden an ihre Grenzen geführt, ja sie werden gezwungen, über diese Grenzen hinauszugehen. Wenn wir die Herausforderung gemeistert haben, stellt sich auch ein Glücksgefühl ein: Geschafft! Aber Herausforderungen meistert man nicht ohne Frusterfahrungen. Diese Kombination aus Frust und Lust ist nach Kant charakteristisch für erhabene Erfahrungen. Dagegen gibt es bei schönen Erfahrungen ein harmonisches Zusammenspiel unserer Fähigkeiten und Vermögen.
Lernen und Frusterfahrungen Eltern können, wenn sie wollen, dass ihre Kinder Lernprozesse machen, gar nicht vermeiden, dass Kinder Frust erleben. Ja gerade in Therapien kann es darum gehen, einem Kind wohl dosiert Frusterfahrungen zuzumuten und diese mit

Lob und Stärkung zu kombinieren, so dass Lernfortschritte erzielt werden können. Ein Beispiel:
„Akil ist in der Schule sehr isoliert, hat keine Freunde, lässt sich leicht ablenken, ist ein Einzelkind und isst nicht genug. Er ist sehr ängstlich und muss im Bett seiner Mutter schlafen. Er hatte eine sehr schwierige Geburt und musste zehn Wochen im Inkubator verbringen. Die Eltern stammen aus dem Nahen Osten und leben seit fünf Jahren in England. In dieser Therapiesitzung beobachtet Eia Asen: Der Junge matscht mit dem Essen herum und redet mit seiner Mutter. Er soll eigentlich essen, aber sie redet mit ihm, und er antwortet, und dann isst er ein wenig oder auch gar nichts." Der Therapeut Eia Asen entschließt sich, eine sehr spezielle Intervention durchzuführen:
„Sie können jetzt rausgehen und zurückkommen, wenn er fertig ist." Dann wendete er sich an Akil: „Deine Mami kommt zurück, wenn du fertig bist." Darauf Akil: „Was?!" – „Sie kommt zurück, wenn du fertig bist. Wenn du nicht fertig wirst, kommt sie nicht zurück." […]. Akil wirft sich vom Stuhl, brüllt wie am Spieß, läuft heulend zu Tür und schlägt dagegen."
Hier werden die Vermögen von Akil an die Grenzen getrieben! Der Therapeut kehrt zurück und sagt dem Jungen: „Alles gut, deine Mama ist hier, und sie wird ganz bestimmt zu dir zurückkommen, wenn du mit dem Essen fertig bist. Wenn du dich also hinsetzt und isst, kommt deine Mami zurück." […] [Da] rennt Akil zum Tisch, schaufelt sich zwei Löffel Essen in den Mund und brüllt: „Mami, Mami, komm zurück! Wo bist du?" Die Mutter eilt in den Raum und küsst und umarmt ihn. Eia Asen sagt zu ihm: „Das war schon ganz gut. Jetzt iss den Rest auch noch, sonst muss Mami wieder weg gehen!"[127]
Der Therapeut lässt die Situation nicht eskalieren. Vielmehr lobt er den Jungen, was er schon geschafft hat. Aus dieser Erfahrung lernt Akil und merkt, dass er es auch ohne Mutter schaffen kann.
Kinder und auch wir Erwachsene lernen durch Herausforderungen, die uns über unsere Grenzen treiben. Dabei ist wichtig, dass die Grenzerfahrung nicht zu stark ist, ansonsten kann der Frust in Dauerfrust umschlagen und der Lernprozess wird eher blockiert. Es

ist eine Gradwanderung, aber wir kommen nicht umhin, wenn wir reifen wollen.

Jesus hat seine Jünger, die Pharisäer, das Volk auch herausgefordert. So gab es NachfolgerInnen, die sich auf das Neue einließen, und Menschen, die sich wehrten und dicht machten. Das bewirkt Spaltung! Auch Jesus kann nicht alle zu passenden Lernprozessen animieren!

Viele Menschen wollen heute diese Notwendigkeit an Grenzerfahrungen, durch die man lernt, nicht wahrhaben. Der Soziologe Reckwitz beschreibt unser heutiges Verständnis und Ideal: „**Das Subjekt der Spätmoderne** will nun im Grunde beides, und beides wird von ihm verlangt: Selbstentfaltung und sozialer Erfolg."[128] Mit diesem Doppelideal von Selbstentfaltung und sozialem Erfolg verbindet sich die Strategie der positiven Psychologie: Denke positiv! Pflege positive Gefühle! Und was passiert mit den negativen Gefühlen, die ich nicht schnell transformiert bekomme? Bin ich dann ein Versager? Oder: Wie gehe ich mit Schicksalsschlägen um?

Enttäuschungen sind aber nicht völlig ausschließbar. Ganz im Gegenteil schafft die Wettbewerbskultur immer auch Verlierer. Gerade dann zeigt sich, dass der Tanz um das goldene Kalb der positiven Emotionen nicht hilfreich ist. Da empfiehlt Reckwitz unter anderem, einerseits das Aushalten von Widersprüchen einzuüben, andererseits eine stärkere, „stoischere" Distanz zu den eigenen Emotionen zu lernen.

Die entscheidende Frage ist also, welche „Hilfe", welche Kultur, welcher spiritueller, psychotherapeutischer oder religiöse Weg, welche Philosophie ermöglicht dem Einzelnen in einer Krise ein sanftes Über-sich-hinaus-Wachsen zu vollziehen? [Deleuze nennt das Deterritorialisierung, meinen gewohnten Bereich/Territorium verlassen, überschreiten] **Was stärkt ein Individuum in Krisenzeiten?** Das kann natürlich nicht für jeden derselbe Weg sein. Heutzutage werden diese Fragen unter dem Stichwort „Resilienz" diskutiert.

Jesus gab uns die Jüngerregel: Wer mein Jünger sein will, verleugne sich selbst, nehme sein Kreuz auf sich und folge mir nach. Oft genug wurde „sein Kreuz tragen" dazu missbraucht, um Menschen klein zu halten, sie auszunutzen usw. In diesen Straßengraben wollen wir nicht fallen. Aber Lernprozesse in jeglicher Hinsicht, individuell, in der Familie, in der Gesellschaft, in der Kirche kann es nur geben, wenn manchmal die Fähigkeitsgrenzen erreicht und ein wenig überschritten werden. Wenn wir ein Kreuz tragen ... Für postmoderne Menschen, die allein ihre positiven Gefühle pflegen wollen, eine Zumutung – und eine unausweichliche Herausforderung!

Gute Regierungsarbeit als Mittel gegen Populisten

Evangelium: Lk 6, 43-45
8. Sonntag im Jahreskreis, Lesejahr C

Predigt:

„Es gibt keinen guten Baum, der schlechte Früchte bringt, noch einen schlechten Baum, der gute Früchte bringt. Denn jeden Baum erkennt man an seinen Früchten: Von den Disteln pflückt man keine Feigen und vom Dornstrauch erntet man keine Trauben." (Lk 6,43f) So dürfen wir Politiker nach ihren Ergebnissen beurteilen. In einer Demokratie haben wir dann die Möglichkeit, regelmäßig zu wählen. Wir können eine Regierung, die uns nicht in ihrer Arbeit überzeugt hat, abwählen. Wie im Gleichnis im Lukasevangelium: Vier Jahre lang hat der Feigenbaum Zeit, gute Früchte zu bringen. Ansonsten wird er umgehauen. Es ist äußerst wertvoll, dass eine Abwahl und ein Regierungswechsel in einer gut funktionierenden Demokratie unblutig und gesittet ablaufen.

Eines der wichtigsten Aussagen in dem Buch „Bürgerkriege" von Barbara Walters ist für mich: Drei Qualitäten einer Demokratie verhindern Bürgerkriege, und zwar Rechtsstaatlichkeit, also Gleichheit vor dem Gesetz, Mitspracherecht und Rechenschaftspflicht und die Effizienz der Regierung und die Qualität der öffentlichen Dienstleistungen.[129]

Effizienz und Qualität des Staates Gerade beim letzten Merkmal stockte ich und kam ins Grübeln: Mehrere Ereignisse in der deutschen Politik ließen mein Vertrauen in die Qualität der Regierung schwinden. Besonders zwei Ereignisse haben mein Vertrauen erschüttert: Der Autobahnmaut-Skandal mit Verkehrsminister Scheuer – wie kann man einen dreistelligen Millionen-Vertrag abschließen, ohne vorher mit der EU die Durchführbarkeit zu klären? Genauso schockiert war ich über die Unfähigkeit unserer deutschen Regierung, afghanische Hilfskräfte unserer deutschen Truppen, die durch die Machtergreifung der Taliban um ihr Leben fürchteten, nach Deutschland zu bringen. Die Ministerien standen sich gegenseitig im Weg.

Wie können hochbezahlte Beamte und Politiker so versagen? Nicht nur ich, viele Bürgerinnen und Bürger fragen sich das – wobei die angeführten Beispiele durchaus unterschiedlich sind. (Lächerlich und unpassend sind Beispiele, bei denen sich PolitikerInnen bei einem Spontan-Interview irren, verhaspeln o. ä. Natürlich stimmt es, dass man zum gleichen Punkt zurückkehrt, wenn man sich 360 Grad dreht. Aber aus diesem Lapsus der Außenministerin, Putin müsse sich 360 Grad drehen, damit man ihm glaube, zu folgern, dass sie unfähig im Amt sei, wird Baerbock nicht gerecht.)

Das Schlusskapitel des Buches „Die Methode AfD" hat den Titel: „Demokratie in der Lernkurve: Auf die anderen kommt es an". Dem kann ich nur zustimmen: Das beste Mittel, der AfD das Wasser abzugraben, ist, gute Regierungsarbeit zu leisten. Nochmals Jesus in der Bergpredigt: An ihren Früchten werdet ihr sie erkennen.

Aber das ist eine **weltweite Herausforderung**. Es lohnt sich, die Aussagen von Moisés Naím im ZEIT online Interview näher anzuschauen. Er war venezolanischer Handelsminister und Direktor der venezolanischen Zentralbank, Exekutivdirektor der Weltbank und Chefredakteur der Zeitschrift Foreign Policy. Er kennt also viele Länder und ihre politischen Probleme.

„ZEIT ONLINE: Herr Naím, in vielen Demokratien stimmen Wählerinnen und Wähler zunehmend für antidemokratische oder illiberale Parteien. Warum?

Moises Naím: Weil viele Regierungen die Hoffnungen und Bedürfnisse der Bürger nicht erfüllen und ihre eigenen Versprechen nicht einhalten. Gleichzeitig sind die Erwartungen an die Politik in den vergangenen Jahren gestiegen. Die Menschen sind dementsprechend enttäuscht und frustriert – und das macht sie empfänglich für die Versprechen von Demagogen, Scharlatanen und Betrügern."[130]

Handeln und Erzählen Naím betont, dass beides wichtig ist, gutes Regierungshandeln und verständliches, aufbauendes Reden darüber. Ein positives Beispiel ist für ihn die ehemalige Premierministerin von Neuseeland, Jacina Ardern. Sie war eine hervorragende Erzählerin – ebenso wie eine effektive Regierungschefin. Aber wir brauchen mehr von diesen guten PolitikerInnen, die beides können.

185

„Naím: Wir haben uns viel zu sehr auf die Erzählung konzentriert und dabei die Erzählenden ignoriert. [...] Das Problem der Demokratien ist [...] auch der Mangel an glaubwürdigen und überzeugenden Erzählern, die die Demokratie verteidigen. Die illiberalen Kräfte haben jede Menge davon. Giorgia Meloni, die rechtsnationale Premierministerin von Italien, ist eine der besten Erzählerinnen, die es weltweit in einer Regierung gibt. [...] Wir haben aber grundsätzlich ein Problem mit politischen Führungskräften. Wir haben derzeit kein Glück mit ihnen, sie sind nicht sehr gut."

Ein Beispiel von mir aus der deutschen Politik: Hätte Wirtschaftsminister Habeck von Anfang an den Aspekt soziale Ausgewogenheit bei seinem Heizungsgesetz mehr berücksichtigt, und hätte er wirklich eine attraktive Erzählung den BürgerInnen zu diesem Gesetz präsentiert, warum das letztlich ein Gewinn für uns alle sein kann, wäre die Debatte sicherlich anders verlaufen.

Und Naím erläutert weiter: „Viele von ihnen sind bereit, Populismus, Polarisierung und postfaktische Kommunikation zu nutzen, um die Ineffizienz ihrer Regierung zu vertuschen. Dass sie damit so oft erfolgreich sind, zeigt, dass wir ebenfalls ein Problem bei der Wählerschaft haben. Wir haben schlechte Bürger, die der Politik zu wenig Aufmerksamkeit schenken, und Wähler, die nicht genau wissen, wofür sie eigentlich wählen gehen. Das macht es Demagogen mit ihren falschen Versprechen leicht, Beute zu finden."

Aufgabe der Gesellschaft Umgekehrt formuliert heißt das: Eine bessere Politik entsteht, wenn die Zivilgesellschaft, also Presse, Parteien, aber auch Gewerkschaften und Kirchen usw. die Politiker, die an der Macht sind, herausfordern!

Ich möchte dazu eine Geschichte erzählen: In einer Fortbildung für Pfarrer aus unterschiedlichen Diözesen saß ich in der Mittagspause über Entwürfe für dieses Buch „Aufklärende politische Predigten". Als das bemerkt wurde, kam von einigen Kollegen folgende Kommentare. „Ich predige nie politisch." Ein anderer meinte: „Ich habe bei der letzten Landtagswahl gar nicht gewählt." Der nächste erzählte: „Als wir von allen Parteien Einladungen zu Neujahres-empfängen und ähnlichem bekommen haben, entschieden wir im

Seelsorgebereich, dass wir zu keiner dieser Veranstaltungen gehen. Sonst wird's zu viel!"

Ich erzählte dann, dass ich als Dekan sehr gerne auf Neujahresempfänge der verschiedenen Parteien gehe, dass sogar Politiker aktiv den Dialog mit uns Pfarrern in der Stadt Erlangen bzw. im Landkreis Erlangen-Höchstadt suchen. Sowohl der Innenminister Herrmann mit der CSU-Fraktion der Stadt Erlangen als auch die SPD-Fraktion haben regelmäßige Pfarrer-Gespräche.

Wir als Kirchenvertreter können Sprachrohr für Unmut vieler Bürgerinnen und Bürger sein, können aufgrund der katholischen Soziallehre politische Themen mit PolitikerInnen reflektieren. Wir können auch in Predigten und Erwachsenenbildungsveranstaltungen für wichtige Themen wie Nachhaltigkeit, Demokratie, soziale Gerechtigkeit, Hetze gegen Fremde usw. sensibilisieren.

Einflussmöglichkeiten Jede Bürgerin und jeden Bürger ermutige ich, aktiv Demokratie mitzugestalten, nicht nur alle vier Jahre an der Wahlurne, indem man das Gespräch mit Politikern sucht, bei Parteien oder Vereinen mitmacht usw.

Man kann auch über Internet-Plattformen zu bestimmten Anliegen seine Unterschrift geben und damit Kampagnen unterstützen. Ich unterschrieb z. B. die Petition, die kriminelle Manipulationen bekämpfen sollen, durch die Gesichter unschuldiger Bürger in Pornofilme eingesetzt werden, um sie zu verunglimpfen oder zu erpressen. Dann bekam ich eine E-Mail, die vom Erfolg der Aktion berichtete:

„Liebe Unterstützer*innen der WeAct-Petition "Nackt im Netz: Porno-Manipulation jetzt stoppen!"

wir haben großartige Neuigkeiten: Wir konnten unsere Petition #MyFaceMyChoice gegen den Missbrauch von Face Swap Apps überreichen, nachdem wir zunächst von Minister Wissing monatelang abgewimmelt wurden.

Du und 76.936 weitere Menschen haben einen besseren Schutz vor ungewollter Porno-Manipulation gefordert. Damit der endlich wahr wird, haben wir letzte Woche mit einer Aktion vorm Digitalministerium den Druck erhöht (Fotos siehe hier). Mit Erfolg! Denn das Ministerium griff unsere Forderungen zustimmend auf (siehe hier). Wissing schickte seine Staatssekretärin Daniela Kluckert, um eure Unterschriften entgegenzunehmen. Wir haben die Bundesregierung zum Hinschauen gezwungen. Wir bleiben dran, damit die nötigen Maßnahmen umgesetzt werden, bevor es zu spät ist."

Ich komme zurück zur Frage: Wo könnte sich die Regierungsarbeit und die Qualität der öffentlichen Dienstleistung verbessern? Hier gäbe es sicherlich viele Punkte zu nennen. Ich will nur einige wenige herausgreifen.

Ein Unternehmer von Supermärkten erklärte mir, dass der Spagat zwischen, was der Staat fordert, und dem, wie der Staat unterstützt, negativ auseinander geht. Ganz konkret für seinen Bereich: Einerseits wird von Banden organisierte Diebstähle oft nicht umgehend von der Polizei nachverfolgt, weil die Freigabe zur Ermittlung zu spät erfolgt. In Deutschland verliert der Einzelhandel 2,5 Milliarden Euro im Jahr durch Ladendiebstähle. Nur 10 Prozent kommen nicht vor Gericht.

Andererseits belastet die überbordende Bürokratie. Hier ist die Datenschutz-Grundverordnung ein Bürokratie-Monster, das sowohl bei Firmen als auch bei Vereinen und Kirchen effektives Arbeiten massiv erschwert. Erschwerend kommt hinzu: Weil verschiedene Ämter wie z. B. Finanzamt und Gemeinden wegen dieser Datenschutz-Grundverordnung Daten nicht austauschen dürfen, müssen sie statistische Erhebungen machen. Vielfache statistische Erhebungen belasten die Firmen, weil die Behörden Daten nicht gemeinschaftlich nutzen.

Menschen entspannen sich, sind vernünftiger und leistungsfähiger, wenn sie sich sicher fühlen. Deswegen ist ein funktionierender Rechtsstaat grundlegend, um die Populisten zu entkräften. Hier muss besonders der Schutz der Frauen gegenüber gewalttätigen Ex-Partnern ausgebaut werden.

Abbau von Bürokratie muss noch effektiver durchgeführt werden. Aber man hat eher den Eindruck, dass zwar jedeR PolitikerIn in den Reden Bürokratie-Abbau seit Jahrzehnten fordert, aber Bürokratie wird in der Lebens- und Arbeitswelt der Menschen in vielen

Bereichen mehr, auch wenn diese durch die Digitalisierung manchmal einfacher wird.

PolitikerInnen müssen offen über Zwickmühlenproblemen reden, bei denen es keine einfachen Lösungen gibt.

Die soziale Gerechtigkeit muss wieder verstärkt werden, die Schere zwischen arm und reich muss wieder kleiner werden. Die Superreichen mehr Verantwortung für das Gemeinwohl tragen.

Zur Flüchtlingsproblematik

Lesung: Ex 22,20-26
Evangelium: Mt 22,34-40
30. Sonntag im Jahreskreis, Lesejahr A

Predigt:
(Diese Predigt ist aufgrund der Komplexität des Themas sehr lang geworden. Wenn man sie in einem Gottesdienst halten will, kann man sie sicherlich kürzen. Man sollte aber auf Ausgewogenheit der Aspekte achten, damit man typische Straßengräben vermeidet.)
In der Lesung hören wir: Einen Fremden sollst du nicht ausnützen oder ausbeuten, denn ihr selbst seid im Land Ägypten Fremde gewesen. Wie die Goldene Regel „Alles, was ihr wollt, dass euch die Menschen tun, das tut auch ihnen!" empfiehlt, so lädt uns auch dieser Satz ein, dass wir uns in den anderen hineinversetzen und uns klar machen: Auch ich könnte ein Flüchtling sein. Was würde ich mir dann wünschen an Hilfe und Beistand? Die Bibelstelle erinnert an die eigene Situation in Ägypten, damit wir diesen Perspektivwechsel vollziehen. Diesen Sichtwechsel braucht es, um das Gebot der Nächstenliebe zu erfüllen. Gerade das Gleichnis vom barmherzigen Samariter zeigt: Der Nächste kann auch ein Fremder sein.
Ausgehend von dieser biblischen Weisung und ausgehend von den schlimmen Erfahrungen im II. Weltkrieg wurde die Genfer Flüchtlingskonvention beschlossen, das zentrale Rechtsdokument des internationalen Flüchtlingsrechts.
Wie Deutschland bzw. wie Europa mit den Flüchtlingen am besten umgehen sollte, wurde und wird heiß diskutiert. Die populistischen Parteien in den verschiedenen Ländern benutzen besonders dieses Thema, um Angst und Sorgen in der Bevölkerung zu schüren, so dass sie mehr Stimmen und Zuspruch bekommen.
Gesunkene Schiffe im Mittelmeer, Flüchtlinge in kleinen Booten, tote Migranten auf hoher See offenbaren das Elend, die Tragik und die ungelöste Problematik. In Exodus spricht der Herr: „Wenn er zu

mir schreit, höre ich es, denn ich habe Mitleid." Haben wir in Europa zu wenig Mitleid?

Es ist schwierig, ausgewogen über die Flüchtlingsproblematik zu predigen. Ich will es versuchen, indem ich Experten wie den international geschätzten Politologen Krastev zu Wort kommen lasse, der in Wien am Institut für die Wissenschaften am Menschen zur Zukunft der Demokratie forscht. In einem ZEIT-Interview verdeutlicht er den Spagat bzw. die Zwickmühle der Problematik:

„ZEIT ONLINE: Herr Krastev, die EU ebenso wie Deutschland verschärfen ihre Asylpolitik. Zwei Dinge scheinen zunehmend aufeinanderzuprallen: auf der einen Seite das Recht auf Asyl und die Genfer Flüchtlingskonvention, auf der anderen Seite der Wunsch vieler Europäer, nicht noch mehr Migranten aufzunehmen. Was ist wichtiger?

Ivan Krastev: Beides ist wichtig. Wir können weder unsere moralischen Verpflichtungen noch die Meinung der Mehrheit ignorieren, sonst funktioniert die Demokratie nicht mehr. [...] Die europäischen Wohlfahrtsstaaten können nur aufrechterhalten werden, wenn viele Menschen nach Europa einwandern. Gleichzeitig können die Ängste vor Einwanderung Rechtsextremisten an die Macht bringen, die unsere Demokratien zerstören und Flüchtlingen schaden."[131]

Für mich ergibt sich aus dem Gesagten mehreres:

1. Die Flüchtlingsproblematik lässt sich nicht einfach lösen. Ein anderer Kenner der internationalen Politik bringt es auf den Punkt: „Naím: Für das Problem der Migration gibt es keine Lösung. [...] Wenn ein Politiker eine einfache Lösung für das Problem der Migration verspricht, wissen wir, dass er ein Scharlatan ist."[132]

2. Wir haben es hier mit zwei verschiedenen moralisch-ethischen Sichtweisen zu tun, die sich aneinander reiben. Die eine Sichtweise ist die der Pflicht: Die Menschenrechte, das biblische Gesetz oder die Vernunft verpflichten uns, die Flüchtlinge aufzunehmen. Es ist die Sichtweise z. B. von Kant und seinem kategorischen Imperativ. Die andere Sichtweise ist die der Ethik von Spinoza: Sie fragt nach dem Vermögen eines Menschen oder einer Gruppe oder eines Staates. Spinoza fragt: Kann er helfen? Hat er das

Vermögen, die Kapazität zu helfen? Wenn nicht, was muss sich ändern? Wie kann er sein Vermögen, sein Können erweitern? Oder ist gerade eine Vermögensgrenze erreicht? Die Vermögen-Sichtweise hinterfragt die Pflicht-Sichtweise: Du forderst etwas, aber kümmerst Du Dich auch darum, ob und wie diese Person die Forderung erfüllen kann! Kann er diese Pflicht überhaupt erfüllen? (Das ist auch die Herausforderung von Pädagogik. Ich kann nicht nur einem Kind sagen: Du sollst! Ich muss ihm zeigen, wie er es machen kann. Nur durch Lernen verändert sich das Vermögen des Kindes, die Ansage „Du sollst" reicht nicht.)

Das Reiben dieser zwei Sichtweisen durchzieht die ganze öffentliche Debatte um die Migration. Krastev spitzt das Reiben der zwei Sichtweisen an einem fiktiven Beispiel zu. „Stellen Sie sich vor, es bricht ein schrecklicher Krieg aus. 100 Millionen Menschen sind davon betroffen und fliehen. Und wollen nach Deutschland kommen. Wird Deutschland sie wirklich alle aufnehmen? Was mich beunruhigt ist, dass diejenigen, die nur mit Recht und Moral argumentieren und sich nicht um Kapazitäten kümmern, es den Rechten einfach machen."

Als Kontrast dagegen setze ich die Aussagen der ehemaligen Ratsvorsitzenden der Evangelischen Kirche in Deutschland, Annette Kurschus: In Deutschland sieht sie die Grenze der Aufnahme-kapazitäten für Geflüchtete „noch lange nicht erreicht". Auf Klagen von Kommunen über Überlastung müsse gehört werden, sagte die EKD-Ratsvorsitzende weiter. Von den kirchlichen Ehrenamtlichen sei diese Klage jedoch nicht zu hören. Als ich das las, habe ich mir gedacht: Ist das nicht die Pharisäer-Sichtweise, die anderen schwere Lasten auferlegt? Denn ich weiß sehr wohl, dass Ehrenamtliche in unseren Gemeinden in der Flüchtlingsarbeit an ihre Grenzen kommen und auch überfordert sind. Da ist sie anscheinend zu weit weg von der Basis.

3. Wir brauchen auch Einwanderung: Wir in Deutschland brauchen auch Zuwanderung, weil unsere Gesellschaft veraltet, schrumpft und die letzten der Babyboomer-Generation in den Ruhestand geht. Nochmals Krastevs Aussage: „Die europäischen

Wohlfahrtsstaaten können nur aufrechterhalten werden, wenn viele Menschen nach Europa einwandern."

Die Bevölkerungsentwicklung in allen europäischen Ländern ist rückläufig. Gerade die osteuropäischen Staaten haben seit der Wende viele Menschen verloren, die ausgewandert sind. Deswegen ist folgende Entwicklung einerseits erstaunlich, andererseits völlig logisch: „In vielen osteuropäischen Ländern geschieht etwas Aufregendes: Gerade die Länder, die sich so vehement gegen Ausländer gewehrt haben, suchen jetzt händeringend nach Menschen, die in ihr Land kommen und dort arbeiten. Die Regierung Orbán zum Beispiel, die die schärfste Antimigrationsrhetorik pflegt, hat die Zahl der Arbeitsgenehmigungen deutlich erhöht. Die Tschechische Republik hat pro Kopf mehr ukrainische Flüchtlinge aufgenommen als jedes andere Land. Das Verhältnis zur Migration ändert sich hier also, diese zuvor sehr homogenen Gesellschaften werden vielfältiger."

Was empfiehlt nun Krastev? Zwei Aspekte empfiehlt er auf der grundsätzlichen Haltungsebene, noch vor jeder konkreten Strategie!

1. **Heuchelei beenden:** „Die EU kann nur überleben, wenn wir die Kluft zwischen unserer Rhetorik und unserer konkreten Politik überbrücken. Europa wird nur überleben, wenn wir die Heuchelei beenden."[133] Positiv gewendet: Das Dilemma offen ansprechen und bescheiden sagen, dass die reine Pflicht-Erfüllung nicht immer möglich ist. Es ist äußerst bemerkenswert, dass ein grüner Landrat, Jens Marco Scherf, im Februar 2023 Alarm schlägt: „Wir brauchen aber jede Woche ein oder zwei neue Unterkünfte. Wir finden aber keine mehr. Die Bereitschaft in den Gemeinden, weitere Geflüchtete aufzunehmen, nimmt rapide ab."[134] Er musste in die Talksendung von Markus Lanz gehen, vorher reagierten die grüne Bundesebene nicht auf seine Mahnungen.

2. **Nicht sich ohnmächtig hinstellen:** Der andere Straßengraben ist der Satz „Wir können nichts dagegen tun." Krastev: „Wenn man den Menschen sagt, dass ihre Regierung machtlos ist, wie sollen sie dann noch Vertrauen in die Demokratie haben?

ZEIT ONLINE: Aber Sie haben selbst gesagt, dass die Migration weiter zunehmen wird.

Krastev: Ja, das wird sie. Aber einen erhöhten Migrationsdruck anzuerkennen, ist nicht dasselbe wie zu sagen, dass man nichts dagegen tun kann. […] Wir sollten erkennen, dass sich die Welt verändert, dass wir aber auch die Macht haben, diesen Wandel zu gestalten."

Wie diese Quadratur des Kreises in konkreten Strategien austariert werden sollte, was bessere und schlechtere Lösungen sind, kann in einer Predigt nicht im Detail diskutiert werden. Diese Debatte müssen PolitikerInnen im öffentlichen Raum führen. Und dabei lohnt es sich, die verschiedenen Vorschläge und Ideen von Politologen und anderen Wissenschaftlern wie Krastev aufzugreifen. Vielleicht können mittelfristig Asylverfahren für Europa in sicheren Drittstaaten ermöglicht werden.

Schauen wir uns das ganze problematische Feld nochmals aus einer anderen Perspektive an, um Straßengräben klar zu benennen:

Drei Übel im Integrationsprozess Whitehead hat in seiner Prozessphilosophie drei Arten von Übel beschrieben. Diese sind einfach ausgedrückt folgende:

1. Das Alte lehnt das Neue ab.
2. Das Neue will keine Verbindung zum Alten aufbauen.
3. Das begrenzte Vermögen von allem Endlichen.

In den ersten beiden Fällen entscheidet sich jemand bewusst gegen gute Verbindung und verhindert damit mehr Leben und Wachstum. Klassisch würde man das als Sünde oder auch böses Verhalten bezeichnen. Die ersten beide Fälle sollte man vermeiden. Der dritte Fall, die Begrenztheit alles Endlichen, muss man demütig akzeptieren und daraus das Beste zu machen versuchen.

Auf unser Thema angewendet folgt daraus:

1. Fremdenfeindlichkeit lehnen wir Christen ab. Besonders perfide ist, wenn Populisten durch Fake News Ängste zusätzlich schüren.

Ebenso wichtig ist, dass unnötige Hürden weiter abgebaut werden, damit sie bei uns arbeiten können. Da ist schon einiges passiert, aber das kann noch besser werden.

2. Abkapselung Migranten dürfen keine abgeschlossenen Zirkel bilden, in denen sie unsere demokratischen und rechtsstaatlichen Regeln nicht akzeptieren. Positiv ausgedrückt ist es wichtig, dass sie

Deutsch lernen und versuchen, Arbeit zu finden, neue Kontakte zu knüpfen z. B. in Sportvereinen usw. Sie müssen auch bestimmte Werte, die zentral für unsere tolerante Gesellschaft sind, akzeptieren und mittragen, wie z. B. die Gleichberechtigung zwischen Mann und Frau. Patriarchale Weltbilder müssen sie lernen bei sich zu hinterfragen.

Es gibt auch eine **Metaebene: Die Verleugnung und Vertuschung von Übel.** Hochproblematisch ist, wenn Menschen, die diese Problematik ansprechen, nicht als wertvolle Propheten gewürdigt werden. Ali Ertan Toprak, CDU-Mitglied und Vorsitzender der Kurdischen Gemeinde Deutschlands, sagte der ZEIT: „Unsere Streitkultur wird von einer Cancel-Culture verdrängt. Es verstummen wichtige Stimmen. Wie Constantin Schreiber, so werden auch Migranten, die sich kritisch zur Migration äußern, diffamiert. Wenn ich sehe, wie unser Staat den politischen Islam hofiert, dann möchte auch ich manchmal aufgeben."[135]

Positiv formuliert: Eine tolerante Gesellschaft muss mit seinem Rechtsstaat konsequent gegen intolerante Ansichten, Personen und Bewegungen vorgehen, um seine Toleranz zu schützen. Auch hier gilt Krastevs Empfehlung, die Heuchelei zu beenden.

Und es gibt das **Übel aus begrenzten Kapazitäten**, das man akzeptieren muss: Man mag die eigenen Fähigkeiten und Vermögen zu gering einschätzen und merkt dann später, das auch noch mehr geht. Aber man sollte nicht vom hohen moralischen Ross aus fordern: diese Grenze haben wir noch lange nicht erreicht.

Einige Geschichten:

Ich habe als Pfarrer öfters Kirchenasyl gewährt. Sieben Jahre nach meinem ersten Kirchenasyl gehe ich durch einen Supermarkt und plötzlich spricht mich der Bäckerverkäufer an: Kennen Sie mich noch? Ich war bei Ihnen im Kirchenasyl! Ich freute mich, ihn wieder zu treffen. Seit mehreren Jahren arbeitet er schon in dieser Bäckerei als Verkäufer.

Der Landkreis mietete im Sommer 2023 ein Container-Haus für neue Flüchtlinge aus Syrien in einem kleinen Dorf neben Herzogenaurach an, in Haundorf. Die Baufirma, der die Container gehörten, stellte einen lebenserfahrenen Mitarbeiter aus ihren

Reihen zur Verfügung, dass er Hausmeister und Betreuer in dieser Einrichtung sei., Als einer der Syrer für drei Monate bei mir im Kirchenasyl war, erzählte mir bei einem arabischen Essen dieser Hausmeister, wie gerne er diese Arbeit mache, mit den Migranten zu Behörden ginge, sich um sie kümmere. Das sei mal eine ganz andere Arbeit als Polier auf dem Bau und erfülle ihn mit Freude und Sinn.

Wenn ich mit den engagierten Ehrenamtlichen spreche, die sich mit Elan, Zeit und Ausdauer um Flüchtlinge kümmern, höre ich, wie sie unter vielen Ungereimtheiten leiden. Z. B. Eine Nepalesin, eine ausgebildete Krankenpflegerin, hat ein halbes Jahr auf den Stempel in der Fiktionsbescheinigung (Passersatz) gewartet und konnte in der ganzen Zeit nicht arbeiten. Wir holen aus anderen Ländern Fachkräfte, entwurzeln sie, lassen sie mühsam Deutsch lernen, und Migranten, Flüchtlinge, die da sind und eine ähnliche Ausbildung haben, warten zu lange auf eine Arbeitsgenehmigung.

Der Einwanderungswissenschaftler Aladin El-Mafaalani (Autor des Buches „Das Integrations-Paradox") betont, dass im Alltag oft die Integration besser läuft, als sie in der Öffentlichkeit diskutiert wird. Die Verwurzelung geschieht hauptsächlich lokal und zwischenmenschlich. Deswegen sagen viele mit Migrationshintergrund eher spontan, dass sie Dortmunder oder Münchner oder Nürnberger sind, als dass sie sagen, sie seien Deutsche.

Gerade die Menschen, die im Ausland ausgebildet wurden, leiden darunter, dass ihre Ausbildung und Arbeitserfahrung in Deutschland behördlich nicht schnell anerkannt wird. Bei diesem Thema hat sich in den letzten Jahren auch schon einiges verbessert, aber diese Fortschritte reichen noch nicht aus, um Frust zu vermeiden.

Wir warten noch darauf, dass Zuwanderer kommen, die genauso qualifiziert sind, wie wir das wollen. Aber solche Zuwanderer gibt es nicht. Wir müssen also den Schalter umlegen und die Eingewanderten aktiv qualifizieren. Dafür brauchen wir ein System, das systematisch und flexibel die Menschen, die kommen, qualifizieren und dadurch auch unnötige Wartezeiten reduzieren.

Migranten sind hochmotiviert. Migranten wollen ihre Träume erfüllen, machen dafür auch hier die Drecksjobs. Wir merken diese

Motivation nicht, weil unser System sie bremst. Menschen, die ihr Leben riskieren, um übers Mittelmeer zu kommen, kommen doch nicht, um untätig wartend in Wohnungen herum zu hocken und Sozialleistungen zu bekommen. Wenn man solche Menschen, die mit so viel Elan kommen, über Monate eventuell Jahre bremst, braucht man sich nicht wundern, wenn irgendwann der Elan in Frust, Resignation oder sogar Ressentiment umschlägt.

Nicht den Spagat selber noch vergrößern Deutschland sollte also nicht noch den Spagat, den es bei der Flüchtlingsproblematik gibt, noch selber zusätzlich vergrößern. Die heute Show wies darauf hin, dass nur ein Viertel der Ausländerbehörden in deutschen Kommunen digitalisiert sind und bei der Frankfurter Ausländerbehörde 15.000 Emails unbeantwortet sind. Es müssen also mehr SachbearbeiterInnen eingestellt werden, damit Anträge zügig bearbeitet werden.

Ergänzungen:
In den ZEIT-Interviews mit Daniel Thym (Professor für Öffentliches Recht, Europa- und Völkerrecht an der Universität Konstanz und Direktor des dortigen Forschungszentrums Ausländer- und Asylrecht) und mit Gerald Knaus (Leiter der Denkfabrik Europäische Stabilitätsinitiative) werden konkrete Lösungsstrategien vorgeschlagen und diskutiert. Siehe:
Interview: Mariam Lau, in: ZEIT NR. 21/2023
Interview: Mariam Lau, in: ZEIT Nr. 44/2023
Siehe auch Ergänzungen nach der Predigt „Zwischen Skylla und Charybdis"

Auszüge aus dem Interview mit Daniel Thym
ZEIT: Der Vorschlag von Bundesinnenministerin Faeser, Asylverfahren für die "Aussichtslosen" direkt an den EU-Außengrenzen durchzuführen, hat ihr aus den eigenen Reihen den Vorwurf eingetragen, das Asylrecht aushöhlen zu wollen. Ist etwas dran?
Thym: Frau Faeser unterstützt jetzt einen Vorschlag der EU-Kommission, der seit zwei Jahren auf dem Tisch liegt und zu dem die Bundesregierung bisher keine eigene Position hatte. Das war also überfällig. Das Asylrecht wird dabei nicht ausgehebelt, weil es bei dem

zentralen Punkt bleibt: Jeder Antrag wird individuell geprüft. Man muss nur aufpassen, dass das in der Praxis auch umgesetzt wird. Dann bleibt das Asylrecht erhalten.

ZEIT: Wären Italiener und Spanier nicht geradezu verrückt, sich zu so einem Verfahren zu verpflichten, wenn unklar bleibt, wohin abgelehnte Migranten geschickt werden?

Thym: Deshalb wird in Brüssel gleichzeitig darüber verhandelt, was mit denen wird, die von Italien, Spanien oder Griechenland irregulär nach Deutschland und anderswohin weiterwandern – die sogenannte Sekundärmigration. Schon bisher gibt es in solchen Fällen ein zweites Asylverfahren, etwa in Deutschland. Offiziell ist also Italien zuständig, wenn die Überstellung dorthin jedoch scheitert, muss Deutschland übernehmen. Natürlich hat Italien ein Interesse daran, dass das auch in Zukunft so bleibt. In Brüssel ist vielen klar: Wenn man bis zur Europawahl 2024 wieder nichts Praxistaugliches hinbekommt, hat die EU ein Riesenproblem.

ZEIT: Das europäische Asylrecht ist sehr großzügig – wir unternehmen aber alles, damit es möglichst niemand in Anspruch nehmen kann. Wofür braucht man es dann überhaupt noch?

Thym: Da haben Sie völlig recht. Wir sorgen dafür, dass die Reise teuer und gefährlich ist. Deshalb findet auch eine unfaire Selektion statt. Es kommen vor allem junge Männer. Die Lösung ist aber nicht, das Asylrecht abzuschaffen. Der globale Norden darf sich nicht nur in Sonntagsreden zu den Menschenrechten bekennen, sondern muss aktiv über Quoten, Kontingente und Resettlement denen helfen, die wirklich schutzbedürftig sind.

ZEIT: Resettlement bedeutet die Umsiedlung von Geflüchteten in Drittstaaten. All das ist jetzt geplant. Reicht das?

Thym: In keinster Weise! Bisher gibt es nur wenige Möglichkeiten, damit Flüchtlinge und Arbeitskräfte legal mit dem Flugzeug einreisen. Das muss deutlich ausgebaut werden, was aber voraussetzt, dass die irreguläre Zuwanderung zurückgeht. Deutschland und Europa brauchen beides: effektive Rückführungen von ausreisepflichtigen Personen und legale Zugangswege für andere Menschen aus denselben Ländern. Die Herausforderung besteht darin, beides parallel zu schaffen. Dann wird auch die Bevölkerung hierzulande der Asylpolitik weiterhin vertrauen.

[...]

Thym: Es stimmt: Das europäische Recht schützt nicht nur vor staatlicher Verfolgung, und das ist auch absolut nachvollziehbar. Denken Sie an Frauen oder Schwule, die vor nichtstaatlicher Verfolgung fliehen. Und auch Bürgerkriege erfasst die GFK nicht. Europäisches Recht schützt in solchen Fällen, und es ist auch richtig, dass man dies nicht durch simple Obergrenzen beschränken kann. Bei 100.000 ist Schluss – das geht nicht. Beide Konventionen erlauben aber sehr wohl, Maßnahmen zu ergreifen, die indirekt darauf abzielen, dass weniger Leute kommen – indem man beispielsweise Abkommen zwischen Staaten schließt.

ZEIT: Das soll passieren, ist aber nicht so leicht, weil die betreffenden Länder wenig Interesse daran haben. Wie kann man das ändern?

Thym: Die Bundesregierung will "Migrationsabkommen" aushandeln. Arbeitskräfte und Flüchtlinge sollen legal nach Deutschland einreisen können, wenn dafür ausreisepflichtige Personen zurückgenommen werden. So will man den aktuellen Teufelskreis durchbrechen. Die Idee ist super, und es kommt jetzt darauf an, solche Deals erfolgreich auszuhandeln. Dafür braucht es die richtige Mischung: sanften Druck mit möglichen Nachteilen – und positive Anreize, wenn die Länder kooperieren.

[..]

Thym: Da legen Sie den Finger in die Wunde. Wir müssen es schaffen, dass die Einreise in den Schengenraum erst stattfindet, wenn feststeht, dass jemand auch schutzbedürftig ist. An den Außengrenzen muss es ein einheitliches Verfahren für alle geben, nach gemeinsamen Standards.

ZEIT: Das haben wir im griechischen Moria versucht und sind grauenhaft gescheitert. Warum soll es jetzt plötzlich klappen?

Thym: Die EU muss beweisen, dass Moria nicht überall ist. Wir müssen Italien und Griechenland massiv unterstützen, mit Geld, Frontex und allem, was wir haben. Irgendwann sollten ohnehin EU-Behörden die Verfahren durchführen. Wenn wir das nicht hinbekommen und es bei der Weiterwanderung nach Deutschland bleibt, werden immer mehr Länder keine Lust mehr haben, Asyl zu gewähren – und auch keine Lust mehr auf Schengen. Dann haben wir eine Festung Europa nach außen und Kleinstaaterei im Innern. Ich will das nicht.

Auszug aus dem Interview mit Gerald Kraus

Knaus: Das Gefühl von Überforderung, das viele beklagen – zu wenig Wohnungen, Kitas, Lehrer –, hängt klar damit zusammen, dass Deutschland 2022 so vielen Menschen Schutz gewährt hat wie in keinem Jahr seit 1949: mehr als 1,1 Millionen. Allerdings waren neun von zehn davon Ukrainer. Ukrainer kommen auch weiterhin ins Land, wie viele, hängt vom Verlauf des Krieges ab.

[…] Weil die Bedingungen hier für Ukrainer besser sind. In Frankreich sinkt ihre Zahl, weil eine ukrainische Mutter mit Kind nicht genug Geld zum Mieten einer Wohnung erhält. Berlin und Warschau sollten sofort einen europäischen Solidaritätsfonds für Ukrainer fordern, der diesen überall ähnliche Unterstützung zum Leben bezahlt. Was deutsche Kommunen neben einem militärischen Erfolg der Ukraine am schnellsten entlasten würde, wäre, dass andere westeuropäische Länder attraktiver für Ukrainer würden. Das wäre europäische Solidarität. Davon ist in den zwischen Olaf Scholz und Friedrich Merz besprochenen Vorschlägen aber keine Rede.

[…] Sinnvoll ist es hingegen, wenn die Verfahren von Georgiern, Moldauern und Mazedoniern, die praktisch keine Aussicht auf Asyl haben, fair, aber sehr schnell abgeschlossen werden und es schnelle Abschiebungen gibt, um diese aussichtslosen Anträge drastisch zu reduzieren. 2022 waren das in Deutschland mehr als 25.000! Diese Länder kooperieren auch dabei, ihre Bürger zurückzunehmen, weil sie Visafreiheit behalten wollen.

ZEIT: Was bringen Binnengrenzkontrollen?

Knaus: Auch die werden die Zahlen nicht reduzieren. Der Champion der "Schließung" nationaler Grenzen war jahrelang Sebastian Kurz. Das Ergebnis: Die Zahl der Asylanträge in Österreich war 2022 höher als 2015. Wir reden die ganze Zeit über die Gruppe der Abgelehnten, obwohl die nur einen sehr kleinen Anteil der Antragsteller ausmacht. Die Zahlen im zentralen Mittelmeer sind höher als 2016. Sie steigen und steigen – daran konnte auch die italienische Ministerpräsidentin Giorgia Meloni nichts ändern, obwohl sie genau mit diesem Versprechen ihren Wahlkampf bestritten hat. Scharfe Sprüche allein stoppen niemanden.

[…] Nein, für Resignation gibt es keinen Anlass. Man kann irreguläre Migration sehr wohl eindämmen, es ist ja schon oft gelungen. Ich bin auch gar nicht gegen Abschiebungen. Das Entscheidende ist, dass sie –

wie im EU-Türkei-Abkommen – mit einem Stichtag verknüpft sind: Alle, die ab einem Tag X irregulär ankommen, werden schnell zurückgeschickt. Wenn es in einem Drittstaat humane Aufnahme und faire UNHCR-Asylverfahren gibt, dann ist das im Einklang mit allen Konventionen und Menschenrechten. Im Gegenzug sichert man dem Partnerland Unterstützung und legale Mobilität bis hin zu Visafreiheit und Arbeitskontingenten zu. In den Jahren, in denen das Abkommen mit der Türkei funktioniert hat, sind die Zahlen derjenigen, die über die Ägäis kamen, drastisch zurückgegangen. Und übrigens auch die Zahlen der Toten.

ZEIT: Von diesen Abkommen sprechen jetzt alle, sowohl Regierung als auch Opposition. Wenn sie der Schlüssel zu allem sind, warum gibt es so wenige davon? Liegt es nicht auch daran, dass die Auslandsüberweisungen der irregulär Eingewanderten für viele Länder unverzichtbar sind?

Knaus: Nein. Länder wie der Senegal würden mehr profitieren, wenn jedes Jahr 5000 Bürger legal in der EU eine Arbeitsgenehmigung bekämen, als wenn pro Jahr die gleiche Zahl in lebensgefährlichen Fischerbooten das Meer überquert, um dann in Rom Plastiktaschen zu verkaufen, ausgebeutet in Spanien Tomaten zu ernten oder in Berlins Görlitzer Park Drogen zu verkaufen. Man sollte Straftäter schnell abschieben, anderen, die schon hier sind, die Chance geben zu arbeiten und ab einem Stichtag irreguläre Migration durch Kontingente ersetzen.

ZEIT: Warum gibt es das nicht längst? Was macht denn Joachim Stamp, der Sonderbevollmächtigte der Bundesregierung für Migrationsabkommen?

Knaus: Joachim Stamp kann nicht mit dem senegalesischen Präsidenten oder mit Präsident Erdoğan über Stichtagsregelungen, Visa-Erleichterungen und legale Migration verhandeln, ohne dafür ein klares Mandat der ganzen Koalition zu haben. Der Bundeskanzler muss die Gespräche initiieren, dann kann Stamp es ausverhandeln. Der griechische Migrationsminister hat kürzlich über die Bild-Zeitung gerufen: Lieber Olaf Scholz, hilf uns, mit der Türkei ein erneuertes Abkommen zu erreichen! Athen ist bereit, dafür 20.000 Syrer im Jahr legal aus der Türkei aufzunehmen, um das unkontrollierte Chaos an den Grenzen zu beenden. Das wäre auch für Deutschland das wichtigste Migrationsabkommen. Berlin und Athen sollten das als Chefsache angehen und nicht an Brüssel delegieren.

Politische Dialektik zwischen leeren Versprechen und nachträglichen Wenden

Evangelium: Mt 21,28-32
26. Sonntag im Jahreskreis, Lesejahr A

Predigt:
Der eine Sohn sagt Ja, aber macht es nicht. Der andere Sohn will erst nicht, macht es dann aber doch. Die beiden Söhne können wir sehr gut in verschiedenen Konstellationen in der Politik feststellen. Und das macht die Politik auch so schwierig und schwer zu beurteilen.

Was zu einer Zeit als eine gute Entscheidung angesehen wurde, kann einige Jahre später als Holzweg angesehen werden.

Diese Unwägbarkeiten mögen wir nicht, aber wir kommen nicht drumherum. Schauen wir uns mal ganz verschiedene Beispiele an, wie wir die beiden Söhne in der Politikgeschichte der letzten Jahrzehnte wieder finden können.

Leere Versprechen Der Demokrat Bernie Sanders, der für mehr soziale Gerechtigkeit in USA vehement eintritt, schreibt in seinem Buch: „Es ist okay, wütend auf den Kapitalismus zu sein": „Denn ehrlich gesagt ärgert mich nichts mehr als Politiker*innen, die im Wahlkampf ständig über Arbeitnehmerrechte reden, aber ihren Worten keine Taten folgen lassen, sobald sie an der Macht sind."[136] Eines seiner Grundthesen: Trump hat deswegen so viel Erfolg bei Arbeitern und Angestellten, weil die Demokraten mehrmals nicht an ihrer Seite standen und sie nicht unterstützt haben, obwohl das ihre Aufgabe als arbeitnehmerfreundliche Partei sein sollte. Clinton folgte der Wall Street und schloss das Freihandelsabkommen ab, das viele Nachteile für die ArbeiternehmerInnen brachte. Die Republikaner gewannen hoch in den Zwischenwahlen. Denn: „Man kann nicht gleichzeitig ein Freund der Wall Street und ein Freund der Arbeiterschaft sein."[137] Das wiederholte sich 2008 in der Finanzkrise. Die Banken wurden gerettet und finanziell immens unterstützt, weil sie systemrelevant seien. „Unter Obama wurde keine einzige Führungskraft der Wall Street verhaftet oder strafrechtlich verfolgt."[138] Aber viele Hausbesitzer verloren ihr Zuhause. In der Coronakrise waren plötzlich die einfachen Arbeiter systemrelevant. Sie riskierten ihr Leben. Die Reichen konnten sich in den Villen zurückziehen.

Man sollte noch ein weiteres Beispiel für „"Ich mache es", aber tut es nicht" anführen. Gorbatschow versprach der Bevölkerung Perestroika also Umstrukturierung und Glasnost also Offenheit bzw. Transparenz. Er wollte das Land in eine Demokratie und Marktwirtschaft führen. Auch die Bevölkerung war begeistert von diesem Aufbruch. Aber Gorbatschow war überfordert, schlingerte in seinem Kurs, das Land versank in Chaos. Und als die Menschen hungerten wartete er zu lange, um Hilfe aus dem Ausland anzufordern. So verlor er das Vertrauen der Bevölkerung. Dies ist auch ein Grund, warum die Russen Putin begrüßten: Sie waren vom Demokratisierungsversuch Gorbatschows zutiefst enttäuscht. Chaos und der Zusammenbruch des Vaterlandes Sowjetunion.

Warum sagen Politiker also „Ich mache es" und tun es dann doch nicht? Die demokratischen Präsidenten waren zu abhängig von der Lobby der großen Konzerne und Milliardäre. Gorbatschow war überfordert. Es gibt also Politiker, die es gut meinen, aber dann nicht gut genug sind, wirklich gute Arbeit zu leisten. Das kann fatale Wirkungen haben, siehe Russland.

Aber es gibt auch Politiker, die sich zu sehr in ihren Handlungsmöglichkeiten durch Lobbyisten haben einschränken lassen und deswegen nicht dem Gemeinwohl völlig dienen können.

Sie tun es doch – nachträgliche Wende Kommen wir zu dem zweiten Sohn: „Ich will nicht", tut es dann aber doch. Die bayrische Regierungspolitik hat sich in den letzten Jahrzehnten in ihren Aussagen nicht hervorgetan, besonders offene Positionen in der Flüchtlings-, Migrations-, Einwanderungs- und Integrationspolitik zu vertreten. Aber die faktischen Zahlen erstaunen:

Die Arbeitslosenquote der Ausländer beträgt Ende 2022 in Bayern 8,1 %, im Gesamtdeutschland 14,7 %; Die Arbeitslosenquote der ausländischen Frauen beträgt Ende 2022 in Bayern 10,2 %, im Gesamtdeutschland 18,6 %; Bayern hat in beiden Bereichen im Bundesländervergleich den niedrigsten Wert. Dabei haben wir den höchsten Wanderungssaldo: 1,3 Millionen und in Nordrheinwestfalen knapp eine Million. Faktisch gelingt Bayern die Integration am besten.

Und so komme ich zu einer sehr wichtigen These des Politologen Biebricher. (Autor des Buches „Mitte/Rechts. Die internationale Krise des Konservatismus") **Konservative Parteien können moderat durchsetzen, was Linke fordern.** In der ZEIT formuliert er etwas zugespitzt: „Liberale Demokratien können ohne gemäßigt konservative Parteien nicht überleben – zumindest nicht als liberale Demokratien. Sie sind entscheidend dafür, wie sich gesellschaftlicher Wandel vollzieht. Ob Neuerungen als Bedrohungen und Gefahr wahrgenommen und ob dann Ressentiments gegen Minderheiten geschürt werden. Hat man eine Atmosphäre, in der alles hyperpolitisiert ist – oder gibt es Konservative, die den Wandel skeptisch, aber konstruktiv begleiten? Es wird keine sozialökologische Transformation der Marktwirtschaft geben, ohne dass die Konservativen mit im Boot sind. Dasselbe gilt für eine moderne Migrationspolitik." (ZEIT Nr. 16/2023) Man denke an den Atomausstieg, den Merkel durchgeführt hat. Es geht gar nicht darum, ob dieser Atomausstieg in dieser Weise völlig sinnvoll war oder nicht. Es geht um die politischen Prozess-Muster. Wobei man ehrlich sagen muss, dass sich beim Atomausstieg der Fall wiederholt: „Ich mache es", und dann nicht tut. „Wir Deutschen wollten bis vor Kurzem mehrheitlich keinen Atomstrom. Die Realität: Im europäischen Verbund beziehen wir auch Atomstrom aus den Nachbarländern; derzeit liefern wir Frankreich im Gegenzug Strom aus fossilen Quellen. Wir Deutschen verbieten die Gasproduktion durch Aufbrechen von Gestein (Fracking). Die Realität: Wir importieren gefracktes Gas aus anderen Ländern." (ZEIT NR. 09/2023)

Wir haben zum Glück in Deutschland noch eine bürgerliche, moderat konservative Volkspartei. In anderen Ländern sind diese Mitte-Rechts-Parteien stark geschwächt oder haben sich radikalisiert. Die Alternative sind rechte Populisten, die besonders viel versprechen und die Transparenz einer Demokratie vernebeln. Nochmals Biebricher: „Von Nicolas Sarkozy über Umberto Bossi,

Matteo Salvini, Sebastian Kurz bis hin zu Boris Johnson – ihnen allen haftet etwas Halbseidenes, Unseriöses, ideologisch Schillerndes an. Und Silvio Berlusconi war im Grunde der Prototyp dieses Spielers. Berlusconi prägt das Muster vom Außenseiter, vom Anti-Politiker mit dem Nimbus des erfolgreichen Unternehmers, der verspricht, Italien so zu führen wie seine Firma. Dieses Versprechen findet sich auch bei Sarkozy und dann als Farce auch bei Donald Trump. Den Sumpf trockenzulegen – das ist es, was sie für konservative Wähler attraktiv macht." (ZEIT Nr. 16/2023)

Die Herausforderungen dieser Zeit, eine nachhaltige Kreislaufwirtschaft aufbauen, Migration und schrumpfende einheimische Bevölkerung, Geopolitik der großen Länder wie China, USA usw. werden wir in Deutschland nur mit einer gesunden produktiven Spannung zwischen bürgerlichen, konservativen Parteien und linken Parteien wie SPD und Grüne meistern können. Aber nicht mit der AfD.

Natürlich gibt es **Rückschläge.** Aber auch diese können neu betrachtet erstaunlich **gute Früchte** hervorbringen, wie der Philosoph William MacAskill an einem deutschen Beispiel aufzeigte: „Im Jahr 2000 war Solarstrom fast zehnmal so teuer wie Strom aus Kohle oder Gas. Damals erschien vielen die Hoffnung auf eine Energiewende durch erneuerbare Energien als wenig aussichtsreich. Dennoch beschloss die damalige Koalitionsregierung aus SPD und Grünen in genau diesem Jahr eine massive politische Förderung der Sonnenenergie, vor allem in Form von "Einspeisetarifen", durch die die deutschen Verbraucher hohe langfristige Garantiepreise für erneuerbare Energien, auch für Solarstrom, bezahlten. Betrachtet man im engen Sinn nur den unmittelbaren Effekt dieser Solarpolitik auf die deutschen Emissionen, kann einem deren Wirkung gering vorkommen. Seit sie eingeführt wurde, ist der Anteil der Solarenergie am deutschen Energiemix bloß auf fünf Prozent gestiegen. […]

Doch der bei Weitem wichtigste Effekt der deutschen Solarpolitik bestand darin, den Einsatz von Sonnenenergie in anderen Ländern zu steigern. Im ersten Jahrzehnt des 21. Jahrhunderts war die Bundesrepublik der größte Solarmarkt der Welt; 2010 entfiel fast die

Hälfte des globalen Markts für Solaranlagen auf Deutschland. Dieser massive Anstieg der Investitionen in die Sonnenenergie drückte ihre Kosten.

Die ab 2009 regierende Koalition aus CDU und FDP fuhr die Unterstützung der Sonnenenergie zurück. In Verbindung mit der zunehmenden Konkurrenz aus China war das verheerend für die deutschen Solarunternehmen. Dennoch führte das Wachstum in China und anderen Ländern zu einer massiven Erhöhung der Produktion von Solarstrom, was wiederum zu einer weiteren Kostensenkung beitrug: Der Preis von Sonnenkollektoren fiel zwischen 2000 und 2021 um 95 Prozent. Damit ist die Sonnenenergie zunehmend konkurrenzfähig mit fossilen Brennstoffen. Obwohl die deutsche Solarindustrie zusammenbrach, war Deutschlands Solarförderung immer noch eine der wirkungsvollsten Maßnahmen, die je unternommen wurden, um den Klimawandel abzuschwächen.

Bald werden sowohl Industrie- als auch Entwicklungsländer einfach deshalb mit der Ersetzung fossiler Energieträger durch Sonnenenergie beginnen, weil sie billiger und besser ist und nicht weil sich diese Länder um die Umwelt sorgen.

Dies zeigt, dass es ein Fehler wäre, den Nutzen einer nationalen Klimapolitik nur an ihren Auswirkungen auf die einheimischen Emissionen zu messen." (ZEIT 39/2023)

All diese Beispiele zeigen auf:

1.	Es gibt nie eine Garantie für eine gute Entwicklung.

2.	Ob eine Entscheidung langfristig förderlich ist, zeigt sich nicht gleich.

3.	Man muss die Bevölkerung bei Wandlungsprozessen mitnehmen.

4.	Man kann aber auch entscheidende positive Veränderungen für die ganze Welt als einzelnes Land anstoßen, auch wenn sich das nicht gleich zeigt.

5.	Mögen die Populisten leere Versprechen machen, aber seriöse und gute Politik für das Gemeinwohl entsteht dadurch nicht.

Zwischen Skylla und Charybdis

Evangelium: Mt 16,21-27 oder Mk 8,27-35
22. Sonntag im Jahreskreis, Lesejahr A oder
24. Sonntag im Jahreskreis, Lesejahr B

Predigt:
Zwischen Skylla und Charybdis Wenn wir heute davon sprechen, dass wir "zwischen Skylla und Charybdis sein" wählen müssen, dann befinden wir uns in einer Situation, in der wir zwischen zwei Übeln wählen müssen. Wir befinden uns in einer Zwickmühle, in einem Problemfeld, in dem wir gezwungen sind, bei jeder Strategie Nachteile bzw. Opfer zu akzeptieren. Die Redewendung verdanken wir Homers Odyssee. Odysseus muss durch eine Meerenge, die von den Ungeheuern Skylla und Charybdis bewacht wird. Skylla hatte zwölf Füße sowie sechs Köpfe mit schrecklichen Gebissen und hauste in einer Felshöhle.

Auf der gegenüberliegenden Seite der Meerenge lebte das Ungetüm Charybdis. Charybdis sog dreimal am Tage das Wasser ein und stieß es brüllend aus. Sie lauerten vorbeikommenden Seefahrer auf, um sie mit Haut und Haar zu verschlingen bzw. zu töten.

Schiffe, die in den Sog geraten, sind verloren, nicht einmal der Meeresgott Poseidon vermag diese Schiffe zu retten. Auf den Rat von Kirke meidet Odysseus die Charybdis, gerät dabei aber unweigerlich so nahe an Skylla heran, dass sie sechs der Gefährten tötet und frisst. Aus dieser vertrackten Konstellation von Skylla und Charybdis ergibt sich: Man kann eigentlich nicht unbeschadet ohne Verluste hindurch kommen. **Wir haben inzwischen in unseren gesellschaftspolitischen Herausforderungen mehrere Skylla-Charybdis-Probleme.**

Beispiel **Bundesbahn**: Die Pflege der Infrastruktur der Bahn wurde jahrzehntelang vernachlässigt. Jetzt gibt es den sinnvollen politischen Willen, dass aus ökologischen Gründen die Bahn mehr Menschen und Güter befördern soll. Daraus ergibt sich folgendes Dilemma: Wenn die Bahn an zu vielen Stellen ausbaut, Schienen erweitert, Brücken repariert usw., wird es vermehrt Verspätungen geben, was die Menschen die Nutzung der Bahn madig macht. Umgekehrt wenn die Bahn zu wenig ausbaut, kann sie nicht in 5 oder 10 Jahren das leisten, was politisch und gesellschaftlich gewollt ist!

Heizungsgesetz Eine ähnliche Skylla-Charybdis-Situation liegt beim Umbau der Heizungen vor. Natürlich wäre es besser, wenn man den CO_2-Preis kontinuierlich so stark erhöhen würde, dass in den nächsten 5-10 Jahren der Marktmechanismus alle „zwingt", andere Heizungen einzubauen. Dieser Übergang verliefe geschmeidiger als eine Verordnung. Das Wirtschaftsministerium kann aber leider das nicht beschließen, also muss es anordnen. Jedoch wir haben gar nicht genug Handwerker und Energieberater, um diesen Wandel in den nächsten Jahren hinzubekommen.

Wie kommt man aus solchen Skylla-Charybdis-Situationen heraus? Hier gibt es keine allgemeine Empfehlung. Jede dieser vertrackten Situationen muss man gesondert betrachten. Aber oft kann man die Situation durch feine Gegenregulierung entschärfen. Man löst die Skylla-Charybdis-Situation nicht auf, aber im Bild gesprochen: Man kann die Meerenge zwischen Skylla und Charybdis durch manche Maßnahmen vergrößern und durch andere auch verkleinern.

Man sollte also nichts unternehmen, was die beiden noch näher zueinander bringt. Leider passiert auch das…Handwerkspräsident Jörg Dittrich z. B. empfiehlt angesichts von fast fehlenden 40.000 Auszubildenden im Jahr 2023 in der „Rheinischen Post". Zu viele junge Menschen brächen die Schule ohne Abschluss ab – und an Gymnasien erhielten die Schülerinnen und Schüler vor allem eine Studienberatung. Die Handwerksberufe kämen gar nicht vor. Laut Mikrozensus gebe es derzeit rund 600.000 Menschen zwischen 18 und 24 Jahren, die zwar die Schule verlassen hätten, aber danach nicht in einer Arbeitsstelle angekommen oder eine Ausbildung beziehungsweise ein Studium begonnen hätten. "Wo sind die geblieben? Hier muss die Politik dringend mehr hinschauen", forderte Dittrich. Das Fachkräfteeinwanderungsgesetz könne nur einen Beitrag zur Lösung des Problems leisten, sagte Dittrich. "Wir müssen uns auch darauf konzentrieren, die inländischen Fachkräfte-Potenziale zu heben. Mehr Frauen müssen die Möglichkeit der

Arbeit in Vollzeit bekommen. Dafür müssen wir mehr tun für die Vereinbarkeit von Beruf und Kindern."

Mit Skylla und Charybdis-Problemen können Populisten Stimmungen manipulieren Auf ganz perfide Weise erlebten wir das in dem Krieg, den der Terroranschlag und Überfall der Hamas am 7.10.23 ausgelöst hat. Die Geiseln verschleppte die Hamas in versteckte Tunnelsysteme unterhalb wichtiger Gebäude der Zivilbevölkerung wie z. B. Krankenhäuser. Damit benutzte sie die eigene Bevölkerung, um eine Skylla-Charybdis-Problematik für die Israelis aufzubauen. Israel muss sich selbst verteidigen. Um die Sicherheit zu erreichen, muss es die Hamas-Strukturen zerschlagen. Aber das geht nur durch viele zivile Opfer. Was international – darauf hat die Hamas-Führung gewettet – den Rückhalt für Israel bröckeln lässt. Auch kluge Menschen wie Greta Thunberg oder der Philosoph Zizek waren in ihrem Urteil blind für diese bewusst von der Hamas hergestellte Skylla-Charybdis-Falle für die Israelis.

Natürlich hat die Siedlungspolitik von Netanjahu das Zusammenleben von Israelis und Palästinenser erschwert. Man muss aber auch anführen, dass die internationale Gemeinschaft Hilfsgelder und Unterstützung dem Gazastreifen zukommen ließ, sich aber nicht darum kümmerte, dass die Hamas z. B. in den Schulbüchern das Existenzrecht von Israel leugnete und den Hass auf die Juden in der Bevölkerung gezielt anheizte. Es gibt also viele Ursachen dieser brutalen Zwickmühle-Lage im Gazastreifen, aber einen Verursacher, die Hamas.

Zuletzt die **Flüchtlingsproblematik** als eine weitere herausfordernde Skylla-Charybdis-Konstellation. Einerseits brauchen wir aufgrund der Bevölkerungsentwicklung Einwanderung. Andererseits darf eine Gesellschaft, dürfen Kommunen, Landkreise und andere Strukturen nicht überlastet werden. Inzwischen sind wir im gesellschaftlichen Diskurs weiter, wie der Migrationsforscher Thym in der ZEIT feststellte: „Die Frage ist jetzt nicht mehr: Sind wir ein Einwanderungsland? Sondern: Welche Art von Einwanderung wollen wir? Die Diskussion ist nicht mehr schwarz-weiß, offene Grenzen versus Abschottung, es ist legitimer geworden, unterschiedlicher Meinung zu sein."[139]

Gefahr der Leugnung Das ist auch wichtig. Denn nichts ist problematischer als die Leugnung einer Skylla-Charybdis-Lage. Dann verschlimmert sie sich meistens, weil die Meerenge zwischen beiden mit der Zeit kleiner wird. Am Beispiel der Flüchtlingsproblematik: Wenn man leugnet, ein Einwanderungsland zu sein, kann man Einwanderung auch nicht aktiv politisch lenken und gestalten. Nochmals Thym: „Deutschland wurde wider Willen zum Einwanderungsland – und aus diesem passiven Erdulden müssen wir raus."

Hier muss man gegen die Leugnung deutliche Worte finden, um klarzustellen: Wir müssen uns der Verantwortung stellen. So ähnlich wie Jesus dem Petrus scharf erwiderte, wie dieser ihn davon abbringen wollte, nach Jerusalem zu gehen. Jesus wusste, dass er dem Kreuz nicht ausweichen durfte! „Weg mit dir" dürfen wir allen scheinbar „einfachen" Lösungen zurufen, die Populisten anbieten.

Man sollte lieber aktiv die Meerenge erweitern und nicht verkleinern. Hier zum Thema Flüchtlingsproblematik einige Vorschläge der ehrenamtlichen FlüchtlingshelferInnen in Bayern:

- Öffentlichkeitsarbeit mit Betonung von positiven Beispielen
- Integration verbessern
- Asyl- und Migrationskonzepte entwickeln und kommunizieren
- Stärken des Ehrenamts
- Mehr Hauptamtliche
- Bürokratieabbau
- Mehr Arbeitserlaubnisse
- Schnellere Asylverfahren

Ergänzung

Vorschläge der ehrenamtlichen FlüchtlingshelferInnen in Bayern

• *Öffentlichkeitsarbeit mit Betonung von positiven Beispielen gelungener Integration.* Aufklärung über die Vorteile bei der Aufnahme von Geflüchteten und Vorteile von schnellerer Arbeitserlaubnis. Es sollte auch in der Öffentlichkeit und mit Politikern darüber geredet werden, dass auch bei der Fachkräfteeinwanderung die Problematik mit Wohnraum, KiTa-Plätzen, Schulen etc. besteht. Das ist keine Problematik, die von den Asylbewerbern verursacht wird.

• *Integration verbessern* Zusammenhalt der verschiedenen Religionen fördern und Vorurteile versuchen abzubauen aufgrund der freiheitlichen demokratischen Grundordnung unseres Landes. Mehr Begegnung und Berührungspunkte fördern und Geflüchtete/ Migranten selbst zu Wort kommen lassen.

• *Asyl- und Migrationskonzepte entwickeln und kommunizieren:* Wie können wir dazu beitragen, dass tatsächlich weniger Flüchtlinge ohne Bleibeperspektive hierherkommen? Die Vermittlung der Tatsache, dass das Problem nicht so sehr in der Zahl der ankommenden Menschen liegt, sondern in der mangelnden Bereitschaft der Politik, endlich genug zur Förderung der Leute zu tun und ihnen schnell Wohnungen, Deutschkurse und Ausbildungsmöglichkeiten zu geben.

• *Stärken des Ehrenamts:* Gelder für Helfer*innen, wer bitte kann sich "Ehrenamt" leisten? Pensionierte Bildungsbürger? Warum wird so ein wichtiges Thema auf Freiwillige verteilt?

• *Mehr Hauptamtliche einfordern:* Hauptamtliche Betreuung auch an den Orten, in denen viele Geflüchtete untergebracht werden; keine Unterkunft ohne ständige Betreuung und Begleitung der Bewohner.

• *Für Bürokratieabbau eintreten:* Darstellen, dass bei Flüchtlingsfamilien ohne Hilfe grad bei unseren Sozialleistungen vieles "den Bach runter geht". Bei Regierung und Behörden fordern, dass die Bürokratie für Geflüchtete massiv reduziert und Arbeit der Ehrenamtlichen mehr gewürdigt wird, sonst springen noch mehr Helfer ab.

• *Für mehr Arbeitserlaubnisse einsetzen:* Arbeitsverbote aufheben. Fachkräftemangel beheben durch Integration und Ausbildung von Migranten und Geflüchteten. Stärker in den Focus

211

rücken, dass Deutschland Zuwanderung braucht. Beschäftigungserlaubnisse auch wenn Identität nicht mit Pass geklärt ist

- *Für schnellere Asylverfahren eintreten* Hinwirken auf eine personelle Aufstockung der Visa-Abteilungen in den Botschaften. Nach Angaben von Geflüchteten ist der Familiennachzug in andere Länder schneller möglich. Schnellere Bearbeitung der Personen, die wieder zurückgeführt werden sollen/müssen durch die Ämter /Gerichte.

Einige Beispiele für unnötige, frustrierende Bürokratie
Aus dem Alltag ehrenamtlicher Flüchtlingsbetreuer

- Das Landratsamt hat einer syrischen Migrantin die Einbürgerungsurkunde überreicht. D. h. sie ist deutsche Staatsbürgerin. Aber die Kommune stellt ihr nicht umgehend den Personalausweis und Reisepass aus, weil sie keine legalisierte Geburtsurkunde vorlegen kann. Sie kann aber nur über Libanon diese besorgen und das dauert ein halbes Jahr.

- Manche Landratsämter verlangen von den Migranten vierteljährlich eine Verlängerung der Aufenthaltserlaubnis („Fiktionsbescheinigung"), andere Landratsämter gemäß Vorgabe nur halbjährlich. Warum lassen manche Landratsämter unnötig doppelt so oft die Migranten antanzen?

- In vielen Ablehnungen eines Asylantrags durch das BAMF wird z. B. argumentiert: Der Flüchtling konnte erlittene Folter nicht detailliert genug beschreiben. Jeder, der ein wenig Grundwissen über Traumata hat, weiß, dass traumatisierte Menschen erst in einer gut gewachsenen Beziehung und in einem sicheren Umfeld ausführlicher über Gewalt, Folter, Krieg und Vergewaltigung reden können, ohne eine Retraumatisierung erleben zu müssen.

Predigten zur Gewalt in unserer Gesellschaft

Moralischer Relativismus beim Thema Prügelstrafe

Evangelium: Mt 5,38-48 oder Lk 6, 27-38
7. Sonntag im Jahreskreis, Lesejahr A oder
7. Sonntag im Jahreskreis, Lesejahr C

Predigt:

Gab es mal eine Zeit, in der es moralisch okay war, Kindern zu Erziehungszwecken eine Ohrfeige zu verpassen? Ich frage nicht: gab es mal eine Zeit, in der es üblich war, Kindern zu Erziehungszwecken eine Ohrfeige zu verpassen? Denn diese Frage ist natürlich ganz offensichtlich mit ja zu beantworten. Wenn es vor 60 Jahren, vor 100 oder 200 oder 1000 Jahren üblich war, Kindern zu Erziehungszwecken eine Ohrfeige zu verpassen – folgt daraus, dass es damals moralisch okay war?

Komischerweise habe ich gerade bei konservativen Menschen erlebt, dass sie auf diese Frage mit Ja antworten. So war ich einmal bei einem älteren Ehepaar, um Geburtstagsgrüße zu überbringen. Wir kamen ins Gespräch über Erziehungsmethoden. Der ältere Herr vertrat die Meinung, dass damals die Ohrfeigen den meisten Kindern nicht geschadet hätten. Ich erwiderte, dass ich mir nicht vorstellen kann, dass der heilige Johannes Don Bosco, der im neunzehnten Jahrhundert so viele Jugendlichen geholfen hat, jemals einem Jugendlichen eine Ohrfeige verpasst hat. Er widersprach mir, dass er sich das schon vorstellen könne... Ich ging sehr verwirrt von dannen. Eine ähnliche Verwirrung erlebte ich mit einem leitenden Mitarbeiter in einer katholischen Einrichtung. Auf das Münchner Missbrauchsgutachten angesprochen sagte er: Wem außer den Gegnern der Kirche helfe dieses Gutachten? Damals vor 30 oder 40 Jahren hatte man eben noch nicht die Sensibilität für dieses Thema. Was verwirrt mich da so sehr? Einen moralischen Relativismus sucht man doch eher bei postmodernen Denkern. Ich finde sie aber besonders bei sehr konservativen Menschen. Noch mehr verwirrt mich folgendes: Man braucht nur zwei gedankliche Tests durchzuführen, um sich klarzumachen, dass sexueller Missbrauch, aber auch sich vor Kindern selbst befriedigen, zu allen Zeiten immensen negativen Einfluss auf die Kinder hat. Ebenso sind Schläge als Erziehungsmittel noch nie empfehlenswert gewesen.

Der erste Test: Stellen Sie sich vor, Sie sind Eltern, und Ihre eigenen Kinder erleben sexuelle Gewalt oder müssen Selbstbefriedigung eines Erwachsenen mit ansehen. Vor solchen schlimmen Erlebnissen möchten Sie Ihr Kind schützen. Und das gilt für alle Zeitalter!

Der zweite Test: Können Sie sich vorstellen, dass Jesus jemals ein Kind geschlagen hat? Können Sie sich ernsthaft vorstellen, dass Johannes Don Bosco empfehlen würde, Schläge als Erziehungsmittel einzusetzen? Ich kann mir das in keiner möglichen Welt vorstellen!

Das heutige Evangelium bestätigt das indirekt. Wenn Jesus einen gewaltfreien Widerstand empfiehlt, um den Peiniger zum Nachdenken zu bringen: „dem, der dich auf die eine Wange schlägt, halte auch die andere hin, und dem, der dir den Mantel wegnimmt, lass auch das Hemd." dann ist für Jesus „auf die Wange schlagen" eine Gewalt, die durchbrochen werden muss!

Mein Opa ist ein sehr gutes Beispiel dafür, dass man zu dieser moralischen Einsicht auch in einer Zeit kommen kann, in der die gesellschaftlichen Konventionen anders waren. Mein Opa ist 1896 geboren, war Maurergeselle und las gerne Dostojewski. Er hieß es nicht für gut, wenn meiner Oma mal die Hand ausrutschte. Das entsprechende Kind, das eine rötliche Backe hatte, versteckte die Oma, damit der Opa den Ausrutscher nicht mitbekommen würde. Für meinen Opa waren Ohrfeigen als Erziehungsmittel ein No go! Woher hatte er diese Klarheit? Vielleicht durch den einfachsten ethischen Test, den man immer machen kann: Die *Goldene Regel*! Was du von anderen erwartest, das tue auch ihnen. Wenn ich mir vorstelle, dass ich Kind bin, möchte ich keine Ohrfeigen bekommen. Also gebe ich als Erwachsene auch keine.

Der amerikanische Philosoph Sam Harris plädierte in einem Essay in der ZEIT dafür, dass man Moral wissenschaftlich begründen sollte und nicht durch die Religion. Er führt ein konkretes Beispiel an: „Es gibt derzeit 21 amerikanische Bundesstaaten, die in ihren Schulen immer noch körperliche Züchtigung erlauben. Wir sprechen davon, dass es tatsächlich rechtens ist, wenn ein Lehrer ein Kind mit einem Holzlineal schlägt, ihm Prellungen und sogar Platzwunden zufügt. Die Rechtfertigung ist natürlich religiös: Der Schöpfer des Universums habe uns ermahnt, die Rute zu benutzen und das Kind zu züchtigen, wenn wir es nicht verziehen wollen in Sprüche Salomos 13,24; 20,30 und 23,13–14. Tatsächlich besagt die gesamte wissenschaftliche Forschung, dass Körperstrafen ein verheerender Brauch sind, der Gewalt und soziale Pathologien verursacht – und perverserweise sogar eine gesteigerte soziale Akzeptanz neuer Körperstrafen.

Wissenschaft kann traditionsunabhängig und kulturübergreifend nachweisen, dass beispielsweise Gewalt destruktiv ist, dass Rache und Prügel dem Wohlergehen des Einzelnen wie der Gemeinschaft schaden. Wenn wir über Moral sprechen, sprechen wir von Tatsachen, die miteinander zusammenhängen." (ZEIT 2/2013)

Solche schlagenden Eltern in Amerika sagen sogar manchmal: Mir tut es selber weh, meine Kinder zu schlagen. Aber ich muss sie abhärten, um sie auf die gefährliche Welt vorzubereiten. Diese Logik findet sich meistens in republikanisch wählenden Haushalten. Da frage ich mich schon, wieviel unterdrückerische Gewalt muss man auch gegen sich selbst aufwenden, damit man sich zwingen kann, der Stimme des eigenen Gewissens nicht zu folgen.

Was für eine komische Welt! Ein atheistischer Philosoph kämpft gegen moralischen Relativismus und konservative kirchliche Kreise entschuldigen Verhalten vor 30 oder 50 Jahren, weil man damals noch keine Sensibilität für das Thema hatte, weil das damals gesellschaftlich üblich war etc.

Keine Frage: Kindererziehung kann eine immense Herausforderung sein und Eltern über ihre Belastungsgrenzen hinaus treiben. Joachim Lempert ist Psychologe und betreut mit einer Hotline Menschen, die Wege aus der Gewalt herausfinden wollen. Hunderte Väter hat

Lempert in mehr als 30 Jahren betreut. Oft sehe er ein wiederkehrendes Muster: „Die Kinder sollen etwas tun oder lassen, sie widersetzen sich, und die Eltern fühlen sich ohnmächtig." (ZEIT 49/2020[140]) Und weil sie glauben, sich durchsetzen zu müssen, überschreiten sie Grenzen. (Ähnliches kann LehrerInnen passieren, siehe ZEIT-Artikel am 1. Okt 2023: "Dann hält man das nicht mehr aus und schlägt auch mal zu" Lehrkräfte verzweifeln, denn deutlich mehr Schüler sind verhaltensauffällig.)

Eine Mutter beschreibt das Dilemma so: „Oft versuche ich, unsere Kinder in den Mittelpunkt zu stellen und sie in allem zu verstehen. Dabei gebe ich ihnen nach, bis ich sie nicht mehr ertragen kann. Und dann werde ich so autoritär, dass ich mich selbst nicht mehr ertragen kann."

Es ist nicht immer einfach, das Richtige zu tun. Doch besser ist, sich einzugestehen, dass man Hilfe braucht, um Fortschritte und Lernprozesse gehen zu können, anstatt durch seltsame Begründungswege sich zu besänftigen. Dieser moralische Relativismus blockiert nur, den steinigen Weg des Lernens zu gehen!

Zum Schluss eine Geschichte, die mir ein Jugendlicher mal erzählte: Sein Vater gab ab und zu eine Ohrfeige. Als der Junge 12 Jahre alt war, sagte er nach einer Ohrfeige dem Vater ins Gesicht: „Schlag ruhig weiter zu! Das stört mich nicht! Das verletzt mich nicht!" – Er hielt dem Vater also verbal die andere Wange hin. Der Vater war so perplex. Er merkte, dass eine Ohrfeige ihre bestrafende Wirkung verloren hatte und schlug seinen Sohn nie mehr!

Mobbing in der Schule

Lesung: *1 Sam 1,1-8.9-20.*
Montag und Dienstag 1. Woche im Jahreskreis, Lesejahr II

Predigt:
In der Radiosendung-Serie „Die Lösung" hörte ich einmal eine
hochinteressante Folge über Mobbing in der Schule. Ich wollte dazu
eine Predigt schreiben, um die wichtigen Einsichten weiterzugeben.
Immerhin haben wir Jugendliche im Gottesdienst, z. B.
MinistrantInnen. Und diese Einsichten kann man auch auf Mobbing
am Arbeitsplatz übertragen. Aber mit welcher Bibelstelle sollte ich
das verknüpfen? **Kommt Mobbing in der Bibel vor?** In den
Evangelien, das wusste ich durch kurzes Überlegen, finde ich dazu
nichts. Also auf gut Glück schaute ich im Wochentags-Schott die
alttestamentlichen Lesungen und begann bei den Samuelbüchern.
Gleich die erste Stelle, die ich aufschlug, berichtet von Mobbing:
Elkána hat zwei Frauen, Hanna und Penínna. Penínna hat Kinder,
Hanna aber keine Kinder. Elkána gibt nach der Opferung Penínna
und ihren Kindern ihren Anteil vom Schlachttier. Hanna gibt er aber
den doppelten Anteil, weil er sie lieb hat, obwohl sie ihm noch kein
Kind geboren hat. Penínna mobbt Hanna. Wörtlich steht in der
Bibel: „Ihre Rivalin aber kränkte und demütigte sie sehr." (1 Sam
1,6)
Warum mobbt Penínna Hanna? Sie selbst hat viele Kinder, soll sie
doch glücklich sein! Sie ist wohl neidisch, dass Hanna von Elkána
besonders geliebt wird, obwohl sie keine Kinder hat.
Hanna geht in den Tempel und schüttet ihr Herz aus. Dieses Gebet
bewirkt eine Wende: Sie weint nicht mehr und beginnt wieder zu
essen. Sie wird kurz danach schwanger und gebiert Samuel, den
großen Propheten, der die ersten Könige Israels salben wird.
Man könnte nun aus dieser schönen Geschichte einen gefährlich
falschen Schluss ziehen: Das Opfer kann sich aus der Misere
befreien, indem es die innere Haltung ändert, anders auftritt usw.
Das hat bei Hanna funktioniert! Aber es gelingt in den seltensten
Fällen.

Wie schaut Mobbing aus? In der Sendung lassen die Moderatoren den Sänger Schmyt aus seiner Schulzeit erzählen. Schmyt fiel in seiner Schulklasse auf. In seinem Elternhaus wurde nur klassische Musik gehört. Er war ein komischer Vogel, der keine Popmusik kannte. „Ich war halt ein Träumer." Seine alte Milchflasche, die er täglich dabei hatte, sah aus wie eine Nuggelflasche. Deswegen war er schnell ein „Baby" für seine mobbenden Mitschüler. Man muss sich klar machen: In einem anderen Kontext, z. B. in einer Klasse der Regensburger Domspatzen wäre er vielleicht gar nicht so seltsam aufgefallen mit seinen Kenntnissen von klassischer Musik! Schmyt fand dann auch einen sicheren Ort: Im Knabenchor, in dem er in der Freizeit mitsang, wurde er respektiert und konnte glänzen.

Der Schulpsychologe Manuel Steuber erforschte in einem Uniprojekt Mobbing in Schulklassen. Diese Untersuchungen zeigten: **JedeR kann Opfer von Mobbing werden.** Die negativen Auswirkungen können bis ins Erwachsenenalter reichen. Das können Schwierigkeiten im Umgang mit Gleichaltrigen sein, häufiger Jobwechsel, psychische Erkrankungen wie Angststörungen, Essstörungen, Ritzen, Depression. Auch Hanna aus der Bibel wurde depressiv und aß sehr wenig.

In der Schule erlernen die meisten Täter ihre Strategien, andere zu mobben. Und sie setzen es evtl. später im Beruf fort. Die Schule ist ein sehr guter Nährboden für Mobbing, weil es relativ viele unkontrollierte Räume gibt: In den Pausen oder auf dem Schulweg können Schüler andere Schüler unbeobachtet drangsalieren. In den Schulstunden können Schüler andere unauffällig ärgern, wenn der Lehrer etwas an die Tafel schreibt usw. Es entstehen schnell in Schulklassen Rangordnungen. Umso mehr Hierarchie in einer Klasse herrscht, umso wahrscheinlicher ist Mobbing. Mobbing bzw. Bullying, wie man Mobbing in der Schule auch nennt, ist auch deswegen so heftig für die Betroffenen, weil man die Schule nicht frei verlassen kann. Meinem Arbeitgeber kann ich kündigen, der Jugendliche muss die Schulpflicht erfüllen. Deswegen erleben sich Jugendliche bei Mobbing in der Schule besonders ohnmächtig.

Die Forschung fragte sich, ob es bestimmte Opfermerkmale gibt. Werden bestimmte Jugendliche, die z. B. ein niedriges

Selbstwertgefühl haben, höhere Ängstlichkeit aufweisen oder einen niedrigeren sozialen Status haben, eher Opfer? Aber hier muss man kritisch zurückfragen: Was war zuerst da? Die Henne oder das Ei? Wenn ich regelmäßig schikaniert werde, dann entwickle ich Ängstlichkeit und niedriges Selbstwertgefühl.

Gerade wenn eine Klasse z. B. in der 5. Jahrgangsstufe neu zusammen kommt, bilden sich Gruppenhierarchien aus. Die Jugendlichen loten aus, welche ungeschriebenen Regeln in der Klasse gelten sollen usw. Potentielle TäterInnen experimentieren, welche Merkmale kann man lächerlich machen und dadurch Punkte gewinnen... Die Forschung zeigt: Jedes Merkmal kann Aufhänger zum Lächerlich-machen werden. Opfer werden ist immer kontextabhängig.

Das ist so wichtig, weil Opfer bei sich die Gründe suchen, warum sie Opfer geworden sind. Denn dann könnte es ja selbst daran auch etwas ändern, vielleicht sich anders kleiden usw. Aber die Forschung zeigt: Ein Opfer ist am wenigsten „schuld" an seiner Opferrolle.

TäterInnen sind sehr geschickt darin, andere anzustacheln, X zu mobben. Sie lästern und erzählen Gerüchte. Das kann sich z. B. in einer Firma über Abteilungen hinweg fortsetzen, so dass das Opfer in der ganzen Firma keinen sicheren Stand mehr gewinnen kann.

Warum mobben Jugendliche andere? Es ist wie bei Hanna und Penínna: Penínna möchte über Hanna dominieren und sie möchte den Status der Lieblingsfrau erreichen. Es geht um Status und Dominanz auch bei Mobbing in der Schule. Wenn ein Jugendlicher aggressiv gegenüber einem anderen Mitschüler ist, macht er das, um Status und Dominanz zu erhöhen.

Man kann aggressive Kinder nicht in einen Topf werfen. Proaktive aggressive Kinder benutzen ihr Mobbing, um Status und Dominanz in der Gruppe zu erhöhen, und nehmen in Kauf, dass es dem Opfer dadurch schlecht geht. Dagegen kann sich das Opfer ebenso aggressiv verhalten. Das ist aber dann reaktive Aggression. Impulsiv verteidigt sich das Opfer.

Kein Kind entscheidet eines Tages bewusst: „Ich mobbe heute X."
Ein Jugendlicher entwickelt sich langsam durch verschiedenste
Lernerfahrungen zum/zur TäterIn.

Aber die wichtigste Einsicht ist: **Mobbing ist ein Gruppenphänomen.** Die Schulklasse ist ein System. Mobbing funktioniert nur, wenn es neben dem Täter auch Assistenten gibt, die die Clique des Täters ausmachen. Es braucht Personen in der Verstärker-Rolle: Wer steht daneben und lacht und applaudiert? Es braucht auch Außenstehende, die nichts machen. Die Gruppe der Verteidiger darf nicht zu groß sein, ansonsten funktioniert Mobbing nicht.

Meistens sind ein Drittel Täter, Assistenten und Verstärker. Ein Drittel sind Außenstehende. Und nur 20 Prozent sind Verteidiger, die den Lehrer holen oder das Opfer trösten oder das Opfer verteidigen.

Wenn sich Außenstehende und Verteidiger zusammentun, hätten die Täter und ihre Verbündeten keine Mehrheit. Daraus ergibt sich eine Strategie, um Mobbing zu überwinden: Man muss die Mehrheitsverhältnisse in der Klasse verändern. Man muss die Außenstehenden zur Parteinahme animieren.

Früher wurden die Eltern des Opfers und die Eltern des Täters zum Elternabend eingeladen, um das Problem Mobbing über die Eltern zu lösen. Aber das hat selten funktioniert. Besser ist es, eine Intervention auf Gruppenebene durchzuführen.

Opfer suchen immer bei sich die Schuld. Und das Umfeld, also Eltern, Lehrer usw. tendieren dazu, dem Opfer Tipps zu geben: „Sag doch mal den Satz!", „Dann verhalte Dich doch anders!", „Sei einfach mal normal, dann hört das schon auf!" usw. Doch: Die Opferrolle ist die EINZIGE Rolle, die jemanden zugeschrieben wird. D. h. die Person hat keine Schuld daran, dass es Opfer geworden ist. Eine Schulklasse, in der Jugendliche gemobbt werden, brauchen als ganzes System Unterstützung, um sich besser zu entwickeln.

Kein Beziehungsdrama, sondern Femizid

Evangelium: Joh 8,1-11
5. Fastensonntag, Lesejahr C

Predigt:
Stellen wir uns mal die Frage: **Warum könnte die Frau im Evangelium die Ehe gebrochen haben?** Ich vermute: Ihr Mann hat sie mehrmals geschlagen. Die einzige Chance, die eine Frau damals hatte, aus dieser Gewalt zu entkommen, war, zu einem anderen Mann zu gehen, der sie vor dem Ehemann beschützt. Denn Frauenhäuser gab es damals nicht!

Dann bekommt der Satz Jesu „Wer ohne Sünde ist, werfe den ersten Stein!" eine ganz konkrete Bedeutung. Jesus fragt somit die Männer: „Wer von Euch hat noch nie seine Frau geschlagen oder ist noch nie fremd gegangen oder hat eine Frau, die aufgrund von Gewalt in der Ehe Ehebruch beging, moralisch verworfen, obwohl sie das Opfer ist? Wer von Euch sieht seine Frau nicht als Besitz an und stellt sich über die Frau?"

Dieses Evangelium ist hochaktuell: **Durchschnittlich sterben in Deutschland 120 Frauen jährlich durch die Ermordung ihres Partners,** also durchschnittlich jeden dritten Tag. Die Tötungsversuche von Partnern an Partnerinnen oder Ex-Partnerinnen sind dreimal so häufig. In 98 % der Fälle richtet sich sexuelle Gewalt in der Partnerschaft gegen die Frau. Dadurch sterben mehr Menschen in Deutschland durch die Ermordung ihres Partners als durch Terrorismus!

Das soll nicht heißen, dass nicht auch Frauen in Partnerschaften manipulieren, unterdrücken, seelische und auch körperliche Gewalt ausüben können. Aber in nur 5 % der Fälle von Partnertötung tötet eine Frau ihren Mann.

Wenn ein Mann seine Partnerin tötet, dann – so zeigen verschiedenste Untersuchungen wie zB die der Kriminologin Jane Monckton Smith – ist er von einem patriarchalen Weltbild geprägt: Er stehe als Mann über der Frau, er besitze sie. Wenn sich die Frau irgendwie diesem Weltbild widersetzt, besonders wenn sie ihn

221

verlassen will, dann entsteht in ihm Hass, der zu Stalking, Gewalt und auch zu Mord führen kann.

Aber diese Einsicht wird uns durch die Krimis im Fernsehen, die Beziehungsdrama-Filme oder ähnliches nicht vermittelt.

Wie schaut ein typischer Krimi aus? Es beginnt mit einer schönen, jungen Frau als Leiche. Häufig sind die Opfer jung, schön, weiblich. Das verschleiert, dass auch ältere Frauen oder behinderte Frauen usw. häufig Opfer von Gewalt werden.

Im Krimi versuchen meist männliche Ermittler, sich in den Täter hineinzudenken. Diesem Vorgehen liegt zugrunde, dass es irgendwie nachvollziehbare innere Prozesse im Täter gegeben hätte, die zur Tat führten. Die Zuschauer nehmen also die Täterperspektive an. Welche Enttäuschungen und Krisen haben ihn zur Tat geführt? Diese Täterperspektive bringt zwei Probleme mit sich: Die Opferperspektive verschwindet, die Täterperspektive ist maßgebend! Und die Frage nach guten Gründen verdeckt die frauenverachtende Weltsicht der Täter. Noch schlimmer: Das Opfer wird dann zum Täter. Irgendein Verhalten der Frau hat die Kurzschlusshandlung des Mannes provoziert! Aber Jane Monckton Smith zeigte durch ihre Forschungen: Der Mord aus Leidenschaft ist ein Mythos. **Vielmehr konnte sie das Muster von acht Stufen in Gewaltbeziehungen aufdecken.** Wenn der Täter meint, dass er die Kontrolle über die Frau verloren habe (ausgelöst durch drohende oder durchgeführte Trennung), dann kann das zum Tötungsentschluss führen. Danach folgt die Planungsphase. Deswegen ist die Zeit nach der Trennung für die Frau die gefährlichste!

Wenn uns viele TV-Krimis die Geschichten **aus der Täter-Perspektive erzählen**, fragen wir uns eher: Wie hat die Frau ihn provoziert? Warum ist sie nicht früher gegangen? Das Opfer hat plötzlich den Schwarzen Peter und wir fragen nicht: Wieso hört der Täter nicht auf? Warum will der Täter seine Frau kontrollieren und nicht die Kollegen, den Chef o. ä.?

Was würde man tiefer verstehen, wenn die Geschichte aus der Opferperspektive erzählt werden würde? Es gibt vereinzelt solche Filme wie z. B. bei Netflix die Serie „Big little Lies". Man würde viel früher beginnen und zeigen, wie der Mann schon am Anfang manipulativ ist, um die Frau an sich zu binden, emotional, sozial und finanziell. Und das kann sehr subtil ablaufen. Ein Beispiel:

Er kommt mit zwei Pizzen und Rotwein heim. Die Partnerin sagt ihm: „Ich bin doch mit meiner besten Freundin verabredet! Das habe ich Dir doch erzählt!" Er zerknirscht: „Oh das habe ich vergessen! Aber passt schon. Ich esse die Pizzen allein und trink den Wein allein!" Ja – da wird die Frau weich und bleibt! Durch solche Strategien kann er sie an sich binden und sie von ihren alten sozialen Verbindungen lösen.

Wenn sie sich trennt, Schluss macht, auszieht, reagieren die manipulativen Männer oft mit Stalking. Sie kann klar und deutlich sagen: Kein Kontakt mehr! Aber was passiert? Er schickt ihr weiter Geschenke, Blumen usw. Und immer wieder muss die Frau Angst haben, wenn es klingelt.

Es gibt die bittere Wahrheit: Wenn Männer Nein sagen, ist es das Ende der Diskussion! Wenn Frauen Nein sagen, ist es der Anfang einer Verhandlung!

In romantischen Filmen werden solche Szenen gerne gezeigt: Männer, die „für die Liebe" über Grenzen gehen, erobern die Frau ihrer Wahl! Dadurch wird Stalking und subtile Manipulations-strategien verklärt und salonfähig gemacht. Mann soll Grenzen überschreiten und Frau soll das hinnehmen und als Liebesbeweis deuten.

Wenn eine Frau wegen Gewalt des Partners die Ehe verlassen will, bekommt sie genug Unterstützung? Frauenhäuser sind in Deutschland oft unterbesetzt und unterfinanziert. Außerdem fragt sich die Frau: Wo finde ich eine neue Wohnung, eine neue Arbeit, einen neuen Schulplatz für die Kinder usw.? Schützt mich die Polizei vor meinem Ex?

Die preisgekrönte Journalistin Anje Joel erlebte, als sie sich von ihrem manipulativen und gewalttätigen Mann trennte, **dass die institutionellen, staatlichen Sicherungsstrukturen ihr nicht genug Unterstützung gaben!**

Nun zeigt sich, warum viele Frauen nicht gehen. Sie sind in ökonomischer Abhängigkeit vom Mann. Die betroffenen Frauen müssen Pro und Contra abwägen. Wie kann ich die Kinder nach der Trennung versorgen? Wenn ich aktiv gehe, bin ich in äußerster Gefahr! Sie wissen, dass der Staat und die Gesellschaft nicht ausreichend unterstützt und schützt. Angesichts dieser Einsicht kommt bei betroffenen Frauen die Abwägung: Zu gehen ist nicht die Lösung. Ein bitterer Satz der Kriminologin Jane Monckton Smith lautet: Der Einzige, der der Frau Sicherheit bieten kann, ist der Täter! Rekapitulieren wir: Da die ersten manipulativen Strategien sehr subtil sind, können auch selbstbewusste Frauen in eine Spirale von Kontrolle und Gewalt hineinschlittern. Dann aber wissen sie, wie gefährlich es ist, aktiv aus der Beziehung zu gehen.

Häufig wird uns das Drama eindimensional dargestellt. Die Frauen werden als apathische Opfer dargestellt, die nichts zu ihrer eigenen Rettung beigetragen haben. Dabei vollziehen die betroffenen Frauen ständig einen Drahtseilakt: Wie weit kann ich gehen? Wo muss ich wieder mitspielen?

Wenn in den Medien ein Frauenmord besprochen wird, wird die Tat als Eifersuchtsdrama bezeichnet (Eifersucht führt eigentlich nicht zur Tötung), als Beziehungstat (das Wort „Beziehungs-probleme" legt nahe, dass beide ihren gleichen Anteil an den Problemen haben), Familiendrama (klingt nach einmaligen Geschehen, trauriger Einzelfall). **All diese Begriffe vertuschen das patriarchale Weltbild, den Hass auf Frauen, der zu Feminizid, Frauenmord führt!**

Die Justiz ändert sich leider immer als letztes. Erst seit 1997 ist Vergewaltigung in der Ehe eine Straftat. Die Justiz sieht den allgemeinen Hass auf Frauen hinter diesen Taten nicht. Hass ist ein niederer Beweggrund und somit die Tötung Mord. Doch der Bundesgerichtshof urteilt 2008: Wenn einer aus einer eigentlich intakten Ehe verlassen wird und die Frau aus dieser Ehe hinaus will, dann ist der Beweggrund nicht eine unterste Stufe an Beweggrund, also nicht Mord sondern Totschlag.

Wer ohne Sünde ist, werfe den ersten Stein: Die Sünde heute ist unsere gesellschaftliche Blindheit, den allgemeinen Hass auf Frauen und Macho-Weltbild der Täter zu übersehen, eher die Täterperspektive gefördert durch TV-Krimis einzunehmen als die Opferperspektive, zu wenig Frauen, die aus einer Gewalt-Ehe entkommen wollen, institutionell Sicherheit und Halt zu geben!

Ethische Fundierung mit der Traumatisierbarkeit des Menschen

Naturrecht heute?

*Evangelium: Lk 6,31 Goldene Regel; Lk 6,27-38
7. Sonntag im Jahreskreis, Lesejahr C*

Predigt:
Mein Opa erzählte uns Enkeln unter Tränen, dass er im II. Weltkrieg an der Front bewusst daneben geschossen hat. Weil er keinen Menschen umbringen wollte. Vielleicht dachte er im Schützengraben an Jesu Aufforderung der Feindesliebe. Er widersetzte sich still und leise dem Befehl, dem herrschenden Recht, aufgrund eines höheren Rechts, das über das gerade geltende Recht steht. Dieses übergeordnete Recht gelangte in den 1. Artikel des Grundgesetzes: Die Würde des Menschen ist unantastbar. Für uns Christen ist dieses übergeordnete Recht durch die Schöpfungsgeschichte begründet. Wir sind Geschöpfe Gottes, Abbilder Gottes.

Nun kann man in einer säkularen Gesellschaft diese Begründung nicht als allgemein verbindlich angeben. Aber wir können auf Kant verweisen: Die Vernunft lehrt uns, dass wir Menschen uns gegenseitig nicht nur als Mittel, um irgendetwas zu erreichen, behandeln sollen, sondern dass jeder einen absoluten Wert für sich darstellt. Die Goldene Regel ist noch einfacher für jeden zu begreifen und zu akzeptieren: Alles, was ihr wollt, dass euch die Menschen tun, das tut auch ihnen!

Ja man muss sich auch selber als absoluten Wert verstehen. Die Philosophin Hannah Arendt hat folgende Erklärung für Menschen, die wie mein Opa nicht im Krieg mitgemacht haben: Diese Menschen wollten nicht morgens in den Spiegel schauen und das Gesicht eines Mörders sehen. Sie wollten mit sich selbst in Frieden und Würde leben. Deswegen töteten sie auch im Krieg nicht.

Wir sehen: **Es ist wichtig, dass wir ein Recht annehmen, das über den einzelnen Gesetzen eines Staates steht.** Man braucht dieses übergeordnete Recht, um zu begründen, warum man sich gegen einen Unrechtsstaat wehren darf, warum man Befehle verweigern darf, ungerechte Gesetze übertreten kann!

Aber wie kann man dieses übergeordnete Recht näher beschreiben und begründen? Darüber haben Theologen, Philosophen und Juristen trefflich gestritten.

***Ein* Naturrecht und *unterschiedliche* Beschreibungen** Dieses übergeordnete Recht wurde oft Naturrecht bezeichnet. Nur verstanden darunter unterschiedliche Leute Verschiedenes. Schon in der Antike versuchten Philosophen zu zeigen, was von Natur aus Recht des Menschen sei, und widersprachen sich gegenseitig.

Die Sophisten forderten Veränderung und wandten sich gegen eine Ordnung von Herrschaft und Sklaverei. Sie kritisierten den Staat und seine Gesetze, da sie der Natur des Menschen widersprächen.

Platon und Aristoteles meinten dagegen, dass es die Natur mit sich bringe, dass es Starke und Schwache gäbe. Dem Gesetz der Natur zu folgen bedeute, dass der Stärkere über den Schwächeren herrsche. Es gibt deswegen eine natürliche Ungleichheit von Mann und Frau oder auch die Sklaverei sei Naturrecht.

Der Kirchenlehrer Chrysostomos sah gerade diese Ungleichheit als Sünde an. Es gibt für ihn nur eine natürliche Überordnung: dass Eltern über ihren Kindern stehen, um sie zu lehren und liebevoll zu erziehen. Dagegen sei die Sklaverei, die Zwangsherrschaft des Staates und die Unterjochung der Frau unter den Mann Sünde! Recht modern dieser Kirchenlehrer aus dem 4. Jahrhundert nach Christus. Er hat auch die Logik der Goldenen Regel auf seiner Seite: Ich kann mir nicht aussuchen, ob ich als Mann oder Frau, als Sklave oder Reicher geboren werde. Aber der Wechsel der Perspektive in der Logik der Goldenen Regel zwingt mich dazu, zu allen fair zu sein.

Heute noch streiten wir darüber, was zum Naturrecht gehöre und was nicht. Für konservative Christen ist die Ehe zwischen einem Mann und einer Frau natürlich, alle andere Beziehungen, wie lesbische oder schwule Partnerschaften, Trans-Menschen usw., ist nicht natürlich. Sie zitieren verschiedene Bibelstellen und meinen dann, eindeutig begründet zu haben, dass dies Gott für die Natur des Menschen so vorgesehen habe.

Dazu folgende Geschichte: Ein schwuler Priester ging zu seinem Bischof und offenbarte sich. Er bekannte, dass er schwul sei. Der Bischof ging wortlos nach dem Bekenntnis zum Klavier und spielte ein Stück an. Dann sagte er: Das hat Tschaikowsky komponiert. Er litt unter seiner schwulen Neigung sein Leben lang, denn sein gesellschaftliches Umfeld verurteilte dies. Aber ganz ehrlich: So wunderbare Musik kann nur ein guter Mensch geschrieben haben.

Die Natur selbst ist vielfältig. Welche Sexualform „natürlich" ist, kann man jedenfalls nicht der Natur abschauen. Wenn wir ins Tierreich schauen, finden wir alles Mögliche: Harems, treue Paare, wechselnde Partnerschaften.

Auch die Paarung kann sehr unterschiedlich ablaufen: Buckelwalmännchen singen weiblichen Buckelwalen vor, bevor sie sich paaren. Sie singen im Chor.

Paradiesvögel tanzen vor und Weibchen nimmt schönsten Tänzer.

Krake, schwarze Witwe, Gottesanbeterin wegen des Aktes den Männchen den Kopf abbeißt.

Es gibt sogar unterhalb der klaren Unterscheidung zwischen männlich und weiblich ein Fließen und ein Werden, so dass man keine klare Grenze mehr ziehen kann. Weibchen haben stets zwei X-Chromosome und Männchen haben eine Kombination, ein XY-Chromosomenpaar. Doch bei vielen Fischen und Reptilien wird die Häufigkeit von Männchen und Weibchen durch Umwelteinflüsse gesteuert. „Werden die Eier des Mississippi-Alligators bei 30° Celsius inkubiert, entwickeln sich zu 100 Prozent Weibchen, bei 33° Celsius zu 100 Prozent Männchen. Die Embryonen dieses Alligators reagieren während einer bestimmten Woche ihrer neunwöchigen Entwicklung empfindlich auf Temperatur, nämlich dann, wenn ihre Geschlechtsorgane beginnen, die charakteristischen Merkmale anzunehmen. Vor diesem Zeitpunkt sehen die sich entwickelnden Organe bei allen Individuen gleich aus."[141]

Die Kulturen sind ebenso vielfältig Während in vielen afrikanischen Ländern wie z. B. dem Senegal heute noch die Großfamilien das soziale Leben prägen, entwickelte sich in Europa die Kleinfamilie schon im Frühmittelalter als Maßstab heraus. Die Kirche verbot Scheidungen, Konkubinat und Heirat zwischen

228

entfernten Verwandten, all das stärkte die Kleinfamilie. Die Kirche profitierte davon, weil sie oft das Erbe bekam, wenn Ehepaare kinderlos waren.

So selbstverständlich wir die Kleinfamilie ansehen, so „natürlich" erscheint uns die Unterscheidung in „Mann" und „Frau", die binäre, gegensätzliche Aufteilung der Geschlechter. Aber auch hier belehrt uns der Blick über den Tellerrand: In einigen Kulturen ist ein drittes soziales Geschlecht neben „männlich" und „weiblich" sozial anerkannt und in teils jahrhundertealte Traditionen eingebunden.

Hijra sind in Indien Transpersonen im kultischen Dienst der Muttergöttin Bahuchara Mata. Im Andenstaat Amarete in Bolivien kennt die Bevölkerung zehn soziale Geschlechter. Ein drittes Geschlecht gibt es auch bei den indigenen Völkern in Nordamerika, genannt Two-Spirit.

Mögen gerade rechtsextreme Kreise die LGTBQ-Menschen als unnatürlich beschimpfen, diese kleine kritische Reflexion zeigt, dass sie ihr Urteil nicht wirklich gut begründen können.

Haben wir dann in diesem ganzen Feld der Geschlechter gar keine Orientierung mehr? Nein, gerade in den letzten Jahrzehnten hat sich meines Erachtens ein gut begründbarer Minimalkonsens für ein Naturrecht der Geschlechter ergeben!

Die letzten Jahrzehnte zeigten durch die Fortschritte der Traumaforschung und Traumatherapie:

Jeder Mensch ist traumatisierbar.

Wenn ein Mensch sich nicht mehr sicher fühlt, bedrängt oder unterdrückt wird, nicht mehr flüchten oder kämpfen kann, wenn seine Grenzziehung missachtet wird, wenn er dann in Ohnmacht und Erstarrung verfällt, dann ist er traumatisiert worden. **Eine Traumatisierung ist ethisch zu verurteilen und soll vermieden werden.** Eine Erstarrung ist ein natürlicher Schutzmechanismus bei allergrößter Gefahr. Nur dann schaltet unsere Natur auf Erstarrung. Daraus folgt, dass es genau das zu vermeiden gilt.

Wenn wir von dieser **Minimalbasis von Naturrecht** ausgehen, dann zeigt sich gleich, dass dieses Naturrecht begründet, warum es auch in einer Ehe sexuellen Missbrauch geben kann. Wenn ein Partner den anderen Partner drängt, zwingt, Geschlechtsverkehr zu haben, dann kann der andere Partner in Erstarrung fallen. Denn der schwächere Partner kann nicht fliehen, nicht kämpfen.

Dann ist es aber erschreckend, dass unsere Zivilisation so lange gebraucht hat, bis sie dieses Naturrecht, dass sexueller Missbrauch auch in der Ehe zu verurteilen ist, in ein positives Recht ausformuliert hat. Das Gesetz, das Vergewaltigungen in der Ehe zur Straftat machte, trat erst am 1. Juli 1997 in Kraft; im Bundestag angenommen mit 470 zu 138 Stimmen bei 35 Enthaltungen.

Wirklich Naturrecht wäre, aufgebaut auf den Erkenntnissen der Traumaforschung (wie z. B. der Polyvagaltheorie): Gesund ist die Förderung von gesund sozial zugewandtem Leben. Und so kehren wir zur Goldenen Regel zurück: Wer sie anwendet, der fördert ein gesund sozial zugewandtes Leben.

Unterdrückung und verkrampft sozial zugewandt

Evangelium: Mk 10, 35-45
29. Sonntag im Jahreskreis, Lesejahr B

Predigt:
Wir haben im Tierreich und im Pflanzenreich erstaunlich viele unterschiedliche Sozialformen. Es gibt große Staaten mit verteilten Aufgaben, wie z. B. bei den Insekten, den Bienen und den Ameisen. Sie bilden einen Superorganismus, quasi ein Tier entspricht einer Zelle eines Organismus. Superorganismen sind selbst organisiert. Die Königin macht eigentlich sehr wenig, sie pflanzt sich fort und gründet einen neuen Staat. Die Rollen der anderen verändern sich im Alter. Jungtiere machen Babysitter und Alttiere sammeln draußen Futter. Duftstoffe ermöglichen Kommunikation untereinander.

Es gibt sogar Kooperationen zwischen verschiedenen Arten. Die Blattschneiderameisen züchten in ihren Höhlen Pilze. Flechten bestehen aus Algen und Pilzen, wobei die Algen durch Photosynthese Kohlenhydrate produzieren, die von den Pilzen aufgenommen werden, während die Pilze den Algen Wasser und Nährsalze liefern.

Es gibt sogar im Tierreich Lehrerinnen, die jüngere unter ihre Fittiche nehmen. Ältere Orkas haben ab 40 Jahren, mit der Menopause keinen eigenen Nachwuchs. Dann werden sie Lehrerinnen, die junge Orkas in ihre Schule nehmen und schützen die Nachkommen ihrer Töchter. Orkamännchen sind anhänglich und bleiben immer bei ihrer Mutter.

Aber es gibt auch sehr unterdrückerische Arten des Zusammenlebens. Bei den Hyänen sind Frauen komplett dominant gegenüber Männchen. Der stärkste Mann steht unter der schwächsten Frau. Hyänen-Männchen machen vor einem Weibchen immer einen Knicks als Demutsgeste.

Brutal ist der Machtkampf bei den Nacktmulls. Das sind die einzigen Säugetiere, die Staaten bilden. Mit bis zu 300 Tieren fasst ein Staat. Die Tiere sind 10 cm lang und 40 g schwer. Sie leben in verzweigten Tunnelsystem in Ostafrika. Es gibt Soldaten, die den Eingang verteidigen, einen Putztrupp, der die Gänge sauber hält, Bauarbeiter, die den Bau erweitern und Erzieherinnen für den Nachwuchs. Es gibt ein Alpha-Männchen und es gibt eine Königin, die durch Kämpfe alle anderen Frauen unterdrückt. Sie herrscht mit eiserner Faust. Die Schikanen und das Mobbing der Königin verursacht so viel Stress, dass dies zur Unfruchtbarkeit bei allen Arbeiterinnen führt. Wenn die Königin stirbt, erkämpft sich ein anderes Nacktmull-Weibchen den Königinnensitz, bringt teilweise Gegnerinnen um oder unterwirft sie. Sie wächst nach der „Thronbesteigung" und verändert ihr Fell. Auch wenn Nacktmull-Tiere sehr schmerzunempfindlich sind, weil ihnen eine wesentliche Substanz fehlt, um Schmerzen wahrzunehmen, ist ihr Sozialleben rabiat und brutal hierarchisch.

In welchem Sozialgefüge möchten Sie gerne leben? Stellen Sie sich die jeweilige Sozialform als menschliche Sozialform vor. Ich glaube, dass viele sagen: Lieber das Sozialgefüge der Orkas als das der Nacktmulls. Auch die Landwirtschaftsform der Blattschneider-ameisen, diese Kooperation zwischen Ameisen und Pilzen ist attraktiv und ein Vorbild für nachhaltiges Leben.

Warum erzähle ich von der Vielfalt der Sozialformen im Tierreich?

Es zeigt erstens: Die Tiere und die Pflanzen sind auf eine Sozialform festgelegt. Natürlich verändert Evolution auch Sozialformen. Aber dieser Wandel geschieht sehr langsam und er wird nicht durch eine bewusste Entscheidung eines Tieres eingeleitet.

Wir Menschen können sehr unterschiedliche Sozialformen wählen. Der Kulturanthropologe Graeber hat gezeigt: Menschen haben auch schon immer sehr unterschiedliche Sozialformen gewählt, schon in frühen Zeiten der Menschheit. In der Menschheitsgeschichte gab es schon alles: Diktaturen, Demokratien, kleine Gruppen, Staaten, Imperien, Kooperationen von Städten, starke Hierarchen, anarchistische Gruppen, Nomaden, Stammesgesellschaften usw.

Zweitens zeigt es: Manche Sozialformen sind für die meisten Beteiligten förderlicher, andere weniger förderlich, manche sind friedlicher und kooperativer, andere sind hierarchischer, unterdrückerischer usw. Wir sollten genau dies nun vertiefen:

Unsere Sozialformen sind geprägt durch unsere von der Natur gegebenen Reaktionsweisen auf unser Umfeld.

Drei Reaktionsweisen und Mischungen

• Wenn wir uns sicher fühlen, sind wir anderen gegenüber offen und entspannt. Wir sind sozial zugewandt.

• Wenn wir uns unsicher und gefährdet fühlen, steigt die Aktivität des Sympathikus. Wenn die Gefahr größer wird, fliehen wir oder kämpfen wir.

• Wenn die Gefahr uns überwältigt, wenn die Schmerzen und die Ohnmacht und die Todesgefahr uns überrollt, erstarren wir, sind geschockt. Wenn das nicht verarbeitet wird, sind wir traumatisiert.

All das regelt unser Stammhirn größtenteils unbewusst, aufgrund vieler unbewusster und evtl. einiger bewusster Wahrnehmungen.

Nun kann es aber auch interessante Mischungen geben: Wenn ich mit Freunden Fußball spiele, steigert sich zwar mein Puls, ich bin quasi rein körperlich im Kampf/Flucht-Modus. Aber ich weiß, dass ich sicher bin. Der Rahmen ist sicher – und deswegen ist dieses „Auspowern" mit Freunden auch sehr gesund. Wenn ich tief entspanne, z. B. bei einer Meditation, dann kann mein Körper so ähnlich herunterfahren wie bei einer Erstarrung. Aber auch das ist sehr gesund – ich fühle mich ja sehr sicher. Eine Erstarrung durch die Erfahrung von Gewalt, Ohnmacht und Todesgefahr ist dagegen traumatisierend.

Wenn es für die zwei Reaktionsweisen, also Kampf/Flucht oder Erstarrung, auch eine gesunde Weise gibt, dann könnte es auch eine ungesunde Weise für „sozial zugewandt" geben?

Und dies gibt es wirklich! Kennen Sie vielleicht **verkrampft sozial zugewandte Menschen**?

Trauma-Experten haben das bei ehemalig Traumatisierten entdeckt. Sie nennen es fawn response, deutsch kann man es mit „Bambi-Reflex" übersetzen. Man versucht so harmlos, freundlich und nett zu sein, dass niemand „böse" wird. Folgende Fragen verdeutlichen diese Lebensweise: Du lächelst, obwohl dir nicht zum Lächeln ist? Du fragst immer erst einmal, was die andere Person will? Du bist unglaublich um Harmonie bemüht und hast immer Angst, dass andere „böse" auf dich sind? Du versuchst, es immer allen recht zu machen? Du entschuldigst dich viel zu oft für Dinge, für die du nichts kannst. Eine zwanghafte Freundlichkeit, eine Art Unterwerfungsgeste. Man möchte seine Umgebung gnädig stimmen und eventuelle Gefahren abwehren. Denn wer Gewalt erfahren hat, kann folgende Überlebensstrategie wählen: Sie/Er passt sich an, ist supernett, damit eine weitere Gewalterfahrung, die einen erstarren lässt, vermieden wird.

Totalitäre Systeme und verkrampft sozial zugewandt Eine Nacktmull-Königin herrscht durch Unterdrückung und zwingt alle anderen dazu, verkrampft sozial zugewandt zu leben und sie als dominante Königin zu akzeptieren. Aber bevor sie das kann, muss sie durch Kämpfe ihre Dominanz aufbauen. Wer flieht oder unterliegt, ist unter ihr. Wir sehen: Ein Nacktmull-Staat entsteht durch die besondere Mischung aller drei Reaktionsweisen. Orkas dagegen pflegen untereinander im Klan eine gesund entspannte sozial zugewandte Lebensweise.

Ich glaube, dass totalitäre Staaten viele ihrer Untergebenen durch ihre Unterdrückungen und Gewalt zu einem verkrampft sozial zugewandten Modus zwingen. Spinoza stellte in seinem Theologisch-politischen Traktat die Frage: Warum jubeln Menschen ihrem Unterdrücker zu, als wäre er ihr Heil?

Der Bambi-Reflex, der verkrampft sozial zugewandte Modus ist eine mögliche Erklärung auf diese Frage, nicht die einzige Antwort, aber eine sehr wichtige meines Erachtens.

Was ergibt sich daraus? Wenn uns klar ist, dass jede Reaktionsweise sowohl in gesunder als auch in ungesunder Form auftreten kann, ergibt sich: Jede Sozialform, die gesunde Formen fördert und begünstigt, ist ethisch zu begrüßen. Jede Sozialform, die verkrampfte, ungesunde Formen fördert, die also Gewalt und Unterdrückung fördert, ist ethisch zu kritisieren.

Das heißt aber letztlich: **Wir müssen unverkrampftes, entspanntes sozial zugewandtes Zusammenleben fördern.** Dafür ist aber eines zentral: Die Menschen müssen sich in ihrem Kontext sicher fühlen. Es darf schon immer wieder Herausforderungen geben, aber diese dürfen nicht zu Panik oder Dauerstress führen.

Letzte Predigt dieses Buches

Seid wachsam, wie ihr und andere denken und reden

Evangelium: Mt 24,29-44 oder Mk 13,24-37
1. Adventssonntag, Lesejahr A oder B

Predigt:
Im Urlaub traf ich bei einer Wanderung auf einem Berg auf einen katholischen Religionslehrer in der Schweiz. Wir kamen ins Gespräch und wir merkten schnell, dass wir etwas unterschiedliche theologische Ansichten hatten. Trotzdem konnten wir uns weiterhin freundlich unterhalten und begegnen.

Drei kurze Aussagen, die er getroffen hat, möchte ich in dieser Predigt genauer anschauen und analysieren, was mich an diesen Aussagen gestört hat.

Eine Aussage war: er sei so froh, dass er in einer katholischen Schule sei. In den staatlichen Schulen herrsche inzwischen ein Terror der LGTBQ Bewegung. (Also Lesben-Schwulen-Trans-Bi-Queer-Menschen) Für viel Geld der Steuerzahler müsse nun eine 3. Toilette eingebaut werden.

Die 2. Aussage, die ich kritisch beleuchten will: Wir sind inzwischen in der Endzeit angekommen!

Und die 3. Aussage: Der Grund allen Übels ist, dass die Menschen sich von Gott entfernt haben!

1. Satz Beginnen wir mit der Aussage, dass wir von der LGTBQ Bewegung terrorisiert werden. Mich erschreckte das Wort „terrorisiert". Bei diesem Wort denke ich an echte Gewalt, Autobomben, Terroranschlag, gesellschaftszerstörende Gruppen wie die RAF oder der islamische Staat. Denn kein lesbischer, schwuler oder Trans-Mensch hat in dieser Weise einen Terroranschlag ausgeübt, um mehr Rechte für die LGTBQ Bewegung zu erreichen. Sie veranstalten Christopher Street Days.

Das mag man mögen oder nicht. Aber ein Terroranschlag auf die Gesellschaft ist es nicht.

Ich habe dann sanft versucht, ein bisschen gegenzusteuern, indem ich erzählte, dass ich für einen Lokalpolitiker, der mit seinem Partner an seiner Hochzeit eine christliche Segensfeier haben wollte, meine Pfarrkirche zur Verfügung stellte. Auch er wurde dann mit dieser Geschichte etwas sanfter: Ja wenn die beiden sich wirklich die Treue halten und ihre Beziehung ernst nehmen und es nicht unangenehm öffentlich zur Schau stellen, dann sei das schon okay. Aber müsse man wegen so einer kleinen Minderheit so viel Geld der Steuerzahler hinauswerfen? Einige Tage später dachte ich über diesen Vorwurf nach. Nun: Ich glaube nicht, dass dieser katholische Religionslehrer sich beschwert, wenn für behinderte Menschen eine Rampe im Eingangsbereich gebaut wird, Blindenschrift angebracht wird oder ein Aufzug extra eingebaut wird. Er könnte eigentlich genauso argumentieren: Warum soll man so viel Geld der Steuerzahler für eine kleine Minderheit wie die Behinderten hinauswerfen? Aber bei dieser Gruppe wird er sicherlich nicht so einen Satz heraushauen!

Die Aufforderung Jesu, wachsam zu sein, sollten wir also auch auf unsere Gedanken, Worte und Wortwahl anwenden! Wir sollten gerade mit Übertreibungen sehr vorsichtig sein!

2. Satz: Wir sind inzwischen bei der Endzeit angekommen! Ich fragte ihn nach: Er meine damit wohl die Endzeit, die in der Offenbarung des Johannes beschrieben ist. Er bejahte. Auch hier antwortete ich sanft, dass sicherlich der Klimawandel und das Artensterben eine große Gefahr bildet. Wenn die Menschheit es nicht schafft, hier gegenzusteuern, untergräbt sie ihre eigene Lebensgrundlage. Aber die Ansagen der Offenbarung des Johannes, also das letzte Buch der Bibel, sollte man nicht als genaue Blaupause lesen für irgendwelche historischen Zeiten, die eintreffen werden.

Aus dreierlei Gründen halte ich den Satz für höchst gefährlich:

Erstens wir wissen nicht, wie die Zukunft ist. Jesus Christus selber sagt im heutigen Evangelium, dass nur der Vater die Stunde weiß, wann das Ende der Zeit ist. Also sollten wir nicht die Hybris an den Tag legen, anderen zu erzählen, dass man jetzt in der Endzeit sei.

Zweitens bin ich philosophisch und auch theologisch fest davon überzeugt, dass die Zukunft offen ist. Kardinal Suenens hat dies in einem Interview ähnlich gesagt: der Heilige Geist wird uns immer neu überraschen, Neues schaffen, das wir nicht erwarten, die Zukunft ist offen.

Drittens bei solchen Aussagen sollte man nicht nur fragen, ob sie wahr sind oder falsch, ob sie erkennbar sind oder nicht, sondern auch fragen, welche Wirkung sie auf die Zuhörer haben. Und die Wirkung auf die Zuhörer ist fatal. Wenn der Religionslehrer seinen SchülerInnen erzählt, dass wir in der Endzeit sind, dann produziert er verzweifelte junge Menschen. Es ist eh doch alles hoffnungslos! Also gibt es nur noch die Möglichkeit, depressiv zu werden oder kurz vor dem Ende ohne Verantwortung zügellos zu leben. Aber ein Einsatz für die Erhaltung der Ökosysteme wird dadurch nicht angeregt.

3. Satz: Der Grund allen Übels ist, dass die Menschen sich von Gott entfernt haben!

Der Satz klingt richtig. Aber er ist so nichtssagend wie der Satz: Im Dunklen sind alle Katzen grau!

Warum gehe ich mit diesem Satz so streng ins Gericht? Dafür muss ich etwas Hintergrundwissen liefern: Karl Rahner hat an der Christologie gezeigt, dass die Theologie immer zwei Bewegungen hat. Einmal von oben nach unten und von unten nach oben. Eine Christologie von oben nach unten beginnt mit dem Satz: Gott ist Mensch geworden. Und folgert daraus weitere Sätze. Eine Christologie von unten nach oben erzählt, wie die Jünger Jesus erlebt haben, wie er liebevoll mit Menschen umgegangen ist, wie er seinen Feinden verziehen hat, wie er auf Schwache und Ausgestoßene zugegangen ist usw. und am Schluss steht dann die Folgerung, dass dieser Jesus nicht nur ein Prophet war, sondern von Gott auferweckt wurde und deswegen Sohn Gottes sein muss.

Wenn wir nur Sätze aus der Christologie von oben hören, dann bekommen wir nur allgemeine Sätze zu hören: Gott ist Mensch geworden. Das Wort ist Fleisch geworden. Er ist Sohn Gottes. Wir wissen dann aber nicht, was das Besondere an diesem Sohn Gottes ist, ganz konkret, erlebbar. Das erzählt uns nur eine Christologie von unten.

Das gleiche gilt für diesen Satz: der Grund allen Übels ist, dass die Menschen sich von Gott entfernt haben! Natürlich stimmt irgendwie dieser Satz. Würden viel mehr Menschen mehr auf die innere Stimme des Heiligen Geistes in sich hören, wäre sicherlich vieles in der Welt besser. Aber der Satz ist einfach zu allgemein. Man weiß einfach nicht genau, wie man konkret jetzt nun sich als Mensch wieder Gott nähern soll. Höchstwahrscheinlich hört man dann von den konservativen gläubigen Katholiken: Wir müssen mehr beten, mehr die heilige Messe mit feiern, und ähnliche Ratschläge. Da muss ich schon kritisch erwidern: Ich glaube nicht, dass wir die Zerstörung der Schöpfung, die ungerechten Strukturen unserer kapitalistischen Wirtschaft usw. allein durch mehr Beten und mehr Besuche der heiligen Messe überwinden können. Beten und die Sakramente stärken uns. Aber es gilt trotzdem auch der Satz: Christus hat keine Hände außer unsere Hände, um das Gute in der Welt zu tun! Und dann sehe ich gerade bei Menschen, die nicht explizit Christen sind – Rahner würde sie anonyme Christen nennen –, die mit kreativen Ideen in sozial ökologischen Firmen oder Nichtregierungs-organisationen sich höchst engagiert und effektiv einsetzen für die Bewahrung der Schöpfung und die Überwindung ungerechter Strukturen unserer Gesellschaft und Wirtschaft. Und in ihrem Engagement sehe ich das Wirken des Heiligen Geistes. Kann man von ihnen sagen: der Grund allen Übels ist, dass die Menschen sich von Gott entfernt haben!? „Die Menschen" - das ist zu allgemein. Und zweitens: „Die Menschen" macht das Problem individualistisch. Es gibt aber auch sündige Strukturen, die es zu überwinden gilt. Diese Dimension nimmt der Satz überhaupt nicht in den Blick.

Fazit: der Grund allen Übels ist, dass die Menschen sich von Gott entfernt haben! Das ist ein Satz der so allgemein ist, dass er wie eine Nebelkerze im Denken ist und keine Unterscheidung der Geister befördert. Ähnlich wie der Satz, dass wir in der Endzeit angekommen sind, bewirkt er, dass wir frustriert in Resignation verfallen.

Ausgenommen dem Sprecher dieser Sätze. Er kann sich erheben und sagen: Ich habe es durchschaut! Ich habe die Wahrheit erkannt! Aber das macht ihn letztlich eher arrogant. Er ist wie die Moralphilosophen, die Spinoza kritisiert, weil sie sich über die anderen Menschen erheben, sich über sie lustig machen oder den Kopf schütteln, anstatt wirklich praktische Hinweise zu geben, wie man zu einem besseren Leben kommen kann.

Ergänzungen:

Das zeigt auch folgendes Beispiel: in einem psychologischen Experiment wurden 2 Gruppen derselbe Text über den Anstieg der Kriminalität in einer Stadt gegeben. Nur in einem Wort unterschied sich der Text für die Gruppe A und der Text für die Gruppe B. Bei A wurde der Anstieg der Kriminalität einmal mit einem Virus verglichen. Bei B wurde der Anstieg der Kriminalität mit einem Monster verglichen. Danach wurden die TeilnehmerInnen beider Gruppen befragt, was die Empfehlungen zur Bekämpfung der Kriminalität nach ihrer Ansicht sei. Die Teilnehmer der Gruppe A tendierten hauptsächlich dazu, präventiv vorzugehen. Entsprechend der Metapher Virus: die Ausbreitung des Virus durch Prävention verhindern. Die Teilnehmer der Gruppe B tendierten hauptsächlich dazu, durch Angriff und stärkere Strafen die Kriminalität zu bekämpfen. Entsprechend der Metapher Monster: ein Monster muss niedergekämpft werden. Wir sehen an diesem Beispiel, dass unbewusst blitzschnell schon ein Wort wie Virus oder Monster unser Denken in eine Richtung lenken. Wie viel mehr kann uns unbewusst unser Denken das Wort Terror der LGTBQ Bewegung lenken! Wer diesen Worten glaubt, beginnt, Menschen mit einer anderen sexuellen Ausrichtung als Terroristen anzusehen. Das kann nicht besonders förderlich für die Nächstenliebe sein!

Anmerkungen

[1] Deleuze, G.; Guattari, F.: Anti-Ödipus, S. 39

[2] Deleuze, G.: Differenz und Wiederholung, München 1992, S. 281

[3] Varga von Kibed, M.; Sparrer, I.: Ganz im Gegenteil. Tetralemmaarbeit und andere Grundformen Systemischer Strukturaufstellungen, Heidelberg 2005, S. 170

[4] Vgl. Walter, B.: Bürgerkriege, Hamburg 2022, S. 21-46

[5] Vgl. Walter, B.: Bürgerkriege, Hamburg 2022, S. 47-78

[6] Vgl. Walter, B.: Bürgerkriege, Hamburg 2022, S. 79-98

[7] Vgl. Walter, B.: Bürgerkriege, Hamburg 2022, S. 99-122

[8] Spinoza, Baruch de: Theologisch-politischer Traktat, S.6 Vorrede

[9] Walter, B.: Bürgerkriege, Hamburg 2022, S. 131f

[10] Walter, B.: Bürgerkriege, Hamburg 2022, S. 132

[11] Walter, B.: Bürgerkriege, Hamburg 2022, S. 132

[12] Walter, B.: Bürgerkriege, Hamburg 2022, S. 133

[13] Walter, B.: Bürgerkriege, Hamburg 2022, S. 136

[14] Walter, B.: Bürgerkriege, Hamburg 2022, S. 139

[15] Walter, B.: Bürgerkriege, Hamburg 2022, S. 127

[16] Walter, B.: Bürgerkriege, Hamburg 2022, S. 198

[17] Vgl. Walter, B.: Bürgerkriege, Hamburg 2022, S. 198-201

[18] Vgl. Walter, B.: Bürgerkriege, Hamburg 2022, S. 218

[19] Vgl. Walter, B.: Bürgerkriege, Hamburg 2022, S. 214f

[20] Walter, B.: Bürgerkriege, Hamburg 2022, S. 238

[21] Walter, B.: Bürgerkriege, Hamburg 2022, S. 255

[22] Raworth, K.: Die Donut-Ökonomie, München 2018, S.

[23] Raworth, K.: Die Donut-Ökonomie, München 2018, S.41

[24] Vgl. Raworth, K.: Die Donut-Ökonomie, München 2018, S. 205

[25] Raworth, K.: Die Donut-Ökonomie, München 2018, S.205

[26] Raworth, K.: Die Donut-Ökonomie, München 2018, S.206

[27] Vgl. Raworth, K.: Die Donut-Ökonomie, München 2018, S. 207

[28] Vgl. Raworth, K.: Die Donut-Ökonomie, München 2018, S. 163

[29] Vgl. Raworth, K.: Die Donut-Ökonomie, München 2018, S. 224

[30] Vgl. Raworth, K.: Die Donut-Ökonomie, München 2018, S. 224

[31] Vgl. Raworth, K.: Die Donut-Ökonomie, München 2018, S. 224

[32] Raworth, K.: Die Donut-Ökonomie, München 2018, S. 224

[33] Raworth, K.: Die Donut-Ökonomie, München 2018, S. 50

[34] Raworth, K.: Die Donut-Ökonomie, München 2018, S. 56

[35] Raworth, K.: Die Donut-Ökonomie, München 2018, S. 86

[36] Vgl. Raworth, K.: Die Donut-Ökonomie, München 2018, S.55

[37] Vgl. Raworth, K.: Die Donut-Ökonomie, München 2018, S.61

[38] Raworth, K.: Die Donut-Ökonomie, München 2018, S. 64.

[39] Siehe auch Vater und Sohn Sidelsky: Skidelsky, Robert und Eduard: Wie viel ist genug? Vom Wachstumswahn zu einer Ökonomie des guten Lebens, München 2013.

[40] Raworth, K.: Die Donut-Ökonomie, München 2018, S.85

[41] Vgl. Raworth, K.: Die Donut-Ökonomie, München 2018, S.79

[42] Raworth, K.: Die Donut-Ökonomie, München 2018, S.82

[43] Vgl Raworth, K.: Die Donut-Ökonomie, München 2018, S.134

[44] Vgl. Raworth, K.: Die Donut-Ökonomie, München 2018, S.136

[45] Vgl Raworth, K.: Die Donut-Ökonomie, München 2018, S. 136

[46] Vgl. Raworth, K.: Die Donut-Ökonomie, München 2018, S. 137

[47] Vgl. Raworth, K.: Die Donut-Ökonomie, München 2018, S. 141

[48] S. Raworth, K.: Die Donut-Ökonomie, München 2018, S. 132

[49] Raworth, K.: Die Donut-Ökonomie, München 2018, S. 151

[50] Raworth, K.: Die Donut-Ökonomie, München 2018, S. 162

[51] Raworth, K.: Die Donut-Ökonomie, München 2018, S. 142

[52] Vgl. Donut Raworth, K.: Die Donut-Ökonomie, München 2018, S. 101

[53] Vgl. Raworth, K.: Die Donut-Ökonomie, München 2018, S. 237

[54] Vgl. Raworth, K.: Die Donut-Ökonomie, München 2018, S. 240

[55] Vgl. Raworth, K.: Die Donut-Ökonomie, München 2018, S. 240-242

[56] Raworth, K.: Die Donut-Ökonomie, München 2018, S. 213

[57] Raworth, K.: Die Donut-Ökonomie, München 2018, S. 248

[58] Vgl. Raworth, K.: Die Donut-Ökonomie, München 2018, S. 248

[59] Raworth, K.: Die Donut-Ökonomie, München 2018, S. 266

[60] Vgl. Raworth, K.: Die Donut-Ökonomie, München 2018, S. 267

[61] Raworth, K.: Die Donut-Ökonomie, München 2018, S. 268

[62] Raworth, K.: Die Donut-Ökonomie, München 2018, S. 299

[63] Raworth Vgl. Raworth, K.: Die Donut-Ökonomie, München 2018, S. 305

[64] Vgl. Raworth, K.: Die Donut-Ökonomie, München 2018, S. 306

[65] Raworth, K.: Die Donut-Ökonomie, München 2018, S. 307

[66] Vgl. Raworth, K.: Die Donut-Ökonomie, München 2018, S. 313

[67] Forum nachhaltig wirtschaften (03/2023), S. 18

[68] Bergson, H.: Die beiden Quellen der Moral und der Religion, Frankfurt a. M. 1992, S.233

[69] Bergson, H.: Die beiden Quellen der Moral und der Religion, S.233

[70] Bergson, H.: Die beiden Quellen der Moral und der Religion, S.237f

[71] Bergson, H.: Die beiden Quellen der Moral und der Religion, S.240

[72] Bergson, H.: Die beiden Quellen der Moral und der Religion, S.241

[73] Bergson, H.: Die beiden Quellen der Moral und der Religion, S.227

[74] Bergson, H.: Die beiden Quellen der Moral und der Religion, S.230
[75] Göpel, M.: Wir können auch anders, Berlin 2022, S. 82
[76] Göpel, M.: Wir können auch anders, Berlin 2022, S. 88
[77] Vgl. Göpel, M.: Wir können auch anders, Berlin 2022, S. 89
[78] Göpel, M.: Wir können auch anders, Berlin 2022, S. 105
[79] Quassil, S.; Karig, F.: Erzählende Affen. Wie Geschichten unser Leben bestimmen, Berlin 2023, S. 431
[80] Quassil, S.; Karig, F.: Erzählende Affen. Wie Geschichten unser Leben bestimmen, Berlin 2023, S. 431
[81] In Deutschland veranstalteten politische Stiftungen wie die Heinrich-Böll-Stiftungen und die Friedrich-Naumann-Stiftungen Web-Seminare mit Pistor zu ihrem Buch.
[82] Pistor, K.: Der Code des Kapitals, Berlin 2020, S. 10
[83] Vgl. Pistor, K.: Der Code des Kapitals, Berlin 2020, S. 113f
[84] Pistor, K.: Der Code des Kapitals, Berlin 2020, S. 42
[85] Raworth, K.: Die Donut-Ökonomie, München 2018, S. 254
[86] Vgl. Raworth, K.: Die Donut-Ökonomie, München 2018, S. 251
[87] Raworth, K.: Die Donut-Ökonomie, München 2018, S. 255
[88] Urner, Maren: Raus aus der ewigen Dauerkrise, 2021, S. 105
[89] Urner, Maren: Raus aus der ewigen Dauerkrise, 2021, S. 112
[90] Urner, Maren: Raus aus der ewigen Dauerkrise, 2021, S. 116
[91] Urner, Maren: Raus aus der ewigen Dauerkrise, 2021, S. 123
[92] Urner, Maren: Raus aus der ewigen Dauerkrise, 2021, S. 124
[93] Urner, Maren: Raus aus der ewigen Dauerkrise, 2021, S. 123
[94] Urner, Maren: Raus aus der ewigen Dauerkrise, 2021, S. 24
[95] Urner, Maren: Raus aus der ewigen Dauerkrise, 2021, S. 156
[96] Urner, Maren: Raus aus der ewigen Dauerkrise, 2021, S. 83
[97] Urner, Maren: Raus aus der ewigen Dauerkrise, 2021, S. 147
[98] Vgl Urner, Maren: Raus aus der ewigen Dauerkrise, 2021, S. 158
[99] Urner, Maren: Raus aus der ewigen Dauerkrise, 2021, S. 205
[100] Urner, Maren: Raus aus der ewigen Dauerkrise, 2021, S. 206
[101] Vgl Urner, Maren: Raus aus der ewigen Dauerkrise, 2021, S. 185
[102] Urner, Maren: Raus aus der ewigen Dauerkrise, 2021, S. 203
[103] Urner, Maren: Raus aus der ewigen Dauerkrise, 2021, S. 204
[104] Urner, Maren: Raus aus der ewigen Dauerkrise, 2021, S. 204
[105] Urner, Maren: Raus aus der ewigen Dauerkrise, 2021, S. 194
[106] Urner, Maren: Raus aus der ewigen Dauerkrise, 2021, S. 201
[107] Urner, Maren: Raus aus der ewigen Dauerkrise, 2021, S. 210-215
[108] Urner, Maren: Raus aus der ewigen Dauerkrise, 2021, S. 258 Fußnote Nr 4
[109] Urner, Maren: Raus aus der ewigen Dauerkrise, 2021, S. 63.

[110] Vgl. ZEIT 49/2021

[111] Bergson, H.: Die beiden Quellen der Moral und der Religion, S. 75

[112] Deleuze, G.: Differenz und Wiederholung, München 1992, S.116

[113] Göpel, M.: Wir können auch anders, Berlin 2022, S. 172

[114] Göpel, M.: Wir können auch anders, Berlin 2022, S. 147

[115] "Diese Vorstellung jagt den Menschen Angst ein", t-online 24.10.2023

[116] Krastev, I.; Holmes, S.: Das Licht, das erlosch, S. 129

[117] Krastev, I.; Holmes, S.: Das Licht, das erlosch, S. 152

[118] Krastev, I.; Holmes, S.: Das Licht, das erlosch, S. 187

[119] Krastev, I.; Holmes, S.: Das Licht, das erlosch, S. 201

[120] Spinoza: Theologisch-politischer Traktat, Vorrede

[121] Der Originaltext von Max Weber: „dass ein Mensch im Glück dem minder glücklichen gegenüber sich nicht mit der Tatsache jenes Glücks begnügt, sondern überdies auch noch das "Recht" seines Glücks haben will, das Bewusstsein also, es im Gegensatz zu dem minder glücklichen „verdient" zu haben – während dieser sein Unglück irgendwie „verdient" haben muss –, dieses seelische Komfortbedürfnis nach der Legitimität des Glückes lehrt jede Alltagserfahrung kennen, mag es sich um politische Schicksale, um Unterschiede der ökonomischen Lage, der körperlichen Gesundheit, um Glück in den erotischen Konkurrenz oder um was immer handeln." Seite 268

[122] Vgl. Quassil, S.; Karig, F.: Erzählende Affen. Wie Geschichten unser Leben bestimmen, Berlin 2023, S.268

[123] Vgl. Quassil, S.; Karig, F.: Erzählende Affen. Wie Geschichten unser Leben bestimmen, Berlin 2023, S. 327

[124] Das ist auch das Gefährliche an der Aussage von Merz gewesen. Er übernimmt dieses populistische Bild in der Aussage: „Die werden doch wahnsinnig, die Leute, wenn die sehen, dass 300 000 Asylbewerber abgelehnt sind, nicht ausreisen, die vollen Leistungen bekommen, die volle Heilfürsorge bekommen. Die sitzen beim Arzt und lassen sich die Zähne neu machen, und die deutschen Bürger nebendran kriegen keine Termine."

[125] vgl. ZEIT am Wochenende, Ausgabe 31/2023

[126] Berz, A.: Mit Gott durch das Leben. Gebetstexte und Meditationen zum Jahreskreis, Bonn 1991, S.186f

[127] Bentzen, Hart: Neuroaffektive Therapie mit Kindern und Jugendlichen, Lichtenau 2016, S.175

[128] Reckwitz, A.: Das Ende der Illusionen, Berlin 2019, S. 210

[129] Vgl. Walter, B.: Bürgerkriege, S. 227

[130] ZEIT ONLINE Interview: Kati Krause, aktualisiert am 9. Juli 2023 Moisés Naím: "Sie müssen den Menschen vermitteln, was auf dem Spiel steht" Warum erhalten in vielen Ländern antidemokratische Parteien großen

Zulauf? Weil die etablierte Politik versage, sagt Moisés Naím und erklärt, was getan werden kann.

[131] ZEIT ONLINE 16. Oktober 2023 Ivan Krastev: "Europa wird nur überleben, wenn wir die Heuchelei beenden" Müssen wir das Recht auf Asyl einschränken, um es zu retten? Der Politologe Ivan Krastev hat einen Vorschlag für einen europäischen Konsens in der Migrationspolitik. Interview: Marcus Gatzke und Lenz Jacobsen

[132] ZEIT ONLINE Interview: Kati Krause, aktualisiert am 9. Juli 2023

[133] ZEIT ONLINE 16. Oktober 2023 Ivan Krastev

[134] Focus 18.2.2023.

[135] ZEIT 40/2023

[136] Sanders, B.: Es ist okay, wütend auf den Kapitalismus zu sein, Stuttgaart 2023, S. 227.

[137] Sanders, B.: Es ist okay, wütend auf den Kapitalismus zu sein, Stuttgaart 2023, S. 228

[138] Sanders, B.: Es ist okay, wütend auf den Kapitalismus zu sein, Stuttgaart 2023, S.187

[139] ZEIT 21/2023

[140] ZEIT Schlag mich nicht! Seit 20 Jahren haben Kinder in Deutschland ein Recht darauf, ohne Gewalt aufzuwachsen. Noch immer scheitern viele Eltern an diesem Erziehungsideal – und schweigen aus Scham über ihr Versagen.

[141] Kirschner, M.; Gerhart, J.: Die Lösung von Darwins Dilemma, S. 132